西安交通大学人文社会科学学术著作出版基金

中央高校基本科研业务费专项资金资助

Supported by "the Fundamental Research Funds for the Central Universities"

西安交通大学课程思政专项研究项目

U0817591

体育教学对大学生拖延行为的影响机理研究

陈善平 宋 迪 谢丽君 陈 默 吴虞嫣 著

西安交通大学出版社
XI'AN JIAOTONG UNIVERSITY PRESS

图书在版编目(CIP)数据

体育教学对大学生拖延行为的影响机理研究 / 陈善平等著. — 西安 : 西安交通大学出版社, 2024.9
ISBN 978-7-5693-3588-0

Ⅰ.①体… Ⅱ.①陈… Ⅲ.①体育教学—影响—大学生—行为—研究 Ⅳ.①G807.01 ②G645.5

中国国家版本馆 CIP 数据核字(2024)第 011178 号

书　　名　体育教学对大学生拖延行为的影响机理研究
　　　　　TIYU JIAOXUE DUI DAXUESHENG TUOYAN XINGWEI DE YINGXIANG JILI YANJIU
著　　者　陈善平　宋　迪　谢丽君　陈　默　吴虞嫣
策划编辑　陈　丽
责任编辑　袁　娟
文字编辑　刘　杨
责任校对　郭　剑
装帧设计　伍　胜

出版发行　西安交通大学出版社
　　　　　(西安市兴庆南路 1 号　邮政编码 710048)
网　　址　http://www.xjtupress.com
电　　话　(029)82668357　82667874(市场营销中心)
　　　　　(029)82668315(总编办)
传　　真　(029)82668280
印　　刷　陕西奇彩印务有限责任公司

开　　本　787mm×1092mm　1/16　印张　10　字数　224 千字
版次印次　2024 年 9 月第 1 版　2025 年 1 月第 1 次印刷
书　　号　ISBN 978-7-5693-3588-0
定　　价　70.00 元

如发现印装质量问题,请与本社市场营销中心联系。
订购热线:(029)82665248　(029)82667874
投稿热线:(029)82665917　(029)82665379

前　言

FOREWORD

《"健康中国 2030"规划纲要》中提到了"加强健康教育"和"塑造自主自律的健康行为"。大学生拖延行为问题严峻，对其学业和健康造成了不利影响，因此，对青少年拖延行为进行研究和干预有着重要的理论价值和现实意义。体育本身具有改善心理行为问题的功能，《高等学校课程思政建设指导纲要》的发布为体育课程改善拖延行为提供了新的助力。因此，本书旨在突破体育课程思政研究由定性向定量发展的测量学瓶颈，定量分析大学生拖延行为和大学公共体育教学的关系，探究大学公共体育对拖延行为的影响和作用机理，提出有利于改善大学生拖延行为的体育课程教学策略。

课题组从影响拖延行为的体育教学要素出发展开研究，针对当前体育课程思政和相关体育教学理论还处于思辨阶段的研究现状，采用"理论分析→定性研究→工具开发→定量研究→实践建议"混合研究设计的技术路线。研究过程分为 6 个步骤：第一步，依据国家政策文件和相关文献厘清体育课程基本育人途径、思政内容供给、育人目标达成的理论结构；第二步，使用头脑风暴和滚雪球的方法对 14 名专家进行了连续 4 轮的访谈，充分收集体育课程教学内容实例，归纳教学内容实例，形成体育课程基本育人途径、思政内容供给、育人目标达成的测量模型，并根据访谈内容设计测量题目；第三步，设计专家内容效度调查表，请 17 名专家对新设计的测量工具进行评价和修订，结合锻炼行为和拖延行为量表形成试调查问卷；第四步，试调查获得 208 名本科生数据，初步信效度检验结果良好，可直接进行正式调查；第五步，正式调查获得 2676 名普通高等学校的非体育专业本科生的数据，对测量模型进行验证性因子分析，匹配第三方提供的德育成绩和体质数据，对问卷进行效标效度检验；第六步，运用社会科学统计软件包 SPSS 26 和结构方程建模软件 AMOS 24 等统计软件对正式调查所收集到的数据进行分析，主要采用描述性分析、频率分析、独立样本 t 检验、皮尔逊相关分析、偏相关分析、结构方程模型建立和检验等分析方法。

通过上述工作，本项研究主要取得了以下 5 个方面的创新成果：第一，对大学生拖延行为进行了定量诊断，分析了整体现状、特殊群体的特征和存在的问题及拖延行为对大学生锻炼行为、体质健康的危害，为有针对性地干预大学生不良行为提供了依据。第二，编制大学体育课程思政内容供给、体育课程基本育人途径、体育课程育人目标达成的测量工具。一方面有利于推动体育课程思政和相关体育课程理论研究由思辨阶段向定量分析发展，另一方面为体育课程教学评价和教学实践提供了测评工具。第三，比较系统全面地定量分析了大学体育课程思政内容供给、体育课程基本育人途径、体育课程育人目标达成现状及其存在问题，并从男女班级、不同项群课程分析了不同体育课程的教学特点。这将有利于推动体育教学改革，促进体育教学高质量发展。第四，定量分析了大学体育课程的育人作用。突破大学体育课程思政和体育课程基本育人途径的思辨研究瓶颈，从锻炼行为的养成、体质健康的增强、思想道德的提升和拖延行为的矫正 4 个方面，实证检验了体育课程基本育人途径和体育课程思政的全面育人作用。第五，构建并验证了体育教学改善拖延行为的作用机理模型，该模型能够很好地解释体育教学改善拖延行为的影响路径。实证检验了课程思政协助体育教学更好地实现育人目标，产生“1＋1＞2”的效果。体育课程思政促进了育人目标的达成，尤其是在行为和认知方面，实现了基本育人途径较难达成的育人目标，论证了体育课程思政的重要性。

出版本书的目的是向学校体育教育工作者、体育管理人员和行为学研究人员提供一本关于体育教学干预拖延行为的理论和测量工具的学术著作，介绍通过体育教学干预学生拖延行为的研究前沿和相关理论，以及作者的研究成果。因此，本书根据理论发展的逻辑过程，在简单评述相关研究领域的理论前沿和基本理论的基础上，着重介绍大学生拖延行为的诊断、体育课程思政内容供给和体育教学基本途径测量工具的研究过程，以及体育课程对拖延行为的影响及其机制。通过本书，读者不仅可以了解上述理论，还可以获得一些体育课程评价的调查工具和心理测量量表，了解学生拖延行为的体育教学影响因素和促进策略。希望本书提出的理论和测量工具能够给读者带来新的启迪和帮助。尽管我们为撰写本书投入了大量的时间和精力，但学问的探索是永无止境的，对于书中提及的理论和测量工具我们仍然感到存在一些问题和不足，诚恳地希望各位读者提出批评和建议。

本书的研究工作由陈善平主持完成，宋迪是书稿的主要执笔人，谢丽君、陈默、吴虞嫣参与了本书的研究工作。在我们的研究过程中，得到了很多热心的学者、老师、同学的帮助和大力的支持。本书的出版得到了西安交通大学重大成果专项和西安交通大学 2022 年课程思政专项研究重点项目的资助，也离不开西安交通大学科研院社科处和西安交通大学出版社同志的辛勤工作。在本书面世之际，我们谨向所有一起工作的同事和帮助过我们的朋友表示衷心的感谢！

陈善平

2023 年 9 月

于西安交通大学

目录

CONTENTS

1 绪 论

1.1 研究背景

1.1.1 大学生拖延行为状况亟待改善

《“健康中国2030”规划纲要》明确提出要加大学校健康教育力度；要塑造自主自律的健康行为；要加大全民心理健康科普宣传力度，提升心理健康素养；要加强对抑郁症、焦虑症等常见精神障碍和心理行为问题的干预，加大对重点人群心理问题早期发现和及时干预力度。大学生作为我国未来建设的重要后备军，是我国重点关注的特殊群体，并且大学时期是人社会化的发展阶段，大学生将由青少年阶段转入成人阶段，保持良好的精神状态、健康行为和心理健康水平是大学生顺利转变的重要前提[1]。为了促进大学生的心理健康教育，我国教育部在2018年颁发了《高等学校学生心理健康教育指导纲要》，提出要“坚持育心与育德相统一”，“促进学生心理健康素质与思想道德素质、科学文化素质协调发展”。但有相关研究表明，大学生面临着人际关系的复杂、人力资源的竞争、学习生活的迷茫等问题，他们的学业和就业压力越来越大，甚至出现心理疾病或其他健康行为问题，大学生的心理行为问题亟待改善[2]。

拖延行为是一种较为常见的心理行为问题，会导致其他心理障碍或心理疾病的产生。拖延是指人们尽管预见该行为会产生不利影响，仍自愿推迟开始或完成某一计划的行为[3]。拖延无论在生活、工作还是学习中都是一种较为普遍的现象[4]，且在大学生中尤为突出[5]。不仅如此，拖延现象已经成为世界范围共同面对和处理的重要问题，相关研究发现近年来拖延行为人数所占比例呈持续上升的趋势[6]。国外调查发现有60%～80%的大学生在生活和学习中经常出现拖延行为[7]。国内学者调查也发现，超过70%的大学生承认自己存在拖延行为[8]，且存在于不同程度、不同方面[9]。在现有的研究中，我国研究者对拖延行为的不同情景进行了分析，例如学业拖延[10]、睡眠拖延[11]、非理性拖延[12]、一般拖延[13]、体育拖延[14]等。针对这一现实问题，相关学者从时间管理能力[15]、自我效能[16]、自尊[17]等方面的提升对学生拖延行为进行了影响研究，但依然存在不少的拖延问题。拖延不仅会降低学习效率[18]，还会引发焦虑、抑郁、愧疚等负面情绪[19]，最终对身心健康造成消极影响[20]。关注并改善大学生的拖延行为等心理行为问题，不仅有助于促进大学生未来的成长与发展，而且有利于高校为国家建设持续提供高质量人才，进一步推动我国综合实力的提升。

1.1.2 体育是改善心理行为问题的有效手段

大学生正处于青少年或青年时期，大部分时间是在学校度过的，学生认知、社交和情感等人格特征形成与学校环境、教学内容和方法、教师素质等密切相关[21]，以学校为平台培养学生良好的心理健康水平和心理健康行为，为预防学生心理行为问题提供了独特且能获得较大收益的机会，因此，学校成为解决学生心理行为问题的重要平台。为进一步加强对学生心理行为问题的管理，2021 年 7 月《教育部办公厅关于加强学生心理健康管理工作的通知》发布，提出要“发挥课堂教学主渠道作用”，“加强源头管理，全方位提升学生心理健康素养”[22]。将心理健康教育贯穿于日常的教育和教学过程中，适当地进行一些有针对性的、结合学生学习和生活中实际问题的相关活动，能有效解决学生的心理行为问题。除政策引导之外，相关研究表明以学校为平台的教育活动能有效解决学生的心理行为问题[23]。因此，学校教育可作为解决学生拖延行为等心理行为问题的有效手段。

体育教学作为高校教育体系的重要组成部分，承担着解决学生心理行为问题的重要责任。2012 年，教育部等部门联合发布《关于进一步加强学校体育工作的若干意见》，明确指出“体育锻炼是提高学生健康素质的有效途径”，要“充分认识加强学校体育的重要性”。体育锻炼和体育教学从基本知识和理念、健康生活方式与行为、基本技能这 3 个方面提高学生健康素养，有利于帮助学生解决心理行为问题。并且相关研究指出，体育教学与青少年心理健康水平的相关性较高，通过体育锻炼能有效影响心理行为问题，培养良好的心理健康行为[24]。因此，学校可以将体育课程作为解决学生心理行为问题的主战场，将体育教学作为提升学生心理健康水平的主渠道，将体育教师作为实施影响手段的主力军，通过体育教育增强学生的责任感和使命感，促进学生心理健康发展，培养积极的心理健康行为，降低心理行为问题发生的可能性。

1.1.3 课程思政为改善拖延行为提供了助力

教育的最终目的是育人，为了全面全方位发挥育人作用，达到更高层次的育人效果，2020 年 5 月，教育部印发了《高等学校课程思政建设指导纲要》，依据文件精神，各级各类学校要大力推动以课程思政为目标的课堂教学改革，梳理各门专业课程思政所蕴含的思想政治教育元素和所承载的思想政治育人功能，融入课堂教学各个环节，实现思想政治教育与知识体系教育的有机统一。课程思政建设是培养学生的价值观和心理品质等的重要举措。体育课程教学中包含了知识、技能、道德、情感等要素，其基于“身-心”结构、通过直观性方式来实现对客观世界的领会与把握，以运动认知为基本形式的体育课程具有其他课程无以取代和无法比拟的育人价值地位[25]。体育的“育”本质是育人，目标主要包括增强体质健康、提高运动技能、培养自主健身能力和塑造健全人格[26]。这些目标不仅要通过体育运动的身体认知来实现，也需要通过思政教育提高心理健康水平来完成。

学生产生拖延行为通常与人格特质等心理健康水平有一定的联系，拖延学生通常思想不坚定、意志力较差。为帮助学生坚定思想信念，按时完成目标任务，需要对学生进行思想政治教育。《高等学校课程思政建设指导纲要》政策未发布前，思想教育的重任在思想政治课程老师和辅导员等行政人员身上，而课程思政建设的提出，将“立德树人”的重任分散给各个任课老师，提倡在每门课程中融入思想教育，帮助学生提高心理健康水平。有研究指出，学校体育肩负用习近平新时代中国特色社会主义思想铸魂育人、落实立德树人的根本任务，而课程思政是体育教学落实立德树人根本任务的关键[27]。此外，体育课程中蕴含了很多思政元素，具有提升学生心理健康水平的功能。因此，体育课程思政为帮助学生树立坚定的理想信念、矫正拖延行为等心理行为问题提供了新的契机与思路。但目前关于体育课程思政建设影响心理行为问题方面的研究还处在定性的思辨研究阶段，实证研究相对较少[28]，教师的课程思政实践工作缺少相应的理论支撑和测评工具，不利于进一步推进体育课程思政建设的高质量发展。

1.2 研究目的与意义

1.2.1 研究目的

本研究要解决的实际问题是：如何有效运用学校体育改善大学生拖延行为，促进大学生健康成长。为回答这个问题，本研究通过阅读相关文献，确定测量工具，对大学生拖延行为、大学公共体育课程进行调查与分析，以期达到以下 3 个研究目的：第一，通过问卷调查，对大学生拖延行为进行问题诊断，了解当前大学生拖延行为的现状、特征和危害；第二，通过分析高等教育体系中公共体育课程的特点和作用，找到公共体育课程的传统教学和课程思政两方面与拖延行为的关系；第三，探讨公共体育课程对拖延行为的影响路径，提出大学公共体育课程改善大学生拖延行为的路径和方案。

1.2.2 理论意义

大学是学生迈向社会的关键转折阶段，面临社会中不稳定因素，学生的学业压力和就业压力的增大，会产生较多的心理行为问题。促进大学生身心健康发展是《“健康中国2030”规划纲要》和《体育强国建设纲要》等国家政策的战略目标之一，但拖延行为的存在，阻碍了战略目标的达成。

目前研究大多集中于从时间管理能力、自我效能等认知角度出发探讨其对拖延行为的影响，有学者提出体育活动也是改善拖延行为的一种有效途径，但其实证研究相对较少，体育影响拖延行为的机理还没有得到深入研究。课程思政教学理念的提出，为体育课程改善拖延行为提供了新的助力，但体育课程思政对拖延行为的影响效果还没有进行验证，没有提出具体的影响路径和方案。

针对以上问题，研究体育教学对大学生拖延行为的影响具有以下 4 个理论价值：

①对大学生拖延行为问题进行现状分析、问题诊断和分类，有利于甄别拖延学生和非拖延学生，为后期研究大学生拖延行为的影响机理提供理论参考。

②将政策文件指导思想与体育课程实践工作相联系，依据政策文件确立大学体育课程的基本育人途径、思政内容供给和育人目标达成的内容、理论结构，补充了体育教学的相关理论。

③将理论研究和实证研究相结合，解决了新理论构想概念的操作化和测量问题，这些基础性研究为进一步的实证研究和应用研究打下理论和方法的基础，有利于推动体育课程思政由定性研究向定量研究发展。同时，大学公共体育课程的理论和工具，对其他类型体育课程的进一步研究也具有借鉴价值。

④针对拖延行为的影响因素，归纳出大学公共体育课程改善拖延行为的路径和策略，为体育教学高质量发展和影响拖延行为研究提供理论参考。

1.2.3 应用价值

本研究在国家政策文件和教学实践之间架设了理论和工具的桥梁，依据政策文件确立基本育人途径、思政内容供给和育人目标达成的内容、理论框架和测量工具，可以检验体育课程的实施效果，并查缺补漏，进一步完善体育教学，有助于学校、教师和学生在教学过程中落实课程思政和体育改革的相关政策。

从以上角度展开体育教学影响大学生拖延行为的研究具有以下 3 点应用价值：

①学校可根据大学生的整体情况，结合本研究的结论，设计能有效改善大学生拖延行为的体育课程内容，坚持“以学生为中心”的教育理念，补充育人途径和思政元素等课程内容，从而设计出更适合大学生的学校体育课程。

②教师可根据课程安排，通过问卷调查的反馈，更新教学模式，改进传统体育教学的教学内容和教学措施，将思政元素融入教学内容、教学方法、组织形式中，从而加强矫正学生拖延行为的效果。

③学生可根据研究结果，采用量表对自身进行诊断，结合自身需求选择适合自己的体育课程，制订个性化学习方案，树立正确的人生观和价值观，习得良好的心理健康行为，提高自身心理健康水平，有效改善拖延行为。

本研究针对大学生拖延行为的现状特征，基于体育课程思政建设的教学理念，探讨通过体育教学改善拖延行为的影响途径。研究工作有助于在学校体育领域进一步落实全员、全程、全方位育人的教育思想，有利于矫正大学生的拖延行为，帮助大学生养成良好的体育锻炼行为，促进大学生身心健康。

1.3 研究设计

1.3.1 研究思路

本研究的总体思路是：在现有理论的基础上，采用定性和定量相结合的研究方法，构建大学公共体育课程基本育人途径、思政内容供给、育人目标达成的理论框架和测量工具;采用调查研究对理论模型进行实证和修订,在实证研究的基础上提出体育教学改善拖延行为的策略和建议。采用的技术路线如图1-1所示。

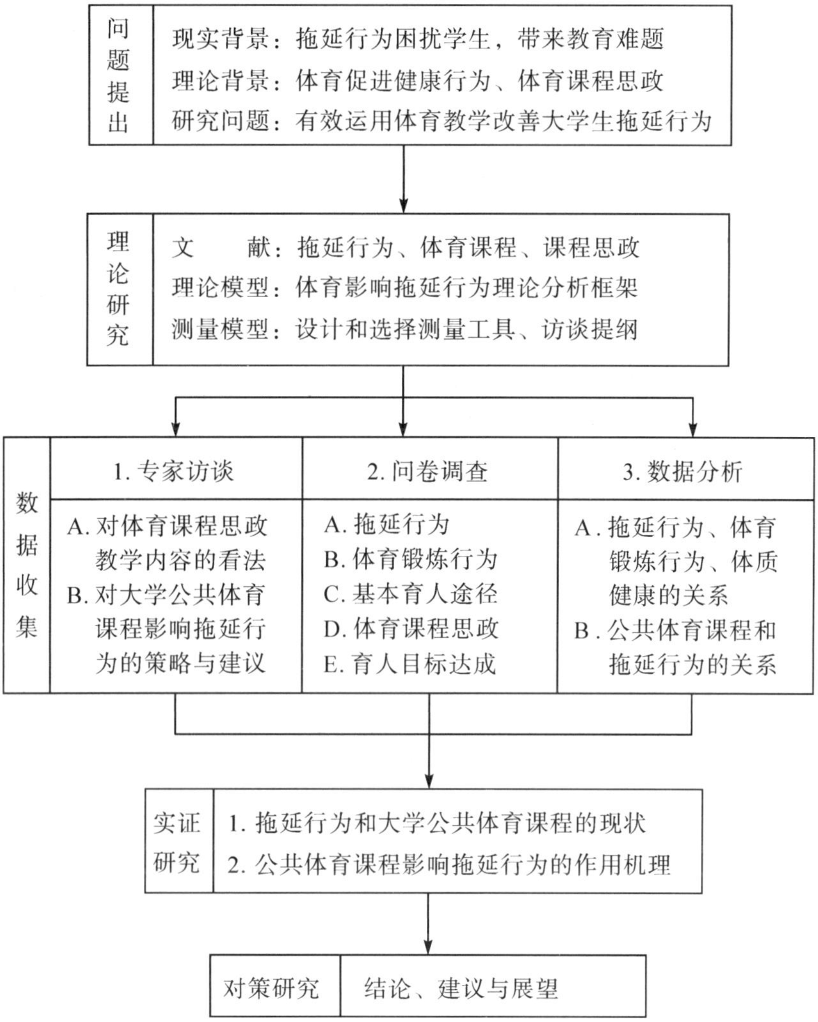

图1-1　技术路线图

图1-1展现了本研究从选题、构思到理论与实证的总体性研究规划。由此可知,本研究可分为以下几个步骤:

①问题提出。通过观察大学生学习生活和阅读相关文献发现,拖延行为在大学生人群中特别普遍,给高等教育带来难题。课程思政的提出,为体育课程改善拖延行为提供了新的助力。因此,本研究要解决的主要问题是如何有效运用体育课程教学的手段,帮助大学生改善拖延行为,促进大学生的身心健康。

②理论研究。阅读相关政策文件,通过中国知网(CNKI)、Web of Science(科学网检索平台)、中国优秀硕士论文数据库、中国博士论文全文数据库等了解关于大学生拖延行为、体育课程和课程思政的研究现状,从拖延行为的特征和影响因素,以及体育课程的特

征和作用等多角度、全方位进行分析，为后续研究提供理论基础。

③专家访谈。在梳理关于体育影响拖延行为的理论研究的基础上，建立体育教学改善拖延行为的理论分析框架，设计专家访谈提纲，主要是为了收集专家对大学公共体育课程中思政教学内容的看法和对大学公共体育课程影响拖延行为的策略与建议。整理归纳专家访谈的结果，设计大学体育课程基本育人途径、思政内容供给、育人目标达成的理论框架和测量模型。

④问卷调查。在理论研究和测量模型的指导下，设计测量工具。测量工具共分为三类：第一类是直接选择成熟的测量工具——拖延行为；第二类是在成熟测量工具的基础上进行修订——体育锻炼行为；第三类是本研究新设计的测量工具——基本育人途径、体育课程思政、育人目标达成。使用测量工具进行试调查和正式调查，完成数据采集工作。

⑤数据分析。采用 SPSS 和 AMOS 统计软件对调查数据进行了系统的分析，主要分析了拖延行为、体育锻炼行为、体质健康的关系，以及公共体育课程和拖延行为的关系。

⑥实证研究。在数据分析的基础上，实证分析了大学生拖延行为和大学公共体育课程的现状，实证检验了拖延行为、体育锻炼行为、体质健康和大学公共体育课程的关系，探讨了大学公共体育课程影响大学生拖延行为的作用机理。

⑦对策研究。根据理论模型和实证分析的结果，深化结论的深度，做到理论与实践相结合，提出大学公共体育课程改善大学生拖延行为的建议和策略，为促进大学生健康成长提供理论依据，对进一步的研究工作进行了展望。

在研究的各阶段，根据具体的研究目标分别采用了不同的研究方法。在理论研究阶段，采用文献分析追踪研究前沿，通过理论逻辑分析得到研究的理论分析框架，构建理论模型和测量模型。在理论模型实证阶段，应用问卷调查和结构方程模型方法，构建和验证理论结构变量之间的关系。本研究所用到的统计方法包括描述性分析、信度和效度分析、独立样本 t 检验、皮尔逊相关分析、偏相关分析、验证性因子分析、回归分析和结构方程分析等，这些统计方法通过 SPSS 26 和 AMOS 24 软件来实现。各种方法的应用过程和细节详见各章节。

1.3.2 研究内容

本书主要的研究内容包括以下 5 个部分。

1)大学生拖延行为的现状及特征

查阅目前国内外关于拖延行为的相关研究，选择合适的测量工具，对大学生拖延行为进行调查和问题诊断，并根据调查结果将大学生分成拖延学生和非拖延学生，从性别、独生子女和非独生子女分析拖延程度的差异，总结大学生拖延行为的特征(具体见 3.2 节)。

2)拖延行为对大学生锻炼行为和体质健康的影响

通过分析不同拖延程度大学生锻炼行为和体质健康的差异，探讨拖延行为对锻炼行为和体质健康的作用，并通过阅读相关文献建立以锻炼行为为中介变量的拖延行为对体质健康的作用机制模型，探讨三者之间的内在联系(具体见 3.3 节)。

3)公共体育课程的基本育人途径对大学生拖延行为的影响

从《关于全面加强和改进新时代学校体育工作的意见》提出的“教会、勤练、常赛”一体化确定公共体育课程基本育人途径的理论框架，并设计大学公共体育课程基本育人途径调查问卷。通过对收集到的数据进行男女班级、不同类型课程的差异检验，分析当前大学公共体育课程基本育人途径的现状及特征，找出公共体育课程中基本育人途径的薄弱点；通过对基本育人途径和拖延行为、锻炼行为、体质健康相关关系进行检验，探讨大学公共体育课程基本育人途径对大学生拖延行为的影响机理，探寻有效改善大学生拖延行为的课程设计（具体见第 4 章）。

4）公共体育课程的思政内容供给对大学生拖延行为的影响

从《高等学校课程思政建设指导纲要》提出的“政治认同、家国情怀、文化素养、宪法法治意识、道德修养”等课程思政内容供给确定公共体育课程思政内容供给的理论框架，并设计大学公共体育课程思政内容供给学生评价量表。通过对收集到的数据进行男女班级、不同类型课程的差异检验，分析当前大学公共体育课程思政内容供给的现状及特征，找出公共体育课程中思政内容供给的薄弱点；通过对思政内容供给和拖延行为、锻炼行为、体质健康进行相关关系检验，探讨大学公共体育课程思政内容供给对大学生拖延行为的影响机理，找到有效改善大学生拖延行为的课程设计（具体见第 5 章）。

5）课程思政视域下体育教学影响大学生拖延行为的作用机理

从“享受乐趣、增强体质、健全人格、锤炼意志”4 个方面收集数据，并进行男女班级、不同类型课程的差异检验，分析当前大学公共体育课程育人目标达成的现状及特征，并根据前面几部分的研究结论，结合相关理论分析，提出大学公共体育课程影响大学生拖延行为作用机理的理论框架，通过对收集到的数据进行假设检验，探讨课程思政视域下体育教学对大学生拖延行为的作用机理，提出有效影响大学生拖延行为的体育课程教学设计（具体见第 6 章）。

上述研究内容的理论分析框架如图 1－2 所示。

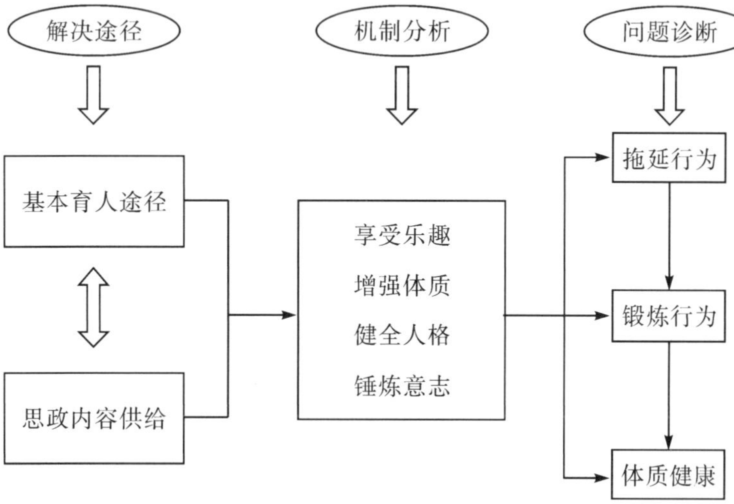

图 1－2　课程思政视域下体育教学影响大学生拖延行为的理论分析框架

1.4 研究对象与研究方法

1.4.1 研究对象

1)研究对象的选择

本书的研究对象主要是普通高等学校的非体育专业本科学生，由于本研究的主要内容是公共体育课程教学对大学生拖延行为的影响，是已经完成体育课程后的学生认知的改变，运用事后回溯的方法设计研究[29]，因此本研究计划抽样已完成体育课程的大四学生。调查采用整群抽样的方法，通过问卷星(问卷调查平台)收集到答卷 3117 份，剔除无效问卷后获得有效样本 2676 份，有效回收率 85.85%。其中男生 1850 人，女生 826 人。由于选取的学校是以理工科为主的综合类大学，男生和女生比例大约为 7∶3，所收集的调查问卷人数符合比例，样本具有代表性。

2)研究对象的基本情况

问卷调查获取有效样本 2676 份，基本信息调查情况如表 1-1 所示。

表 1-1 人口学变量描述性统计分析

人口学变量	类别	人数/人	占比/%
性别	男	1850	69.1
	女	826	30.9
是否独生子女	独生	1758	65.7
	非独生	918	34.3
生源地	城市	1458	54.5
	县城	629	23.5
	乡镇	159	5.9
	农村	430	16.1

1.4.2 文献资料法

根据本研究的实际需要，通过西安交通大学钱学森图书馆、中国知网、万方数据库、Web of Science、中国期刊全文数据库、中国优秀硕士论文数据库、中国博士论文全文数据库、外文数据库等进行文献检索，了解与本研究相关的研究前沿、最新动向和发展趋势，对大学生拖延行为、体育教学和课程思政的相关研究文献进行全面回顾，所查阅的文献包括学位论文、学术期刊论文、报刊资源、图书等，时间跨度近 10 年。在中国知网以“拖延行为”为主题进行检索，找到 2655 篇文献，其中核心期刊有 134 篇；以“体育教学”和“课程思政”为主题进行检索，找到 759 篇文献，其中核心期刊有 39 篇；以“拖延行为”和“体育教学”为主题进行检索，找到 5 篇文献；但以“拖延行为”和“课程思政”为主题进行检索，目前没有找到相关文献。在 Web of Science 中以标题(title)为“procrastination”检索到文献3406篇,以标题为"physical education"和"ideological education"检索到文献338篇,以标题为"procrastination"和"physical education"检索到文献23篇,以标题为"procrastination"和"ideological education"检索到文献2篇。

通过检索到的相关文献信息,总结归纳大学生拖延行为、体育教学和课程思政相关的理论。同时搜索大量与心理健康、学校体育和课程思政相关的政策文件,为后续的研究奠定坚实的理论基础。

1.4.3 访谈法

访谈法是指访谈人员和受访谈人员面对面进行口头交流,根据受访谈人员的回答搜集信息和资料的一种心理学研究方法。本研究采用了访谈法中的半结构化访谈和非结构化访谈两种方式。

采用半结构化访谈法,并结合目的性抽样、滚雪球抽样对专家进行访谈。编制半结构化的"体育课程思政内容专家访谈"问卷(见附录A),对14位来自不同运动项目、具有较高职称和较高运动员等级、教学经验丰富、平均工作年限为25年的体育教师(专家名单见表1-2)进行了连续4轮的专家访谈,每一轮均对上一轮整理出的内容实例进行了评价、修改和补充,在第4轮达到了信息饱和,充分收集了专家对公共体育课程的看法。同时采用非结构化访谈的方式询问专家对大学公共体育课程影响拖延行为的策略与建议,为后续选择测量工具及提出关于公共体育课程影响拖延行为的策略和建议提供参考依据。具体访谈流程和结果详见第5章。

表1-2 访谈专家名单

编号	姓名	性别	职称	工作年限	运动项目	工作单位
1	谢×	女	教授	40	体育舞蹈/体操	××××大学
2	王××	男	教授	35	乒乓球	××××大学
3	李×	男	副教授	30	网球/排球	××××大学
4	张××	男	副教授	27	篮球	××××大学
5	汪××	男	副教授	27	羽毛球	××××大学
6	潘××	男	副教授	26	游泳/武术	××××大学
7	李××	男	副教授	25	田径/飞盘/龙舟	××××大学
8	张××	女	副教授	24	健美操/健身健美	××××大学
9	陈××	男	副教授	24	舞龙舞狮/健身健美	××××大学
10	张××	女	副教授	24	自行车/瑜伽/户外	××××大学
11	张×	男	副教授	23	网球	××××大学
12	刘××	女	副教授	22	健美操/艺术体操	××××大学
13	韩××	男	讲师	17	足球	××××大学
14	宋××	男	讲师	5	武术	××××大学

1.4.4 问卷调查法

依据上文提出的研究内容框架，选择和设计合适的测量工具，拟定大学生体育课程学习的调查问卷，发放给普通高等学校非体育专业本科生。调查问卷的设计、调查过程以及信效度和共同方法偏差分析见下文。

1）问卷的设计

本研究的问卷题目的选取和设计采用事后回溯设计研究，即在研究过程中，不需要设计实验或操作自变量，只需要通过观察存在的条件或事实，将这种已经自然发生的自变量与因变量联系起来加以分析，从中发现某种可能存在的关系[29]。因此，本研究以相关研究和理论假设为基础，将大学公共体育课程中基本育人途径、思政内容供给和育人目标达成设定为回溯大学一二年级阶段体育课程学习情况，将拖延行为和锻炼行为设定在当前的具体状况。从已经发生的大学一二年级的公共体育课程的差异，分析不同拖延行为和锻炼行为的原因，并依据原因提出对大学公共体育课程的建议。

本研究共有4部分的核心变量，需要设计4部分的测量工具，并根据实际需要，将问卷的设计分为3类：第一类，引用成熟的测量工具，即一般拖延行为量表；第二类，以他人成熟测量工具为基础，根据实际需要进行修订，即以锻炼行为问卷为基础，依据本研究的实际测量需要，设计了大学生课外锻炼行为调查问卷；第三类，由本研究设计的测量工具，即大学公共体育课程基本育人途径调查问卷、大学公共体育课程思政内容供给学生评价量表、大学公共体育课程育人目标达成的调查问卷。

综上，本研究的调查问卷设计内容如下：

第1个主要变量为拖延行为，主要测量大学生的拖延行为的现状。莱（Lay）设计的一般拖延量表（GPS）[30]是具有20个题目的量表，用来评估各种任务的拖延倾向。由于题数过多，且适用人群较局限，西罗伊斯（Sirois）运用多阶段的方法，将一般拖延量表的题目进行删减，并在此基础设计了简版一般拖延量表（SGPS）[31]，该量表由9个题目组成，属于单维度测量。我国学者张亚利根据中国文化背景和语言表达习惯对SGPS进行了汉化和修订，形成了中文版SGPS[32]。本研究的一般拖延行为的测量采用了中文版SGPS，属于单维度测量，其中3个题目采用反向计分，题目采用5级利克特（Likert）量表，5个备选答案分别为“非常不同意”“不同意”“既不同意也不反对”“同意”“非常同意”，分别对应分值1分到5分。最终采用计算平均分的方式对结果进行分析，分数越高，表明一般拖延行为越严重。题目和量表的解释详见第3章（具体测量题目见附录B的第十二部分问卷内容）。

第2个主要变量为锻炼行为，主要测量大学生的课外锻炼行为的现状。我国陈善平等学者编制的体育锻炼行为问卷，从锻炼时间、锻炼频率、锻炼强度、锻炼坚持等方面对大学生体育锻炼行为进行了测量[33]。本研究直接使用了锻炼时间、锻炼频率和锻炼强度的测量；在锻炼坚持方面，对题目进行了修订，依据本研究的实际情况，将锻炼坚持的量化指标用“所占学年的百分比”来呈现，并依据当前大学生经常参与的锻炼项目和方式对锻炼项目和锻炼方式的测量题目及答案进行调整和补充，形成课外锻炼项目和锻炼方式的测量题目。问卷分为学生参加体育课程期间的课外体育锻炼行为的测量和没有体育课程期间的课外体育锻炼行为的测量，即大学一二年级体育锻炼行为的测量和大学三四年级体育锻炼行为的测量。依据事后回溯研究的设计原理和本研究的理论框架，本研究只采用大学三四年级的课外锻炼行为调查数据。题目和问卷的解释详见第 3 章(具体测量题目见附录 B 的第十和第十一部分问卷内容)。

第 3 个主要变量为基本育人途径，主要通过大学生回溯大学一二年级的公共体育课程的实际情况，测量大学公共体育课程的基本育人途径的状况。《〈体育与健康〉教学改革指导纲要(试行)》要求落实立德树人根本任务，全面把握“教会、勤练、常赛”一体化系统性教学思路与方式。本研究根据文件要求，依据大学公共体育课程的教学特点建立了大学公共体育课程基本育人途径的理论框架，设计了大学公共体育课程基本育人途径调查问卷，具体的设计过程和测量工具的实用性详见第 4 章(具体测量题目见附录 B 的第五至第八部分问卷内容)。

第 4 个主要变量为思政内容供给，主要通过大学生回溯大学一二年级的公共体育课程的实际情况，测量大学公共体育课程的思政内容供给的状况。《高等学校课程思政建设指导纲要》明确指出，要围绕政治认同、家国情怀、文化素养、宪法法治意识和道德修养优化思政内容供给。本研究根据文件要求，依据大学公共体育课程的教学特点建立了大学公共体育课程思政内容供给的理论框架，设计了大学公共体育课程思政内容供给学生评价量表，具体的设计过程和测量工具的实用性详见第 5 章(具体测量题目见附录 B 的第三部分问卷内容)。

第 5 个主要变量为育人目标达成，主要通过大学生回溯大学一二年级的公共体育课程的实际情况，测量大学公共体育课程育人目标达成的状况。习近平总书记在出席全国教育大会时提出“享受乐趣、增强体质、健全人格、锤炼意志”四位一体的目标，倡导体育课程达到上述十六个字的育人目标。本研究遵照以上目标，设计了大学公共体育课程育人目标达成调查问卷，具体的设计过程和测量工具的实用性详见第 6 章(具体测量题目见附录 B 的第四部分问卷内容)。

除了以上介绍的部分，问卷还包含了人口学变量的相关信息和对体育拖延行为、体育选修课程学习、体育失范行为意向、学校体育政策态度的测量，均具有较高的内部一致性，在本研究中用来筛查无效问卷(具体见附录 B 的第一、第二、第九、第十三及第十四部分问卷内容)。

2)问卷调查的过程

通过阅读关于拖延行为、锻炼行为、体育教学、课程思政、育人途径和育人目标等相关文献，结合访谈结果，设计了大学生体育课程学习和课外体育锻炼的调查问卷，并寻求相关领域的专家对问卷结构、内容和整体的设计进行评价，借鉴专家意见对问卷题目进行修改和补充后，在 2021 年 11 月初进行了一次试调查，检验结果信效度良好。紧接着进行了正式调查，调查时间为 2021 年 11 月 13 日—14 日，在 2018 级大四学生进行国家学生体质健康标准测试时，对参加测试的学生进行了问卷调查。为了保证问卷回收的质量，问卷星中设置每部手机只能回答一次，并设置少量反向计分问题，作为数据真实性甄别的依据。

下面简单描述无效问卷的剔除工作步骤。通过问卷星收到答卷 3117 份，首先在问卷星中下载问卷数据，并导入到 SPSS 分析软件中。其次与学校体育部门收集到的大学生体质健康测试成绩相匹配，将不在库内的 125 名学生剔除。再次判定具有反向计分的题项与正向计分的题项差值为 0 的问卷和快速作答的问卷，并认定为无效问卷。剔除无效问卷后获得最终有效样本 2676 份，有效回收率 85.85%。其中男生 1850 人，女生 826 人。检验问卷调查流程如图 1-3 所示。

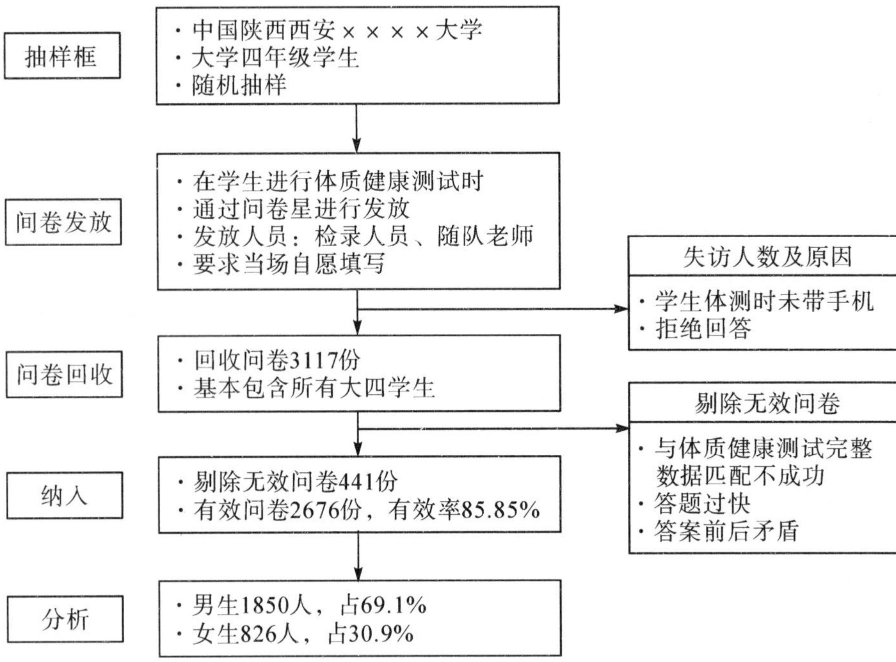

图 1-3　问卷调查流程

3)问卷的信效度

每一组变量都分析考察了调查问卷的信度和效度。信度检验采用了重测信度检验和内部一致性检验，一般认为数据的重测信度显著性应达到 0.001 的水平；克龙巴赫 α 系数(Cronbach's α coefficient)应在 0.7 以上，由表 1-3 显示可知，所涉及主要变量的信度良好。

表 1-3　问卷信度检验分析

主要变量	项数	重测信度	克龙巴赫 α 系数
一般拖延行为	9	0.759***	0.751
基本育人途径	28	0.716***	0.956
思政内容供给	28	0.725***	0.983
育人目标达成	4	0.484***	0.926
体育锻炼行为	6	0.518～0.791***	—

注：*** 代表 $P<0.001$。

调查问卷的效度检验运用了专家评估法，在访谈专家的基础上增添了 3 位专家，共 17 位平均工作年限为 24 年的评估专家(专家名单见表 1－4)，专家评估问卷主要是对问卷题目和问卷维度的评价(评估问卷具体内容见附录 C)，收集数据后进行反向计分，评价得分越高表明评估专家对测量题目和问卷维度越认可，并对具体测量题目进行建议和修订，形成最终较为完善的大学生体育课程学习和课外体育锻炼调查问卷。具体评估结果详见第 4 章和第 5 章。

表 1－4 评估专家名单

编号	姓名	性别	职称	工作年限	运动项目	工作单位
1	谢×	女	教授	40	体育舞蹈/体操	××××大学
2	王××	男	教授	36	网球	××××大学
3	王××	男	教授	35	乒乓球	××××大学
4	李×	男	副教授	30	网球/排球	××××大学
5	张××	男	副教授	27	篮球	××××大学
6	汪××	男	副教授	27	羽毛球	××××大学
7	潘××	男	副教授	26	游泳/武术	××××大学
8	李××	男	副教授	25	田径/飞盘/龙舟	××××大学
9	张××	女	副教授	24	健美操/健身健美	××××大学
10	陈××	男	副教授	24	舞龙舞狮/健身健美	××××大学
11	张××	女	副教授	24	自行车/瑜伽/户外	××××大学
12	张×	男	副教授	23	网球	××××大学
13	刘××	女	副教授	22	健美操/艺术体操	××××大学
14	韩××	男	讲师	17	足球	××××大学
15	宋××	男	讲师	5	武术	××××大学
16	高××	女	讲师	22	乒乓球/跳绳	××××大学
17	党××	女	讲师	3	艺术体操	××××大学

4)共同方法偏差

由于每份问卷都是由一名非体育专业大四的学生完成的，属于同源调查，可能会出现共同方法偏差，因此采用哈曼(Harman)提出的单因素检验的方法对同源数据进行分析[34]。操作流程：将所使用的问卷中的所有问卷条目放在一起，进行探索性因子分析，考察未经旋转的因子分析结果，如果第一个公因子的解释力相当大，超过了建议值 50%，则认为存在严重的共同方法偏差[35]。因此，将正式调研问卷中本研究所使用的问卷部分(题目见附录 B)进行探索性因子分析，采用主成分分析方法，结果显示，特征值大于 1 的公因子共有 33 个，且第一个因子解释了 18.890%的方差，远小于 40%的临界标准，表明研究问卷的共同方法偏差不严重。

1.4.5 数理统计法

运用 SPSS 26 和 AMOS 24 统计软件对所收集到的数据进行处理和分析：主要采用描述性分析、频率分析、独立样本 t 检验、卡方检验、皮尔逊相关分析、偏相关分析、回归分析、结构方程模型建立和检验等，诊断不同拖延倾向人群的现状与特征，分析大学公共体育课程基本育人途径、思政内容供给、育人目标达成的现状和特点，以及体育课程与大学生拖延行为之间的关系和相互作用，探讨大学公共体育课程影响拖延行为的作用机制。具体统计方法的介绍和使用详见第 3 章、第 4 章、第 5 章和第 6 章。

2 文献综述

2.1 关于拖延行为的研究

2.1.1 拖延行为的概念界定

随着社会的快速发展，社会节奏不断加快，拖延行为在各个领域中发生的次数越来越多。拖延一词最早只是用于“将事情集中到明天”，指主观意识上的延迟行为，并不包含贬义。但随着时间的推移，大多数学者倾向于认为拖延行为是负面的、消极的，且概念尚未统一。

拖延现象的多样性和内部机理的复杂性，使得研究者不能对拖延的研究一概而论。部分学者基于不同的视角对拖延进行定义，分为以下几类：

①任务时间观点。国外学者西尔弗(Silver)强调任务时间是拖延行为的核心成分，他认为拖延行为的必然结果是失去了成功地完成某项任务最佳时机的可能性[36]。当个体认为任务时间的付出大于所得的回报，就会产生拖延行为。

②意向差距观点。莱(Lay)提出了“拖延是推迟某人计划的行动”的观点[37]；费拉里(Ferrari)直接指出拖延的操作定义为“决定和行动之间的差距”[38]。当个体对任务的体验不愉快，导致拖延的可能性就会上升。

③个体保护观点。部分研究者认为拖延的原因是人们对自己的工作、情境和结果存在非理性信念，产生焦虑等不良情绪，于是主动逃避形成自我保护。也有学者认为，拖延是非理性的认知观念的作用下采取的非适应性的防御方式。所罗门(Solomon)提出拖延是在任务开始或完成时有目的地推迟行为，会给个体带来主观上的不舒适感[39]。还有学者发现拖延和考试焦虑、沮丧等负面情绪呈正相关[40]。当任务对个体具有焦虑的威胁，个体将会选择逃避事情或任务。

④人格特质观点。Lay 认为拖延是在达到某一目的时没有必要的推迟倾向[41]。米尔格拉姆(Milgram)明确提出推迟是一种个人特质，个体某一领域存在拖延现象，在其他领域同样如此[42]。还有学者提出五大人格与拖延行为相关[43]，当个体的人格特质具有

拖延倾向，就会在各个领域产生拖延行为。

⑤自我调节观点。耿靖宇等学者将拖延行为视为自我调节失败[20]。斯蒂尔(Steel)从时间动机理论的角度[44]，提出拖延是在意识到拖延后果时仍延迟完成任务的观点，也称为自我调节失败产生的非理性拖延。当个体自我调节能力不佳时，就会产生拖延行为。

以上5类都是拖延消极方面的概念理解，说明拖延行为的不良影响，但是近几年拖延行为在积极方面也得到了认可，提出了积极拖延等概念。关于拖延行为的定义争论不断，但根据对心理行为问题的研究范畴，本研究使用了Steel提出的拖延定义："拖延是自愿推迟某一计划好的行动，尽管预见该行动会因推迟而变糟。"

2.1.2 拖延行为的种类及测量

关于拖延行为的种类，各个学者从不同的角度出发提出了多种分类方式。Ferrari等人将拖延行为划分为3种类型：唤起型、回避型和决策型[45]。唤起型拖延行为是指个体喜欢把事情拖到最后的期限才开始行动，以便获得更高的工作效率，使其短时高效地完成任务。但也有学者研究发现唤起型拖延者并没有理论上那样较好的表现，往往因缺乏时间最终导致成绩一般或行动失败[46]。回避型拖延行为是指个体面临任务时，听取他人评价或不自信，从而为自己的结果找到借口并选择逃避完成任务。决策型拖延行为是指个体面临必要的任务时，会产生自卑心理，认为只要不做就不会对事情的结果负责。埃利奥特(Elliot)等人认为从稳定性角度可以将拖延行为分为特质型拖延和情境型拖延[47]。特质型拖延是指个体表现出经常性、习惯性的拖延倾向，是一种稳定的人格特质[48]。情境型拖延是指由具体情境引发的拖延行为，强调情境对拖延的影响[39]，例如很多学生只会在学习的情境下产生拖延行为，而在其他与学习无关的活动中不会产生拖延行为。从拖延的性质角度出发，又可以分为积极拖延和消极拖延，也可称为主动拖延和被动拖延。伊尔德(Eerde)等人认为主动拖延是指个体为了使自己达到最优水平，往往在任务行动之前进行评估，并做思考后主动选择推迟任务，充分利用时间压力所产生的强烈动机，达到更高效的工作效率[49]。而被动拖延相当于传统的拖延行为，指个体缺乏行动的动力而将任务搁置直至不能完成。Milgram等人根据拖延行为产生的情景不同，将拖延类型总结为日常生活拖延、决策型拖延、学习拖延、神经质拖延、功能障碍性拖延或强迫性拖延[42]。从拖延行为发生的频率来看，又可以分成长期性拖延和短期性拖延。

拖延行为的丰富性和分类方法的复杂性致使其测量工具具有多样性。对于拖延行为的测量可分为一般拖延特质测量和在特定任务的情景下拖延倾向测量。关于一般拖延特质测量的测量工具有一般拖延量表、艾特肯(Aitken)拖延量表、简版一般拖延量表等；关于特定任务的拖延倾向测量主要有学习拖延量表、锻炼拖延量表和就寝拖延量表等。一般拖延量表(GPS)[30]是由Lay编制的一种单维测量工具，该量表一共包含20个项目，采用5级Likert量度计分，具有良好的信效度，主要从任务启动与完成的时间节点上来探究个体的拖延倾向，是目前使用最广泛和最为有效的特质拖延量表。2010年我国学者楚翘等人将该量表翻译成中文[5]，克龙巴赫α系数为0.80，具有良好的信效度，被我国学者广泛应用。简版一般拖延量表(SGPS)[31]是西罗伊斯(Sirois)首次提出的,该量表是对一般拖延量表的推进和浓缩,缩减为9道题,属于单维度检验,采用5级Likert量度计分。我国学者张亚利等人借鉴中文版GPS的翻译,对SGPS进行反复修改,形成中文版SGPS[32],并具有良好的信效度,可用于测量大学生的一般拖延倾向。Aitken拖延问卷(API)[50]是用于评估大学生长期持续拖延行为的自评问卷,采用5级Likert量度计分,克龙巴赫α系数为0.82。约翰逊(Johnson)等人[51]将API进行检验,发现该问卷更适用于评估学业拖延,研究对象可以不限于大学生范畴内,中学生也可以。我国学者刘明珠等人[52]将API翻译成中文版,改为13题,并应用于中学生,克龙巴赫α系数为0.796,适合对中国中学生的学业拖延行为进行测量。锻炼拖延量表是由Kelly等首次提出的[53],分为6个题目,采用5级Likert量度计分方式,经验证克龙巴赫α系数为0.94,具有良好的信效度。李静等人通过将一般拖延量表的主题背景修改为锻炼情景,设计出锻炼拖延量表[54],共计13个题目,采用5级Likert量度计分方式,具有良好的信效度。就寝拖延量表(BPS)由克勒译(Kroese)等人设计开发[55],共有9道题,采用5级Likert量度计分,克龙巴赫α系数为0.88,具有良好的信效度,用来测量个体在睡眠前的拖延倾向。我国学者张陆等人将BPS翻译成中文[56],并根据大学生寝室管理的熄灯制等我国实际情况,将量表进行修订,最终确定了包含9个条目的BPS中文版,克龙巴赫α系数为0.88,具有良好的信效度,用来测量我国大学生的就寝拖延状况。除了以上几种拖延行为的完整测量,蒲少华学者还对拖延行为的特定行为阶段进行测量,在行动阶段拖延量表(APPS)[57]的基础上设计了行动阶段拖延量表中文版(APPS中文版)[58],共包含了13个条目,分别测量启动拖延、持续追求目标的拖延、到达预期目标的拖延,克龙巴赫α系数为0.85~0.91,具有良好的信效度,用来测量学生拖延行为的不同阶段的状况。

以上所描述的量表都是当前广大研究者针对学生拖延行为所使用并提倡的,但由于时代的变迁和民族文化的不同,大多数量表的一些题目在当下已经显得不合时宜,并且本研究主要研究学生的一般拖延行为,不用将情境设定到特定范围。因此,本研究拖延行为的测量使用的量表是近几年刚研发的中文版SGPS,不仅适宜中国大学生群体,而且问题更精练。

2.1.3 拖延行为的影响因素

拖延行为的影响因素可分为内部因素和外部因素。内部因素主要是认知、人格等方面,比如自尊、自我效能感、人格特质、情绪等。自尊与拖延呈负相关[59],任何一个行为的挫败都可能预示出某些方面的不足。因此,为了维护自尊,人们会通过拖延而自我设障,给失败找一个很好的外因。自尊水平高的人,拖延行为较少。有研究表明,自我效能感在自尊与拖延行为的影响中起到中介作用[60]。自我效能感对拖延行为作用的研究大多数集中在学业拖延中。相关研究指出,自我效能感与学业拖延呈显著负相关关系,自我效能感越强,越能阻止学生产生学业拖延行为[61]。美国著名心理学家班杜拉将自我效能感放到学业领域中,提出学业自我效能感,各国学者又集中于研究学业自我效能感与学业拖延行为的关系。在学习中出现多次拖延现象,一般其效能感不会高,且男性的学业自我效能感高于女性，女性学业拖延高于男性[62]。但是对于性别与拖延行为的研究，也有部分学者认为拖延行为并没有性别差异[63]。学业拖延行为现象在研究生人群中十分普遍，且硕士研究生的学业拖延行为高于博士研究生，人文社科专业研究生高于理工农医专业[64]。通过对学业拖延行为的进一步研究，学者发现完美主义对学业拖延有很大的作用，尤其是在约 2/3 的人为完美主义者的大学生群体中，消极完美主义和积极完美主义分别显著正向和负向预测学业拖延[65]。后期学者发现，完美主义不仅局限于对学业拖延有作用，对一般拖延行为也有一样的作用。一般完美主义者会对自己有严苛的要求，在未有完全成功把握的情况下，不愿主动去做，或追求完美而不能制订可行的计划，出现行为拖延。消极完美主义和积极完美主义对拖延行为产生的作用效果不同，可以通过降低完美主义标准来改善拖延行为[66]。相关实验证明，完美主义对拖延行为存在中介作用，焦虑作为中介变量，从中发挥了重要作用。因此，焦虑情绪也是拖延行为重要的预测因素[67]。情绪中的抑郁情绪和冲动情绪也是影响拖延行为的重要因素之一[68]。

拖延行为的外部影响因素主要有任务性质、父母教养方式和外部环境等。布卢姆(Bloom)研究发现，相对于价值较大但是奖励不及时的任务，学生更愿意完成价值较小但是奖励及时的任务，对奖励及时任务产生的拖延行为比奖励不及时任务的少。安蓉等人研究发现，面对难度较大的任务时，学生个体在潜意识里认为自己的能力不足不能轻松完成，找不到成就感，或者任务复杂而枯燥都将出现拖延行为，将任务拖到最后一刻甚至不能完成[69]。父母的教养方式被许多学者认为是拖延行为主要的影响因素之一。皮切尔(Pychyl)的研究表明，父亲的教养方式能直接影响子女的拖延行为，母亲的专制型和权威型的教养方式能间接影响子女的拖延行为[70]。国内的研究也发现，父母采用惩罚严厉、拒绝否认等不良教养方式与大学生的拖延行为呈正相关关系，而采用情感温暖、理解陪伴等良好教养方式与大学生的拖延行为呈负相关关系[71]。外部环境中最主要的因素是诱惑，当面临外界的诱惑，尤其是虚拟网络等娱乐方面的诱惑时，学生通常很难控制自己的行为，导致时间的浪费，产生拖延行为[72]。

综上所述，学者们对拖延行为影响因素研究的主要目标人群是学生，且主要探讨学生的学业拖延行为，对学生的一般拖延行为研究相对较少。本研究主要是通过总结拖延行为的影响因素，归纳出影响拖延行为的重要因素，发现干预拖延行为的主要途径。学生主要的生活环境是学校，且大部分时间都用于课程学习，课程学习内容和氛围是重要的外部环境因素。因此，本研究借鉴拖延行为影响因素中的外部环境，提出了体育教学影响拖延行为的重要性，下文会对其影响理论和机理进行具体的分析和解释。

2.2 关于体育教学的研究

2.2.1 体育教学及相关概念界定

教学是指以课程内容为中介的师生双向教和学的共同活动，是学校实现教育目的的基本途径，其特点为通过系统知识、技能的传授与掌握，促进学生身心发展；也可以简单理解为“在师生之间展开的知识传习活动”[73]。李秉德教授在《教学论》中指出：“教学就是指教师的教和学生的学相结合或相统一的活动。”[74]体育教学是在体育的环境下进行教学。学者张洪潭借鉴教学的概念将体育教学的概念辨析为“在体育教师和普通学生之间开展的运动技术传习活动”[73]。《体育概论》将体育教学解释为体育教师在重要思想指导下，为实现教学目的而按照相应的标准实施的一种教育行为[75]。依据教学和体育教学的概念，本研究的体育教学是指在教师指导和学生参与的大学公共体育课程中，教师按照体育教学大纲的要求，指导学生掌握一定的理论知识、运动技术和锻炼方法，促进学生身心发展，形成一定的思想品德的一种教育行为。

本研究的前因变量是体育教学，依据理论框架将体育教学分为了基本育人途径和思政内容供给两大方面，将体育教学产生的主要效果称为育人目标达成，并且设定的教学环境是大学公共体育课程，接下来要对公共体育课程和涉及的主要变量进行概念界定。

公共体育课程是面向所有非体育专业学生，以促进学生体质健康为目的的课程。公共体育课程以课堂教学作为主体，以课外锻炼作为补充，是学校体育教育体系中的重要组成部分，是学校的必修课程[76]。

“课程思政”这个词语是由上海市首先提出的。2014 年上海市颁布了《上海市教育综合改革方案(2014—2020 年)》，将德育纳入教育综合改革之中，出台了《上海高校课程思政教育教学体系建设专项计划》，提出了“课程思政”的概念并选择了一批试点学校进行推广。随后，许多学者开始对“课程思政”的相关概念进行研究和讨论。王学俭等[77]认为，课程思政就是通过构建全体参与的、全程参与的、全课程的培养模式等，使各项课程和思想政治理论课相向而行，达到显性与隐性教育融合，以“立德树人”为根本的教学目的。关于“体育课程思政”的概念，刘纯献等[78]认为，体育课程思政是为了实现“立德树人”这一根本任务，在体育课程教学中充分发挥德育功能和价值引领作用，在体育课程建设与实施的整个过程中，将培育与践行社会主义核心价值观贯穿始终，在体育课程目标、体育课程结构、体育课程评价这些课程要素上充分体现思想政治教育的价值。赵富学等[79]指出，体育课程思政建设就是在体育课程和教学领域把思想政治教育融入学校人才培养体系中的一种理念，是学校体育贯彻“立德树人”的基础工程。李在军等[80]认为，体育专业课程思政是一种隐性思政教育，它是体育专业课程教学中思政元素或者资源的发掘，以实现知识传授、技能提高和价值引领的同频共振和全员全课程育人。由此可见，体育课程思政的核心本质是立德树人，其贯彻理念是协同育人，其实施环境是体育领域问题情境。内容供给是指在一定社会经济条件下，教育者按照教育目的要求和任务规定，从引导、激发和满足、适应教育对象成长发展需求实际出发，对教育活动中的内容选择、呈现和理解、接受等环节有效性进行动态把控的过程[81]。综合以上概念，本研究使用的公共体育课程思政内容供给的概念是指体育教师将“立德树人”作为教育的根本任务，按照公共体育课程的教学目的和要求，将思想政治教育内容与体育教学内容相结合，帮助学生提高身体素质和思想品质。

育人是教育的特有功能，指培育人才。育人既是指培养一定阶段、一定社会所需要的人才，又是指通过各种教育手段使受教育者的体质、心理、思维和技能得到尽可能全面的发展[82]。途径是达到目的的方式方法，那么育人途径就是指育人工作的方式和方法[83]。育人目标达成是一所学校的办学理念在教育目标、课程领域等方面的具体化表现，育人目标所表达的就是一所学校要培养出怎样的学生、让他们成为怎样的人才的价值取向与愿景追求[84]。从高等教育学的角度看，育人目标是全面发展的，既包括健全人格和优良素质的培养，也包括对知识的获得和科学研究能力的培养[85]。体育课程是学校教育内容之一，体育学科的母学科是教育学。所不同的是，以健康生命为视角，体育课的育人对象是身体活动的人，与生命现象或生命价值紧密相连[86]，其育人途径和育人价值是不容忽视的。因此，公共体育课程基本育人途径是指体育教师在公共体育课程上指导学生学习技能知识、练习技术和参与比赛的方式或方法，培养大学生体质、心理、思维和技能全方面发展；公共体育课程育人目标达成是指深度挖掘和提炼公共体育课程中所蕴含的思想政治资源，并将其融入教学与实践环节中，使学生通过体育课程达到享受乐趣、增强体质、健全人格和锤炼意志的目标，为国家培育全面发展的高质量人才。

2.2.2 体育教学的发展及前沿

1917 年，毛泽东在《新青年》上发表著名体育论文《体育之研究》，他在其中写道："体者，为知识之载而为道德之寓者也，其载知识也如车，其寓道德也如舍。"体育教学不仅能教会学生体育知识，增强学生的锻炼能力，还能丰富学生的精神，培养学生的道德情操，具有促进学生全面发展的作用。体育教学在内容方面是以运动技术为主，在形式方面是以身体练习为主，在方法方面是以示范操练为主，在负荷方面是以生理负荷为主，在组织方面是以分组单练为主，在场所方面是以运动场馆为主的[87]。这些条件决定了体育教学的本质功能是为人的终身健康打基础，增强学生体质，促进学生身心健康发展。针对学生的体质健康问题，国家政府提出了相应的政策文件指导体育教学的方向，促进学生的全面发展。例如：2007 年中共中央、国务院发布的《中共中央 国务院关于加强青少年体育增强青少年体质的意见》提出通过"确保学生每天锻炼一小时""开展多种形式的课外体育锻炼活动"等措施来保证学生的课外锻炼时长；2016 年颁布的《"健康中国 2030"规划纲要》提出"基本实现青少年熟练掌握 1 项以上运动技能""青少年学生每周参与体育活动达到中等强度 3 次以上，国家学生体质健康标准达标优秀率 25％以上"等，明确指出参与体育活动的具体实施要求和目标；2019 年颁发的《体育强国建设纲要》提出"将促进青少年提高身体素养和养成健康生活方式作为学校体育教育的重要内容，把学生体质健康水平纳入对政府、教育行政部门、学校的考核体系"等，把体育教学放到政府和学校的重要地位，为体育教学的实施增加了一份保障。这些政策文件都将"增强学生体质健康"和"掌握运动技能"作为主要目标，将"健康第一"和"终身体育"理念贯穿整个体育课程中，为学校体育的实施指明了方向。

但有研究表明，虽然我国青少年体质健康政策日益完善、规范，发布数量不断增多，但青少年体质健康状况总体却呈现下降趋势，学生体质健康水平仍是学生全面发展的短板和不足[88]。例如：我国义务教育阶段体育课开足率平均不到 20％，有 70％以上的学生不去参加课外体育锻炼，有 93％以上的家长反对中小学生放学后与同学在外玩耍[89]；与其他较为发达的国家相比，我国中小学生参加课外体育活动仅占10%左右，而其他国家所占比例高达50%[90]；近几年虽然青少年形态水平、机能水平以及身体素质总体呈现企稳回升的现象，但是力量素质仍没有得到改善[91]；对2020年和2021年全国学生体质与健康调研结果进行分析发现，我国青少年在身体柔韧性、力量、速度和耐力等方面，中小学生出现了好转，但是大学生情况较差，优良率基本上没有增长[92]；部分体育课中出现学生不出汗、怕失败、无规则、教不会等现象，课外体育活动严重不足，学生缺乏体育活动，视力不良和肥胖的检出率持续上升[93]。总而言之，学生体质健康水平总体令人担忧，其中大学生体质健康问题尤为严重。

为解决大学生体质健康问题和提升学生的全面发展水平，国家为学校体育提出了确切的目标和导向。2018年9月10日，习近平总书记出席全国教育大会指出，要努力构建德智体美劳全面培养的教育体系，形成更高水平的人才培养体系。要树立健康第一的教育理念，开齐开足体育课，帮助学生在体育锻炼中享受乐趣、增强体质、健全人格、锤炼意志。其中"享受乐趣、增强体质、健全人格、锤炼意志"是对体育教学的高要求和高标准，并被视为新时代学校体育改革与发展的"四位一体"的目标[94]。1917年，毛泽东就曾在《体育之研究》中提出"文明其精神，野蛮其体魄"[95]。体育教学作为学校体育的重要组成部分，是开展"育体"和"育德"活动相结合的重要阵地。"享受乐趣、增强体质、健全人格、锤炼意志"体现了"育体"和"育德"的目标，为"体魄"和"精神"的检验找到了合适的标尺，为体育教学的育人目标提供了标准的答案。学生只有在体育课程中享受了乐趣、增强了体质、健全了人格和锤炼了意志，"体魄"和"精神"达到了双丰收，才能验证体育这门课是成功的。

综上所述，大学生体质健康下滑仍是学校体育教育所要解决的问题之一，国家为解决该问题也相继提出了多个政策文件，为学校体育教学指引方向。其中，"享受乐趣、增强体质、健全人格、锤炼意志"是为体育教学提出的更高标准的育人目标，为本研究开展定量研究奠定了理论基础。本研究将依据高标准的育人目标检验学校体育的教学效果，为后续体育教学育人效果提供研究基础。

2.2.3 体育课程基本育人途径的相关研究

体育教学对青少年的成长具有综合性作用，坚持将体育教学作为促进学生身心健康、全面发展的基本途径，充分发挥体育的综合育人价值，是新中国学校体育发展的重要经验。体育课程育人目标达成需要较为完善的教学理念进行指导。所谓教学理念，就是指导教师教书育人的思想观念和精神追求，强调老师在传授专业知识的同时，引导学生坚持正确的政治方向，坚持正确的价值追求。通过整理相关文献和咨询一线体育工作者发现，"教会、勤练、常赛"一体化的教学理念是目前体育领域改革的基本思路。2021年发布的《〈体育与健康〉教学改革指导纲要（试行）》指出体育教学的改革目标是"享受乐趣、增强体质、健全人格、锤炼意志"。我们应将"教会、勤练、常赛"一体化作为体育课程最基本的育人途径，帮助学生在体育课程中"享受乐趣、增强体质、健全人格、锤炼意志"。

习近平总书记强调，办好思想政治理论课，最根本的是要全面贯彻党的教育方针，解决好培养什么人、怎样培养人、为谁培养人这个根本问题。“教会、勤练、常赛”是《〈体育与健康〉教学改革指导纲要(试行)》提出的指导思想，虽然只有 3 个词组，但涉及的范围比较广，例如涉及教师怎么教、学生怎么学练、如何将学练的知识技能运用到比赛中等综合性问题。所以，对于青少年身心健康发展、促进素质教育的实施和立德树人教育的根本任务，体育教学改革将是一项重要实践，也是促进素质教育的重要理论基础，还是贯彻落实《关于全面加强和改进新时代学校体育工作的意见》的核心要素。体育课程教学在师资、场地、器材和内容等方面具有多重保障，应成为落实“教会、勤练、常赛”的重要阵地和实施平台，只有在体育课堂教学中贯彻落实，才能将知识和技能运用到课外锻炼活动中，树立终身体育意识。因此，“教会、勤练、常赛”同时也是对学校体育课堂教学提出的新要求。关于如何达到这个新要求，学者们站在不同角度对其提出新方案。刘净敏认为，建立符合国家卫生标准的体育场地有利于落实“教会、勤练、常赛”一体化的要求，教、练、赛都离不开体育场地这个关键平台，它是达到新要求的物质基础[96]；朱伟强等学者认为，“教会、勤练、常赛”应该成为体育课程的常态，应将教师从教学的“掌控者”转向学生学习的“引导者”，体现“以学生为主体”的观念[97]；刘俊凯等学者提出，找准“教会、勤练、常赛”的着力点，才能精准发力，提高效率，并认为教会的着力点是教学有法，勤练的着力点是增强实效，常赛的着力点是全员参与[98]；尚力沛指出，必须通过改革传统教学设计，落实学练赛一体化教学设计，才能将“教会、勤练、常赛”的教育理念与实践结合起来，并认为三者具有内在关系，教会是勤练和常赛的基础，勤练是教会和常赛的保障，常赛是教会和勤练的延伸[99]。

综上所述，“教会、勤练、常赛”一体化是目前国家政策所提倡的体育课程教学理念，学者们对“教会、勤练、常赛”的认识主要从思辨角度出发，为后续实证研究提供了很好的理论基础，但还缺少实证研究的实践。本研究将依据国家政策文件要求，将“教会、勤练、常赛”视为体育课程的基本育人途径，检验育人途径的落实效果，帮助教师查缺补漏，促进体育教学的育人效果。

2.2.4 体育课程思政内容供给的相关研究

目前，我国社会主要矛盾已经转化为人民日益增长的美好生活需要和不平衡不充分的发展之间的矛盾。这其中的美好生活需要就包含着对更高质量教育的需要，而思想政治在我国教育中具有举足轻重的地位[77]。特别是对于学生这一群体，思想政治教育尤为重要。中共中央、国务院颁发的《关于进一步加强和改进大学生思想政治教育的意见》明确指出，学校教育要坚持育人为本、德育为先，把人才培养作为根本任务，把思想政治教育摆在首要位置。加强高校思想政治教育，抓住立德树人根本使命，全面提升学生教育素养，不仅是国家教育的重要导向与根本要求，也是对大学生进行理想、信念、世界观、人生观与价值观教育的重要途径与手段[100]。2016 年，全国高校思想政治工作会议在北京召开，习近平总书记在会议上着重强调：“要坚持把立德树人作为中心环节，把思想政治工作贯穿教育教学全过程，实现全程育人、全方位育人，努力开创我国高等教育事业发展新局面。”2019 年，习近平总书记在学校思想政治理论课教师座谈会上再次强调：“要坚持显性教育和隐性教育相统一，挖掘其他课程和教学方式中蕴含的思想政治教育资源，实现全员全程全方位育人。”新时代高校思想政治教育工作建设要取得突出进展，不仅要在核心课程即思想政治理论课上下功夫，也要挖掘其他各门课程中的思想政治教育元素，提升其育人功能。隐性思政教育的“隐”在本质上不是不见，而是存而另显，其价值取向与显性思政教育要求一致，即提高学生的价值观，实现立德树人[101]。当前体育课程思政属于隐性的思政教育，是通过体育课程挖掘思政元素或资源，体现专业课程的育人功能[102]。

课程思政建设是全面提高人才培养质量的重要任务，是培养学生的价值观和心理品质等的重要举措。为了进一步全面推进高校课程思政建设，《高等学校课程思政建设指导纲要》明确提出，“课程思政工作要围绕全面提高人才培养能力这个核心点，在全国所有高校、所有学科专业全面推进”，要“明确课程思政建设目标要求和内容重点”，要“围绕政治认同、家国情怀、文化素养、宪法法治意识、道德修养等重点优化课程思政内容供给”。课程思政的目的是解决大学生思想政治教育的“孤岛”现象，特别是思想政治理论课程与其他课程“两张皮”现象，促进大学生思想政治教育改革和发展，加强各个课程思想政治教育的有机衔接，充分发挥思想政治教育作用，提升学科教学质量[103]，这也成为当前教学体系中的重要指导思想。

体育是以身体运动为基本手段，促进身心发展的文化活动，在课程思政建设中具有先天的自身优势，发挥着独特的育人功能。体育课程思政建设为体育教学提供新的思路，学者们基于传统思政课程和传统体育课程，开启了体育课程思政建设探究之旅，分别从“体育课程立德树人实践路径”[104]、“课程思政背景下体育人才培养的内涵”[105]、“体育课程思政的内涵解读和体现”[106]、“高校体育课程思政建设与改革”[107]、“体育教师课程思政能力的建设与培育”[108]、“体育课程思政评价体系”[109]、“体育课程思政的价值引领与生成路径”[110]、“体育课程案例的思政元素的挖掘与探索”[111]等不同角度阐述了自己的观点。同时，《高等学校课程思政建设指导纲要》也提出，“体育类课程要树立健康第一的教育理念，注重爱国主义教育和传统文化教育，培养学生顽强拼搏、奋斗有我的信念，激发学生提升全民族身体素质的责任感”，要“帮助学生在体育锻炼中享受乐趣、增强体质、健全人格、锤炼意志”。因此，体育课程思政也是达成“享受乐趣、增强体质、健全人格、锤炼意志”育人目标的重要教学理念。

综上所述，当前课程思政建设在大学公共体育课程中处于刚起步阶段，在现有的研究中，学者们都比较注重理论探索，对体育课程思政的价值、内容、特征、路径研究有一定的解读和思考，但还没有对其进行定量分析。缺乏定量研究的原因是缺乏合适的测量工具，且当前学者并没有将理论过渡到实践层面。没有成熟的测量工具，无法对体育课程思政进行精确细致的评价，就很难进行有针对性的教学改革。所以从现有的文献来看，体育课程思政的测量工具是体育课程思政研究和教学实践的瓶颈。由于课程思政研究的理论视角较多，本研究将结合《高等学校课程思政建设指导纲要》中提出的具体课程思政内容供给，将体育课程思政部分的研究内容聚焦到体育课程思政内容供给教学理念的研究，在前人研究的基础上，用定量研究的方式讨论体育课程思政内容供给的作用。

2.3 关于体育教学影响拖延行为的研究

2.3.1 体育课程基本育人途径影响拖延行为的相关研究

大学生刚由家庭步入社会，人际交往范围扩大并且复杂化，生活方式及学习方式发生了改变，这些都可能让他们难以较快适应，加之高中应试教育的压力还未完全缓解，很容易引发心理健康问题[112]。心理健康问题将对学生的身心健康发展产生负面影响，严重阻碍学生的全面健康发展，造成进一步的恶性循环。体育活动是改善心理健康状况的重要手段，迄今为止已经有许多学者研究了体育活动对改善心理健康水平的正向作用。例如：国外学者斯图尔特·比德尔用定性讨论的方式总结了体育锻炼对心理健康各方面的影响，为后续的实证检验奠定了坚实基础[113]；我国学者宋子良在此基础上验证了不同频率的体育活动对学生心理健康的影响是不同的，最理想的大学生对心理健康问题的改善方式是每天坚持锻炼 1 小时以上、每周坚持 3 次以上混合项目活动[114]；孙崇勇等研究发现，体育活动对预防心理问题有显著作用[115]；赵鑫等研究发现，体育活动对青少年的认知功能具有改善作用，可以有效提升学生的心理健康水平，远离问题行为[116]，也会降低危险行为发生的可能性，如抑郁症状、辍学和反社会行为[117]；曹美等研究发现体育活动对外显问题行为有抑制作用[118]。

随着人们对体育活动的逐渐重视以及测量工具针对性与科学性的提升，学者们开始探讨体育活动对局部问题行为的影响。拖延行为是较为严重的心理行为问题，我国学者开始研究体育活动对拖延行为的影响。钟俊等人运用相关分析发现大学生拖延行为与体育活动具有显著的负相关关系，中等或大量体育活动的大学生拖延行为得分明显低于小运动量大学生的得分，中等或大运动量的身体活动可能会降低学生的拖延行为[119]；王霞认为体育活动可以通过改善个体的情绪、自尊和自我效能感等方面进一步影响拖延行为[120]；陈强强等人经过调查研究指出，大学生的体育活动与学习拖延的发生率具有负相关性，并且体育锻炼能对学习拖延具有负预测作用，不仅如此，时间管理倾向在体育活动对学习拖延的影响路径中发挥部分中介作用[121]；焦阳等人认为体育活动能有效改善大学生的睡眠障碍，提高睡眠质量，可能有利于降低睡眠拖延行为[122]。此外，李静等人认为良好的体育氛围有利于学生锻炼行为的产生，减少体育拖延行为[14]；特罗斯特(Trost)等人也发现不享受体育活动的人比享受体育活动的人要产生更多的拖延行为[123]。

如何营造良好的体育氛围，使人产生更少的拖延行为是学校体育需要去解决的问题，学校体育是大学生接触体育最方便、最熟悉的途径，体育课堂是培养良好的体育动机和意识的主战场，因此解决该问题的重任在于体育课程教学。纪红艳认为环境越好，教师的课堂授课技能越强，越能降低学生的拖延行为[124]；刘历红通过增加学生在体育课堂中游戏比赛的时长证实了游戏比赛较多的体育课程教学有利于预防和治疗心理障碍[125]；张沙等人发现，学生在体育课程学习练习中投入的时间和精力越多，学生的拖延行为就会越不明显[126]。

总的来说，通过体育影响拖延行为的研究较为丰富，主要是从课外体育锻炼入手，探讨体育活动和拖延行为之间的关系，而从体育课程入手进行研究的相对较少。学者们从体育课程的“教”“练”和“赛”3 个方面分别总结了体育教学影响拖延行为的研究现状，为后续基本育人途径对拖延行为的研究提供了很好的理论基础，但三者结合后的“教会、勤练、常赛”一体化教学理念是否能影响拖延行为还没有得到实证研究。本研究将在“教会、勤练、常赛”一体化的基础上，讨论体育课程基本育人途径对拖延行为的影响。

2.3.2 体育课程思政教学内容影响拖延行为的相关研究

虽然课程思政建设是近几年刚开始提倡和探索的教学理念，但思想政治教育一直在教学体系中处于重要的地位，是解决心理行为问题的重要手段。例如，儿童青少年出现焦虑、抑郁、拖延等问题行为时，可以寻求辅导员或班主任的帮助。辅导员或班主任对具有行为问题倾向的学生进行思想政治教育，引导学生产生积极向上的思想，克服心理行为问题。此外，在本身具有较强思政属性的思政课程上进行思想政治教育，有利于学生将思政内容的体系统一整体化和全面化，使得学生能够在学习以及以后的工作中更加专注、投入，更愿意钻研。在非思政课程上进行思政教育，也能提升学生思想、政治素质水平。例如，在物理课上，学习“镭”这节课程时，老师大都会讲授镭元素的产生过程，讲述居里夫人在糟糕实验环境的实验室内坚持不懈地进行钻研的故事，引导学生培养坚持不懈的意志品质；在历史课上，学习“四大发明”这节课程时，老师也都会介绍四大发明是由中国人发明的，不仅推动了中国的发展，还促进了全世界经济的发展，让学生感受到身为中国人的骄傲，增强自我效能感。因此，无论是行政人员还是任课老师，对学生进行思想政治教育有利于提高学生的心理健康水平、培养良好的思想道德品质。

体育教师在体育课程中讲述思想政治内容也有相似的效果。以身体教学为主的体育课程蕴含丰富的思想政治教学资源，天然自带育人功能[127]，对培养身心健康、体魄强健、人格健全的中国特色社会主义建设者和接班人具有独特优势[128]，本质上具有较强的思政属性[129]，为体育课程思政教学实施提供了良好的平台和契机。例如：在个人对抗性强的练习中，体育教师可在教学过程中讲解国家优秀运动员实例，讲述运动员们之所以能拿到优异的成绩是因为他们在日常生活中刻苦训练，具有坚忍不拔的意志力，这可以健全学生不服输、勇往直前的人格，培养学生自尊、自爱、自信的品质；在学习一门新技术之前，教师可先带领学生学习我国体育运动的发展史，讲解中国如何从仅有一人参加奥运会的局面到今天的体育大国、体育强国，激发学生的爱国情怀，增加学生的自我效能感；在体育规则讲解时，教师可讲解某些劣迹运动员因为兴奋剂或犯规等不能参加体育比赛，这不仅可培养学生的规则意识，还教导学生不要因为受到比赛胜利的诱惑而违反体育规则；在体育技能练习时，教师通常会布置体育课堂小任务并告知学生合理分配时间和精力，这可以培养学生的自我控制能力和时间管理能力[130-131]。以上是目前体育课程中经常遇到的教学内容实例，体育教师将思政内容融入教学内容中，有提升学生心理健康水平的功效。

综上所述，思政教育有利于培养学生的自我效能感、控制自我和拒绝诱惑的能力，且体育课程中蕴含了很多思政元素，具有提升学生心理健康水平的功效。若将体育教育和思政教育相结合，即体育课程思政建设，对拖延行为等心理行为问题也会产生一定的影响。但这些均是推理得出的结果，目前还没有相关研究进行实证检验，也没有形成完整的理论体系。本研究从以上推论总结可借鉴的部分，通过问卷调查，检验体育课程思政内容供给影响拖延行为的实质效果，为后续关于体育课程和思政内容影响心理行为问题研究提供理论基础。

2.4 小结

关于拖延行为的相关研究，目前主要集中在学业拖延，大部分的研究对象是学生，并且相关学者通过成熟的测量工具分析出对拖延行为的影响因素，进一步探究了拖延行为的现状及产生的影响，为本研究关于大学生一般拖延行为的研究提供了较为成熟的理论基础和可借鉴的影响方案。在前人研究的基础上，本研究确定了拖延行为的概念和测量工具，并通过其影响因素总结出体育教学影响拖延行为的重要性及理论机理。

体育教学的相关研究目前较为广泛，主要集中在如何通过体育教学解决学生体质健康水平下滑的问题。体育教学及相关概念界定是在前人总结的基础上，结合本研究的实际情况确定的。“教会、勤练、常赛”一体化和课程思政建设是当前体育领域最前沿的 2 个教学理念，并且都具有达成体育教学“享受乐趣、增强体质、健全人格、锤炼意志”育人目标的成效。关于基本育人途径、思政内容供给和育人目标达成这 3 个变量的研究，学者们主要从思辨讨论的角度出发，为后面实证检验奠定了坚实的基础。缺少定量研究的主要原因是还没有成熟的理论体系和测量工具，本研究将在前人研究的基础上，结合相关政策文件，设计这 3 个变量的测量工具，通过定量分析的方式检验 3 个变量的落实情况。

体育影响拖延行为的相关研究，目前集中在体育活动对拖延行为的影响方面，在体育课堂这个环境下体育教学的影响方面还相对较少。在体育课程思政方面，虽然有影响心理行为问题的理论导向，但还没有进行实证检验和形成完整的理论体系，影响拖延行为的实证研究也较缺乏。因此，本研究在前人研究的基础上，研究体育课程思政建设的背景下大学公共体育课程的体育教学对大学生一般拖延行为的影响。本研究是一个较为新颖的选题，可以进一步通过实证检验体育教学的实施情况和对心理行为问题的影响情况。

3

大学生拖延行为问题诊断

拖延是日常生活中较为普遍的心理行为问题，甚至已成为一些大学生的生活习惯。本章依据前期制定的理论框架，对大学生拖延行为进行问题诊断，总结当前大学生拖延行为的现状以及分类，并从人口变量学中男女差异、非独生子女与独生子女大学生差异入手，分析大学生拖延行为的特征，总结大学生拖延行为重点关注人群，为后期体育课程分类教学提供理论参考。同时，大学生拖延行为是当代高等教育面临的重要心理行为问题，可能对大学生自身的锻炼行为和体质健康产生不良影响，本章结合学校体育部门提供的体质健康数据，分析拖延行为对大学生的锻炼行为和体质健康的影响，探索可能存在的中介作用。因此，本章主要目的是通过调查数据的统计分析，对大学生拖延行为问题进行诊断，总结拖延行为人群特征以及拖延所产生的不利影响。

3.1 研究数据和方法

3.1.1 研究数据

本章的总样本为 2676 名大四本科生，详细调查过程和调查对象基本情况详见第 1 章。用到的数据包括调查问卷中的一般拖延行为、体育锻炼行为，以及向学校体育部门获取的调查对象的体质健康测试数据。

拖延行为的测量采用了中文版 SGPS，属于单维度测量，测量题目为“在完成截止日期临近的任务时，我还经常浪费时间做其他事情”，“我经常说‘明天再做’”，“我通常会提前完成任务”(采用反向计分)，“对于必须要做的事，我也会拖几天再做”，“我会完成当天打算做的所有事情”(采用反向计分)，“我在晚上休息放松之前，通常会处理好当天需要做的一切事情”(采用反向计分)，“即使是容易做的简单事情，我也很少会在几天内把它完成”，“我经常在做几天前就该做的事情”，“即使是必需品，我通常也会拖到最后一刻才买”，其中 3 个题目采用反向计分，量表测量采用 5 级 Likert 量度，5 个备选答案分别为“非常不同意”“不同意”“既同意也不同意”“同意”和“非常同意”，5 个答案分别对应分值为 1 分、2 分、3 分、4 分和 5 分。最终采用计算平均分的方式对结果进行分析，分数越高，表明拖延行为越严重。检验该量表的克龙巴赫 α 系数为 0.714。

大学生体育锻炼行为的测量主要是在陈善平编制的体育锻炼行为问卷[33]的基础上进行修订的，题目包括锻炼项目、锻炼方式、锻炼时间、锻炼频率、锻炼强度和锻炼坚持6项内容，根据调查对象的特点和选题的特殊性，确定的测量题目为“大学三四年级您经常参加的课外锻炼项目有”“大学三四年级您进行课外体育锻炼的主要形式有”2个多选题，“大学三四年级您参加课外体育活动时间每次大约”、“大学三四年级您每周参加课外体育锻炼的次数是”、“大学三四年级您完成一次课外体育锻炼后身体变化是”(采用反向计分)、“大学三四年级您进行有规律锻炼的累计时长约占三四学年时间的百分比是”4个单选题。得分越高，锻炼项目越丰富、锻炼形式越多样、每次锻炼时间越长、每周锻炼次数越多、每次锻炼强度越大、大学期间锻炼坚持越久，学生整体锻炼行为越好。

为了了解拖延学生和非拖延学生体质健康的差异，研究者向学校体育部门获取了调查对象的体质健康测试数据。体质健康用国家学生体质健康标准测试[132]的成绩来反映，分为身体形态、身体机能和身体素质三大方面，测试项目为身高、体重、肺活量、坐位体前屈、50米跑、立定跳远、引体向上(男)、一分钟仰卧起坐(女)、1000米跑(男)、800米跑(女)，根据国家学生体质健康标准测试要求计算出体质健康的分数。各成绩满分均为100分。体质健康测试总分计算方式为：身体形态×15%＋身体机能×15%＋身体素质×70%。满分为100分，分数越高，该学生的体质健康越好。

3.1.2 数理统计法

运用SPSS 26软件对数据进行分析，采用描述性统计分析大学生拖延行为水平；采用独立样本t检验和卡方检验分析人口学变量在拖延行为上的差异；采用独立样本t检验分析不同拖延程度学生在锻炼行为、体质健康的差异；采用皮尔逊相关分析检验了拖延行为、锻炼行为和体质健康三者的相关关系；运用SPSS中的process插件分析锻炼行为在拖延行为影响体质健康中的中介作用。

3.2 大学生拖延行为现状及特征

3.2.1 大学生拖延行为的总体状况及拖延学生甄别

采用描述性统计分析大学生拖延行为的现状，结果如表3-1所示，大学生拖延行为总体得分为2.92±0.537，接近中间值3分，表明当前大学生群体存在严重的拖延行为，且高于中学生的拖延行为得分[133]。

表3-1 大学生拖延行为的描述性统计(N=2676)

总人数	拖延行为得分		非拖延学生		拖延学生	
	均值	标准差	人数	占比/%	人数	占比/%
2676	2.92	0.537	1132	42.3	1544	57.7

为了进一步了解大学生拖延行为的特征，根据一般拖延行为问卷得分结果，将拖延

行为调查问卷平均分小于 3 分(答案选择“非常不同意”“不同意”)的学生甄别为非拖延学生;将拖延行为平均分大于等于 3 分(答案选择“既不同意也不反对”“同意”“非常同意”)的学生甄别为拖延学生。非拖延学生是不具有拖延行为倾向的学生,有 1132 人,占总人数的 42.3%;拖延学生是具有拖延行为倾向的学生,有 1544 人,占总人数的 57.7%。非拖延学生与拖延学生比例接近于 4:6,表明大学生的拖延行为极不乐观,应得到教师、学校乃至社会的重视。

3.2.2 男女大学生拖延行为的比较分析

性别是重要的人口学变量,较多研究证明了性别在行为特征上具有差异性[134-135],因此研究男女大学生在拖延行为上的差异具有重要意义。从表 3-2 结果可看出,男生的拖延行为得分为 2.93±0.519,女生的得分为 2.91±0.575,男生的得分高于女生,但男女大学生的拖延行为得分不具有显著性差异($P>0.05$)。

表 3-2 男女大学生拖延行为的差异检验($N=2676$)

分类	人数	拖延行为得分		拖延学生		非拖延学生	
		均值	标准差	人数	占比/%	人数	占比/%
男生	1850	2.93	0.519	1107	59.8	743	40.2
女生	826	2.91	0.575	437	52.9	389	47.1
差异检验	$t=0.901$	$P=0.368$			$\chi^2=11.243$	$P=0.001$	

采用卡方检验对不同拖延程度的学生在性别上的分布进行比较,具有拖延行为的男生有 1107 人,占男生总体人数的 59.8%,具有拖延行为的女生有 437 人,占女生总体人数的 52.9%,表明男生中拖延学生所占比例大于女生中拖延学生所占比例,且不同拖延程度大学生在性别上的分布具有显著性差异($P<0.01$)。表明男生的拖延行为问题相对严重,因此,在体育教学影响拖延行为的过程中,男生是重点关注人群。

3.2.3 独生子女和非独生子女大学生拖延行为的比较分析

采用独立样本 t 检验对比分析了独生子女和非独生子女大学生在拖延行为上的差异,从表 3-3 统计结果来看,独生子女(2.90±0.550)比非独生子女(2.96±0.509)的拖延行为得分低,且显著性达到 0.01 的水平,表明独生子女在日常生活中更能克服困难,按时完成任务。

表 3-3 独生子女和非独生子女大学生拖延行为的差异检验($N=2676$)

分类	人数	拖延行为得分		拖延学生		非拖延学生	
		均值	标准差	人数	占比/%	人数	占比/%
独生子女	1758	2.90	0.550	980	55.7	778	44.3
非独生子女	918	2.96	0.509	564	61.4	354	38.6
差异检验	$t=-2.993$	$P=0.003$			$\chi^2=8.008$	$P=0.005$	

采用卡方检验对不同拖延程度的学生在独生子女和非独生子女上的分布进行对比分析，结果显示具有拖延行为的独生子女有 980 人，占独生子女总体人数的 55.7%，具有拖延行为的非独生子女有 564 人，占非独生子女总体人数的 61.4%，且不同拖延程度大学生在是否独生子女上的分布具有显著性差异（$P<0.01$），表明非独生子女学生中拖延学生所占比例大于独生子女学生中拖延学生所占比例。因此，在体育教学中，对非独生子女大学生的拖延行为应进行针对性指导。

3.3 拖延行为对大学生锻炼行为和体质健康的影响

3.3.1 不同拖延程度大学生锻炼行为的比较分析

通过独立样本 t 检验的方法对不同拖延程度的两组学生进行比较分析，探究拖延行为对学生体育锻炼行为的影响，结果见表 3－4。

表 3－4 拖延学生和非拖延学生体育锻炼行为的独立样本 t 检验（$N=2676$）

参数	拖延学生得分（1544 人）	非拖延学生得分（1132 人）	t	P
锻炼项目数	1.69±0.969	1.93±1.049	−6.081	0.000
锻炼形式数	1.27±0.501	1.32±0.534	−2.458	0.014
锻炼时间	2.55±1.148	2.73±1.142	−4.038	0.000
锻炼频率	2.78±1.155	3.14±1.200	−7.901	0.000
锻炼强度	3.28±0.986	3.47±0.965	−4.965	0.000
锻炼坚持	2.29±1.103	2.37±1.169	−1.662	0.097
运动量	16.58±17.295	21.54±20.749	−6.540	0.000

学生的体育锻炼水平用运动量来反映，计算标准为运动强度得分×（运动时间得分－1）×运动频率得分[136]，用于量化学生的体育锻炼的总分（最低分为 0 分，最高分为 100 分），得分越高意味着运动量越大，学生的体育锻炼情况越好。拖延学生的运动量得分（16.58±17.295）低于非拖延学生（21.54±20.749），且不同拖延程度的大学生在运动量上具有显著性差异（$P<0.001$），表明具有拖延行为的学生在体育锻炼中不能达到应有的运动量。在锻炼项目数和锻炼形式数上，非拖延学生的得分均高于拖延学生，且具有显著性差异（$P<0.05$），表明非拖延学生在日常体育锻炼中选择的锻炼项目和锻炼方式都多于拖延学生，但无论是非拖延学生还是拖延学生都仅进行 1～2 种锻炼项目和锻炼形式，应培养大学生对多种体育项目的兴趣，丰富锻炼形式，促进学生全面发展。锻炼时间是指学生每次参加体育锻炼活动的时间，非拖延学生的锻炼时间得分为 2.73±1.142，而拖延学生的锻炼时间得分为 2.55±1.148，且具有显著性差异（$P<0.001$），表明非拖延学生每次锻炼的时间高于拖延学生。锻炼频率是指学生每周参加课外体育锻炼的次数，非拖延学生大约每周参加 2～3 次，得分为 3.14±1.200，而拖延学生大约每周参加

1～2 次，得分为 2.78±1.155，且具有显著性差异（$P<0.001$），表明非拖延学生参加体育锻炼的次数高于拖延学生。锻炼强度是指学生每次参加锻炼的身体变化，通过学生自身的主观感受来进行评价，非拖延学生的得分为 3.47±0.965，而拖延学生的得分为 3.28±0.986，且具有显著性差异（$P<0.001$），表明非拖延学生在参加体育锻炼过程中更能保证自己的锻炼质量。锻炼坚持是指整个大学期间坚持每周 3 次以上、每次 20 分钟以上、令学生出汗的运动的有效锻炼时长，非拖延学生得分为 2.37±1.169，而拖延学生的得分为 2.29±1.103，表明非拖延学生在大学期间更能坚持且高效地参加体育锻炼活动，但不具有显著性差异（$P>0.05$）。

综上所述，拖延学生的锻炼行为均不如非拖延学生，说明拖延行为是阻碍学生形成良好锻炼行为的重要原因。在体育教学中应引导学生避免拖延行为的发生，为培养良好的锻炼行为扫清障碍。

3.3.2 不同拖延程度大学生体质健康的比较分析

国家学生体质健康标准测试成绩用来反映大学生的体质健康水平。采用独立样本 t 检验的方法探究不同拖延程度大学生的体质健康水平的差异，检验拖延学生与非拖延学生是否在体质健康方面具有差异，由于男生和女生的体质健康测试评判标准不同，所以将男生和女生分别进行分析，结果见表 3－5 和表 3－6。

表 3－5 结果显示，具有拖延行为倾向男生的体质健康总分为 60.78±10.048，而不具有拖延行为倾向男生的总分为 62.14±11.070，非拖延男生的体质健康得分远高于拖延男生，并且不同拖延程度的男大学生在体质健康总分上具有显著性差异（$P<0.01$），表明男生整体的体质健康水平达到了及格水平，具有拖延行为倾向男生的体质健康水平不如不具有拖延行为倾向的男生。体质健康水平的显著性差异主要表现在身体素质上（$P<0.01$），在身体形态和身体机能上没有显著性差异（$P>0.05$）。

表 3－5 拖延学生和非拖延学生体质健康的独立样本 t 检验（男生 $N_M=1850$）

体质参数（指标）	拖延学生得分（1107 人）	非拖延学生得分（743 人）	t	P
身体形态（BMI）	87.66±15.997	88.67±16.293	－1.318	0.188
身体机能（肺活量）	76.86±15.758	76.84±14.837	0.028	0.978
身体素质	51.58±11.704	53.31±13.153	－2.903	0.004
速度素质（50 米跑）	73.87±10.111	74.81±12.078	－1.756	0.079
下肢爆发力（立定跳远）	61.93±19.662	63.46±19.427	－1.650	0.099
柔韧素质（坐位体前屈）	63.24±22.229	64.18±21.753	－0.900	0.368
耐力素质（1000 米跑）	38.35±25.550	41.41±25.751	－2.521	0.012
力量素质（引体向上）	11.45±23.911	13.09±25.720	－1.388	0.165
体质健康总分	60.78±10.048	62.14±11.070	－2.742	0.006

身体质量指数（BMI）是体质健康测试中的身体形态指标，也称体重指数、体质指数，

计算公式为 BMI＝体重÷身高^2(体重单位:kg;身高单位:m),是国际上用来衡量人体肥胖程度和是否健康的一种方法[137]。研究结果发现,拖延男生的 BMI 得分为 87.66±15.997,非拖延男生为 88.67±16.293,非拖延男生的得分略高于拖延男生,但不具有显著性差异($P>0.05$)。肺活量是体质健康测试中的身体机能指标,指人们尽力吸气后,从肺内所能呼出的最大气量,可反映人们的肺部的容量和呼吸能力[138]。由结果可知,拖延男生的肺活量得分为 76.86±15.758,非拖延男生的肺活量得分为 76.84±14.837,拖延男生和非拖延男生的肺活量得分比较相近,两组学生不具有显著性差异($P>0.05$)。

国家体质健康测试中男生的身体素质指标由速度素质、下肢爆发力、柔韧素质、耐力素质和力量素质组成,通过 50 米跑、立定跳远、坐位体前屈、1000 米跑和引体向上来反映,拖延男生的身体素质得分为 51.58±11.704,非拖延男生的得分为 53.31±13.153,拖延男生的身体素质不如非拖延男生,且具有显著性差异($P<0.01$),差异性主要在速度素质、耐力素质这两方面。50 米跑可以显著地反映学生移动速度、反应速度、灵敏度和神经的灵活性,是评价速度能力的重要方法[139]。由表格数据可得,拖延男生的 50 米跑的得分为 73.87±10.111,非拖延男生的得分为 74.81±12.078,非拖延男生的 50 米跑得分高于拖延男生,但不具有显著性差异($P>0.05$),表明非拖延学生比拖延学生反应更快、灵敏度更高、速度素质更好。立定跳远是测试学生跳跃时下肢反应能力和身体协调能力的一种常用指标[140],结果显示具有拖延倾向的男生的立定跳远得分(61.93±19.662)低于非拖延学生(63.46±19.427),但不具有显著性差异($P>0.05$)。坐位体前屈是静止时对躯干、腰、髋等关节的活动幅度和弹性程度的测定,反映了躯干、腰、髋等部位肌腱的伸展性和弹性,同时反映了身体柔韧性发展程度[141]。数据显示拖延男生的坐位体前屈得分为 63.24±22.229,非拖延男生的得分为 64.18±21.753,具有拖延行为倾向的男生得分不如不具有拖延行为倾向的男生,但不具有显著性差异($P>0.05$)。1000 米跑是男生耐力跑的主要测试项目,是反映男生耐力素质的常用指标,可以有效地反映学生心血管、呼吸系统的机能及肌肉耐力[142]。表格数据显示具有拖延倾向男生的 1000 米跑得分(38.35±25.550)明显低于不具有拖延行为倾向的男生(41.41±25.751),且具有显著性差异($P<0.05$),表明拖延男生的耐力素质不如非拖延男生,但是整体来看,无论是否具有拖延行为倾向,男生的耐力素质较差,远远不能达到及格标准。可能由于学生较多参与的锻炼项目是跑步,所以拖延行为在耐力跑方面的影响作用更明显。引体向上是反映学生上肢肌肉力量和耐力的常用指标,是在国家学生体质健康标准测试中男生区别于女生的独特项目[143]。数据显示,无论男生是否具有拖延行为倾向,引体向上表现得都不理想,具有拖延行为倾向的男生引体向上的得分为 11.45±23.911,不具有拖延行为倾向的男生引体向上的得分为 13.09±25.720,非拖延男生的得分高于拖延男生,且不具有显著性差异($P>0.05$),表明大部分男生在体质健康标准测试中引体向上完成度较差,平均到每个人完成个数不足 7 个,而大四学生的及格成绩应在 11 个以上,整体来看男大学生的上肢肌肉力量较差,且具有拖延行为倾向的学生的上肢力量情况更糟糕。

女生的测量项目为 BMI、肺活量、50 米跑、立定跳远、坐位体前屈、800 米跑和仰卧起坐(其中 800 米跑和仰卧起坐是女生特有的项目)[144],分别反映学生的身体形态、身体机能以及身体素质中的速度素质、下肢爆发力、柔韧素质、耐力素质和力量素质。同样运用独立样本 t 检验的方法分析了不同拖延程度的女大学生在体质健康水平上的差异，结果见表 3－6。结果显示具有拖延行为倾向女生的体质健康总分为 63.58±12.422，而不具有拖延行为倾向女生的总分为 66.66±12.371，不具有拖延行为倾向女生的体质健康得分远高于具有拖延行为倾向的女生，并且不同拖延程度的女大学生在体质健康总分上具有显著性差异（$P<0.001$），表明女生整体的体质健康水平也达到了及格水平，具有拖延行为倾向女生的体质健康水平不如不具有拖延行为倾向的女生。体质健康水平的显著性差异主要表现在身体素质和身体机能上（$P<0.05$），在身体形态上没有显著性差异（$P>0.05$）。

表 3－6　拖延学生和非拖延学生体质健康的独立样本 t 检验（女生 $N_W=826$）

体质参数（指标）	拖延学生得分（437 人）	非拖延学生得分（389 人）	t	P
身体形态（BMI）	94.05±15.305	95.17±13.366	−1.111	0.267
身体机能（肺活量）	76.78±19.887	79.56±16.938	−2.149	0.032
身体素质	54.22±14.571	57.78±15.514	−3.393	0.001
速度素质（50 米跑）	62.66±17.765	64.39±17.228	−1.422	0.155
下肢爆发力（立定跳远）	65.85±20.355	68.64±19.500	−2.006	0.045
柔韧素质（坐位体前屈）	73.18±20.902	74.80±19.513	−1.151	0.250
耐力素质（800 米跑）	25.92±30.955	32.59±33.564	−2.956	0.003
力量素质（仰卧起坐）	63.35±24.113	67.08±22.771	−2.279	0.023
体质健康总分	63.58±12.422	66.66±12.371	−3.564	0.000

表 3－6 显示，在身体形态和身体机能方面，拖延女生的 BMI 得分为 94.05±15.305，非拖延女生的得分为 95.17±13.366，非拖延女生得分高于拖延女生，但不具有显著性差异（$P>0.05$）。拖延女生的肺活量得分为 76.78±19.887，非拖延女生的得分为 79.56±16.938，拖延女生的得分低于非拖延女生，且具有显著性差异（$P<0.05$），表明非拖延女生肺容积和通气功能优于拖延女生。在身体素质方面，拖延女生的得分为 54.22±14.571，非拖延女生的得分为 57.78±15.514，且非拖延女生得分显著高于拖延女生（$P<0.01$），表明拖延女生在体育运动中的素质表现不如非拖延女生。在速度素质方面，拖延女生的 50 米跑得分（62.66±17.765）低于非拖延女生（64.39±17.228），但不具有显著性差异（$P>0.05$）。在下肢爆发力方面，拖延女生的立定跳远得分为 65.85±20.355，非拖延女生的得分为 68.64±19.500，非拖延女生的得分高于拖延女生，且具有显著性差异（$P<0.05$），表明非拖延女生在立定跳远练习中，能克服困难，坚持训练，具有较高的下肢爆发力。在柔韧素质方面，拖延女生的坐位体前屈得分为 73.18±20.902，非拖延女生得分为 74.80±19.513，非拖延女生得分略高于拖延女生，但不具有显著性差异（$P>0.05$）。在耐力素质上，拖延女生的 800 米跑得分（25.92±30.955）远低于非拖延女生（32.59±33.564），且具有显著性差异（$P<0.01$），数据反映了女生的 800 米跑处于不

及格水平，非拖延女生的耐力素质优于拖延女生。在力量素质方面，具有拖延倾向女生的仰卧起坐得分(63.35±24.113)低于不具有拖延倾向女生的得分(67.08±22.771)，且具有显著性差异($P<0.05$)，表明非拖延女生的腰腹肌肉力量更高。

对比表3-5和表3-6可知，女大学生的体质健康水平优于男大学生，尤其在力量素质方面，由于测试项目不同，女生的得分远远高于男生，这可能是导致男生的体质健康测试整体成绩不如女生的重要原因之一。在耐力素质方面，大学生的整体水平都不高，耐力跑一直是大学生的“噩梦”，应在体育教学中引导学生克服耐力跑的心理恐惧，进而提升学生耐力素质。对于拖延学生和非拖延学生的体质健康水平现状，具有拖延行为倾向的学生体质健康水平不如不具有拖延行为倾向的学生，表明拖延行为倾向会阻碍体质健康水平的提升。因此在体育教学过程中，教师要积极引导学生无论是在日常生活中还是体育锻炼中都应矫正拖延行为倾向，提升自身体质健康水平。

3.3.3 锻炼行为在拖延行为与体质健康间的中介效应

前面的分析得出，不同拖延程度的大学生在锻炼行为、体质健康上有显著性的差异，表明拖延行为与锻炼行为和体质健康之间有关系，拖延行为是影响学生锻炼行为和体质健康的因素之一，但拖延行为在锻炼行为和体质健康上的作用机理还没有得到深入探究。Lay指出拖延行为对社会行为执行度和持续性的影响是不容忽视的[145]，并且拖延行为不仅对个体行为具有直接影响，它还会通过某些变量的中介作用而间接影响行为。有研究指出，拖延行为会影响在锻炼活动中的锻炼频率和自我效能感，阻碍学生参加体育锻炼活动[53]，而众多学者则论证了锻炼行为对体质健康的积极作用[146-147]。因此，本小节将锻炼行为作为中介变量，构建“拖延行为—锻炼行为—体质健康”简单中介模型，探讨锻炼行为在拖延行为对体质健康的影响路径中产生的直接和间接影响，为促进大学生身心健康提供新思路。

前期本研究已通过独立样本t检验和卡方检验的结果发现拖延行为存在性别和是否独生子女的差异，因此，将性别和是否独生子女作为控制变量，采用偏相关分析检验了拖延行为、锻炼行为和体质健康三者的相关关系。拖延行为的数据采用拖延行为总分，锻炼行为的数据选用运动量分数，体质健康的数据选用体质健康总分，结果如表3-7所示，其中拖延行为与锻炼行为的相关系数为−0.160，拖延行为与体质健康的相关系数为−0.119，体质健康与锻炼行为的相关系数为0.186，且都是显著相关关系($P<0.001$)，表明学生拖延行为越严重，他的锻炼行为和体质健康水平就越差。

表3-7 拖延行为、锻炼行为和体质健康三者的皮尔逊相关关系($N=2676$)

变量	拖延行为	锻炼行为	体质健康
拖延行为	1		
锻炼行为	−0.160***	1	
体质健康	−0.119***	0.186***	1

注：***代表$P<0.001$。

中介效应是指自变量对因变量所产生的影响不仅要依靠自变量本身的力量，还要借助其他变量，其他变量就被称作自变量与因变量之间的中介变量，它的目的是在已知自变量和因变量的关系基础上，探索产生这个关系的内部作用机制及作用过程[148]，可以更清晰了解自变量与因变量之间的关系[149]。运用 SPSS 软件的 process 插件，使用最大似然法构建和检验“拖延行为—锻炼行为—体质健康”中介模型(见图 3－1)，研究依据温忠麟提出的中介效应检验流程[150]，运用 Bootstrap 法(自举法)检验中介效应的显著性。抽取样本 5000 个，在 95％置信区间下，检验中介路径是否存在，结果是否显著[151]。Bootstrap结果见表 3－8。

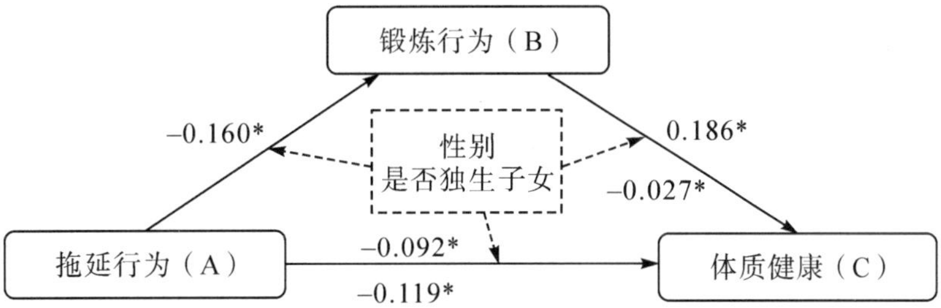

注：－0.160 为自变量(锻炼行为)对中介变量(锻炼行为)的效应量；0.186 为中介变量(锻炼行为)对因变量(体质健康)的效应量；－0.092 为自变量(拖延行为)对因变量(体质健康)的直接效应量；－0.027为中介变量(锻炼行为)在自变量(拖延行为)对因变量(体质健康)中的中介效应量；－0.119为自变量(拖延行为)对因变量(体质健康)的总效应量；* 表示 $P<0.05$。

图 3－1 锻炼行为在拖延行为与体质健康中介模型中的示意

表 3－8 锻炼行为中介模型的中介效应结果

效应类别	效应量	标准误 (Boot SE)	置信区间下限 (Boot LLCI)	置信区间上限 (Boot ULCI)	效应量占比/％
中介效应	－0.027	0.005	－0.037	－0.019	22.69
直接效应	－0.092	0.019	－0.129	－0.055	77.31
总效应	－0.119	0.019	－0.156	－0.082	

表 3－8 结果显示，中介效应的置信区间为[－0.037，－0.019]，该区间不包括 0，表明该中介效应显著，效应量为总效应量的 22.69％，直接效应占总效应量的 77.31％，说明锻炼行为在拖延行为与体质健康之间起到了部分中介作用。

3.4 讨论

3.4.1 大学生拖延行为问题严重

拖延行为在大学生群体中普遍存在，它不仅会对学生日常学习和生活产生负面影响，还会使学生丧失圆满处理事件的能力。国内外学者证明了拖延行为不利于学生的睡眠、学习、生活等[152]，使学生产生焦虑、抑郁等消极情绪[153]，对学生的身体和心理健康都会造成负面影响[154]。与国内外研究相一致，本章研究发现大学生的拖延行为十分普遍，有大约60%的学生具有拖延行为[155-156]。拖延行为是一种回避性行为，大学生产生拖延行为容易致使其在面对学习、工作、锻炼或生活困难时总是知难而退、不思进取，容易影响身心健康甚至导致任务失败[157]。

通过 t 检验发现大学生拖延行为在性别上没有显著性差异，这与朱晓斌提出的拖延行为得分在性别上无显著性差异的观点相一致[158]，但通过卡方检验发现拖延问题学生在性别分布上具有显著性差异，具有拖延行为倾向的男生所占男生整体比例要比拖延女生所占比例大。相关研究指出，大学生的自我约束能力尚未成熟，相比之下，男生比女生更倾向于行为的自我主导与支配，更易因强迫性、冲动性的心理影响造成拖延等问题行为的发生[159]。此外，社会性别理论指出传统性别观念引导两性行为朝着社会期许的方向发展，使男女性别角色个体感受、态度和行为产生差异[160]。女生的宜人性和严谨性的人格相对突出，而男生勇于冒险并且不想被控制，通常具有外向性和开放性的人格特征[161]。因此，男生是拖延行为的重点关注人群。

早期研究结果多认为独生子女经常表现出不健全的人格特征，心理问题也可能比非独生子女出现的频率高[162]，但近几年的调查研究则发现独生子女的人格倾向更加健全，心理健康水平也更加高[163]，本研究也发现不同拖延程度的大学生在独生子女和非独生子女的分布上具有显著性差异，独生子女在完成任务上更果断，可能是相较于非独生子女的家庭来说，父母把精力较多地放在一个孩子身上，对孩子有充分的关注，更加注意对孩子的教育和良好行为的养成[164]。相对而言，非独生子女也是拖延行为的重点关注人群之一。因此，应高度重视大学生的拖延行为，分人群有针对性地进行教育，积极采取有效措施。

3.4.2 拖延行为对锻炼行为、体质健康的危害

“明日复明日，明日何其多。我生待明日，万事成蹉跎。”古代诗词《明日歌》描述出了拖延行为的弊端，而且警示后人要谨防拖延行为，提高完成事情的效率。从相关系数和独立样本 t 检验结果可以看出，具有拖延行为倾向的学生在锻炼行为、体质健康方面表现较差，拖延行为对锻炼行为和体质健康造成了危害。《关于全面加强和改进新时代学校体育功能工作的意见》和《关于深化体教融合 促进青少年健康发展的意见》[165]等国家文件都明确指出，应该让每位学生掌握1项或2项运动技能。体育课外锻炼项目数是通过计算学生在课外进行锻炼的项目数量，反映学生的课外锻炼项目的运动技能掌握情况，大部分学生能掌握1－2项运动技能。由此可以看出，无论是否具有拖延行为倾向，均能掌握1项以上的运动技能，“一项运动技能都学不会”[166]的局面得以有效扭转。世界卫生组织（WHO）建议青少年每天进行不少于60分钟的中高强度身体活动[167]，不具有拖延行为倾向的大学生能达到WHO推荐量，而具有拖延倾向的大学生没有完成。并且在锻炼形式丰富性、锻炼频率、锻炼坚持方面，均是不具有拖延行为倾向的学生表现较好，由于拖延学生对锻炼行为的自主管理能力不积极，活动规划和行为目的比较模糊，行为

容易引发随意性，锻炼效果会变得消极，不利于良好锻炼行为的养成，这一调查结果与朱秀清研究拖延影响锻炼行为动机中提出的观点相一致[168]。

大学生的体质健康水平的测试指标包含了身体形态、身体机能和身体素质三方面，有研究表明，身体形态和身体机能是身体运动和劳动的物质基础和前提条件，对遗传和营养条件依赖较大，体育课程对它们的作用效果短期不易体现[169]，而身体素质更倾向于体现人身体活动的基本能力[170]。研究结果同时表明了不同拖延程度的大学生体质健康存在差异性，国外学者斯特德（Stead）也指出拖延行为会影响学生的体质健康水平[171]，拖延行为会阻碍学生体质健康的提升，主要体现在身体素质方面，耐力素质整体较差，非拖延学生的耐力素质得分与拖延学生的得分相差最大，这是由于相较于其他测试项目，耐力项目如 1000 米跑或 800 米跑需要运用的器官和肌群更多元化，要求体力分配更科学化、理论与实践结合更全面化，因此与不良的行为习惯联系更为紧密[172]。又因为大部分高校体育必修课均安排在大学一、二年级，而高年级特别是大四学生基本不安排体育课，要想提高体质健康水平需要学生主动参加课外体育活动，这需要更强的意志力，而大部分学生并不能主动参与到体育锻炼中，因此导致部分学生身体素质水平特别是耐力素质下降[173]。

3.4.3 拖延行为影响锻炼行为，加速体质健康下滑

“拖延行为—锻炼行为—体质健康”中介模型检验了锻炼行为在拖延行为影响体质健康时的中介效应显著，结果表明存在部分中介效应。在已有的文献中，虽有学者证明了拖延行为与健康水平是负相关关系，但只是定性讨论了其间接关系[174]。本章用数据证实了拖延行为是直接影响大学生体质健康的一个消极因素。在间接影响过程中，锻炼行为的中介效应所占比例约为 1/4，表明锻炼行为起到的间接影响作用是较高的。为进一步实现全面健康，2019 年《国务院关于实施健康中国行动的意见》要求把高校学生体质健康状况纳入对高校的考核评价。学校体育肩负着提高学生体质健康的重任。而课外体育锻炼是影响青少年体质健康、体魄强健的重要因素[175]，对体质健康具有积极作用[176]。体质健康与锻炼行为的关系得到多方面的验证[177-178]，本章也通过相关系数和效应值反映出了二者关系较为紧密，表明培养学生的良好锻炼习惯，有利于让学生在锻炼中赋予足够的热情和兴趣，提升学生的体质健康水平。因此，大学生拖延行为的矫正有利于良好锻炼行为的养成，能进一步促进学生体质健康水平，反之，学生锻炼行为和体质健康水平下降。

但锻炼行为产生的中介效应仅占了总效应的 22.69%，表明拖延行为对体质健康的危害不仅通过锻炼行为产生影响，还可能存在于其他方面。有学者证实具有拖延行为倾向的人在寻求医疗治疗中会由于尴尬等心理因素而影响治疗时间，从而导致健康水平的再次下降[179]；具有拖延行为倾向的人往往存在睡前拖延，尽管他们知道可能会在第二天早上产生头晕目眩、呼吸急促、心律不齐等负面后果，但晚上的娱乐活动还会让拖延者晚睡，危害自身体质健康[180]；在学业方面，具有拖延行为倾向的学生由于自身的拖延行为，往往不能按时完成学业任务，造成压力等不良心理因素，进一步危害自身健康[181]。除以

上因素之外，拖延行为与不健康饮食、饮酒、危险性行为之间都存在一定的联系。对于学生群体来说，还与不按时参加体质测试有关系，部分学生未在规定的时间内完成测试或只为了达标而未完成全部项目测试，使其得到的体测成绩较低，所检验到的体质健康水平较低，这也是学生拖延行为产生的后果之一。以上几个方面，在拖延行为影响体质健康中均存在部分中介作用。

总之，改善大学生的拖延行为是提升体质健康的一个有效策略，若在此基础上能够有效地培养学生良好的体育锻炼习惯，就能对提升学生的体质健康起到事半功倍的效果。体育教师在教学过程中，可以适当加入耐力跑等运动项目，培养学生的意志力，提高克服拖延行为的能力，养成良好的锻炼习惯，即便在没有体育课程教学的高年级期间也能自主进行体育锻炼，提高体质健康水平。

3.5 小结

本章以西安某大学 2676 名学生为样本，对大学生拖延行为的现状进行了分析。分析了不同人口特征大学生拖延行为程度的差异，包括性别差异、独生子女和非独生子女的差异；分析了不同拖延程度学生锻炼行为和体质健康的差异；构建“拖延行为—锻炼行为—体质健康”中介模型，检验了锻炼行为的中介作用。

调查结果表明：

①当前大学生拖延行为问题严重，具有拖延行为倾向的大学生约占总体的 60%，大部分学生容易在困难面前知难而退、不思进取。

②男生比女生更容易产生拖延行为。这可能与男生的勇于冒险和不想被控制的人格特点有关系，在面临任务时不能按时完成，造成不良行为的产生。

③非独生子女比独生子女更容易产生拖延行为，这可能与父母关注度有关系，相较于独生子女来说，非独生子女不能得到父母足够的关怀，影响学生健康行为的培养。

④大学生的拖延行为对自身的锻炼行为和体质健康产生了不良影响，具有拖延行为倾向的大学生对锻炼的自主管理较差，活动规划和行为目的比较模糊，行为容易引发随意性，锻炼效果会变得消极；拖延学生缺乏足够的意志力和坚持性，在面临日常生活中的任务时容易产生延迟心理甚至不能完成任务。

⑤锻炼行为在拖延行为影响体质健康时具有部分中介效应，占总效应的 1/4，拖延行为阻碍了锻炼行为的养成，从而导致体质健康的下滑。

⑥教学过程中，应加强大学生锻炼行为养成的监督，提升个人锻炼计划的执行力，纠正学生的拖延行为习惯，从而抑制体质健康的不断下滑。

4 大学公共体育课程基本育人途径的测量与作用

《〈体育与健康〉教学改革指导纲要(试行)》提出了“树立‘健康第一’教育理念,深化体育教学改革,强化‘教会、勤练、常赛’,构建科学、有效的体育与健康课程教学新模式”的指导思想。通过阅读相关文献,按照文件提出的“教会、勤练、常赛”的理论指标,本研究梳理了理论维度和概念定义,编制了大学公共体育课程育人途径调查问卷。这些理论结构的概念构想及其相关的理论假设还需要进行定量研究。理论的定量研究最为关键的一步就是构想概念的操作化,因此本章的研究目的是构建和验证大学公共体育课程基本育人途径的测量模型,编制大学公共体育课程基本育人途径调查问卷;依据正式调查数据分析当前大学公共体育课程基本育人途径的现状,对不同性别班级、不同类型体育课程基本育人途径差异进行分析,以及对基本育人途径的作用进行相关分析。

4.1 研究数据和方法

4.1.1 研究数据

本章的总样本为 2676 名大四本科生,详细调查过程和调查对象基本情况详见第 1 章;运用的大学生拖延行为、体育锻炼行为、体质健康测试数据与第 3 章相同。本章重点是依据国家文件和文献资料设计了“大学公共体育课程基本育人途径调查问卷”,为检验问卷的重测信度,要求参加试调查的学生在正式调查中再次完成了问卷,再次完成问卷的学生有 74 人。

使用问卷调查分析大学公共体育课程基本育人途径的现状、不同类型的体育课程基本育人途径的特征以及大学公共体育课程基本育人途径的作用。因体育项目的特点,大部分体育课程将男生和女生进行分班教学,因此本章从不同性别班级入手分析基本教学模式特征。2676 份有效样本中,评价男生班级的有 1850 份,占 69.1%,评价女生班级的有 826 份,占 30.9%。

依据各体育项目的特点和西安某大学体育课程练习、比赛和考试组织形式的不同,将所调查的体育课程项目进行分类,分为集体项目和个人项目、对抗项目和非对抗项目。集体项目是指在课程中以小组为单位进行练习、比赛和考试的体育项目,例如体育舞蹈、健美操、艺术体操虽然在竞技比赛上设置了个人项目，但是在课程中的教学组织形式是以小组为单位，因此归为集体项目。个人项目是指在课程中以个人为单位进行练习、比赛和考试的体育项目，例如乒乓球、羽毛球和网球虽然在竞技比赛上设置了双打项目，但是在课程中的教学组织形式是以个人为单位，因此归为个人项目。对抗项目是指学生在课程的练习、比赛和考试中产生身体接触对抗的项目，未产生身体接触对抗的项目为非对抗项目，例如乒乓球、羽毛球、网球是隔网对抗项目，未产生身体接触，因此归为非对抗项目。具体分类详见表 4－1。

表 4－1　大学公共体育课程项目分类

项目	集体项目	个人项目
对抗项目	篮球课、足球课、飞盘课	搏击课(拳击、散打、跆拳道等)
非对抗项目	排球课、体育舞蹈课、健美操课、艺术体操课、户外运动课、舞龙舞狮龙舟课	乒乓球课、羽毛球课、网球课、武术套路课、游泳课、健身健美课、田径课、体适能课、瑜伽课

4.1.2　专家评估法

采用专家评价法评估了测量题目，用于计算内容效度。设计了专家调查表(具体见附录 C)，共邀请 17 位评估专家对问卷进行评价(专家具体信息见第 1 章表 1－4)，答案采用 5 级 Likert 量度，5 个备选答案分别为：①非常合理；②比较合理；③一般合理；④比较不合理；⑤非常不合理。收集数据后进行反向计分，评价得分越高表明评估专家对测量题目和问卷维度越认可，并对具体测量题目进行建议和修订，形成最终较为完善的大学公共体育课程基本育人途径调查问卷。

4.1.3　数理统计法

运用 AMOS 24 软件建立测量方程模型，对大学公共体育课程基本育人途径调查问卷进行验证性因子分析、聚敛效度检验和区分效度检验。运用 SPSS 26 软件对调查数据进行分析，数据符合正态分布，采用描述性统计分析大学公共体育课程基本育人途径的现状；采用独立样本 t 检验分析不同性别班级、不同类型体育课程在基本育人途径上的差异；采用皮尔逊相关分析检验了基本育人途径的效标效度；采用偏相关分析检验了基本育人途径与拖延行为、锻炼行为、体质健康的相关关系。

AMOS 模型主要分为测量方程模型和结构方程模型 2 个部分。测量方程描述潜变量和指标(显变量)之间的关系，潜变量和指标之间的关系(因子负荷)反映了测量题目的信度和效度，以及数据的质量。在验证性因子分析中，对测量模型的拟合度进行评估选取了以下几个指标：χ^2、df、RMSEA(近似误差均方根)、GFI(拟合优度指数)、AGFI(调整拟合优度指数)、NFI(规范拟合指数)、CFI(比较拟合指数)、PNFI(简约规范拟合指数)和 PGFI(简约拟合优度指数)，反映模型产生的协方差矩阵对原协方差矩阵的拟合程度(χ^2/df 和 RMSEA)，整体模型的绝对拟合度(GFI 和 AGFI)、相对拟合度(NFI 和 CFI)和节约拟合度(PNFI 和 PGFI)。一般认为 χ^2/df 越小越好，但同时也受到样本的影响，样本量越大，χ^2/df 越大。RMSEA 的值越小越好，小于 0.1 表示好的拟合；GFI、AGFI、NFI、CFI 应大于 0.9；PNFI 和 PGFI 则越大越好，通常达到 0.5 表示模型是一个好的模型[182]。

4.2 大学公共体育课程基本育人途径调查问卷的编制

4.2.1 大学公共体育课程基本育人途径的理论结构和测量题目

2020 年 10 月，为了进一步落实立德树人的根本任务，树立"健康第一"的教育理念，中共中央办公厅、国务院办公厅印发了《关于全面加强和改进新时代学校体育工作的意见》。依据文件精神，"教会、勤练、常赛"是指导我国更好开展学校体育工作的思想和方法，应是我国体育课程实施教育手段的基本途径和教学理念。大学体育作为我国学校体育教育体系中的一部分，也应该按照"教会、勤练、常赛"的基本育人途径进行体育教学，因此，确定大学公共体育课程基本育人途径调查问卷的理论维度为教会、勤练、常赛。学者们认为"教会、勤练、常赛"教学理念不仅体现在体育课中，也应该存在于体育课外的锻炼和比赛中[183-184]，但课内体育教学部分是大学体育的主体，并且体育课堂教学在师资、场地、器材和内容等方面最具有保障性，所以本章所描述的教会是指通过大学体育课程中教师的有效教学[185]，并通过适当的勤练和常赛手段，引导学生从"教"达到"教会"的情况，掌握专项运动技术、健康理论知识和身体素质锻炼方法。勤练是指经常地、规律地以及主动地将所学应用到体育课锻炼中[186]，并通过一定的练习密度和练习强度提升学生的体质健康水平。常赛是指体育课程活动要使每位同学能在比赛、游戏和展示等活动中充分体验乐趣，感受运动对身体的刺激，同时加强个人修养和意志品质[99]。

教会是基本目标，是教学设计和实施的基础。《〈体育与健康〉教学改革指导纲要（试行）》提出的教会就是指教会学生健康知识、基本运动技能和专项运动技能。通过与一线大学体育教师交流得知当前大学公共体育课程也是将专项运动技术、健康理论知识和身体素质锻炼方法等作为主要的教学内容，"教会"中的"会"应该为"初步掌握"或"基本掌握"[187]。因此，教会维度的测量变量分为教会专项、教会知识、教会方法 3 个方面掌握的情况。

勤练是重要手段，是教学设计和实施的根本。练习的运动负荷很重要，学生是否进一步发展体能和提高技能，科学合理的运动负荷是基本保证。在勤练的量的控制上，体育课内主要用密度和强度来衡量[188]。练习密度是由教师来掌控的，每节课规定或多或少的时间进行体能训练或专项训练；而练习强度则是主要由学生自己进行控制，由于每节体育课都通常是由一名教师带领 20 名左右的大学生进行练习，不能时刻观测到每位学生的练习强度，所以强度通常与学生的努力程度和认真程度有关，通过练习强度判断学生是否全身心投入到练习中，完成勤练要求。因此，勤练维度的测量分为勤练密度和勤练强度 2 个方面的内容。

常赛是有效平台，是教学设计与实施的高层次目标。常赛不仅仅是竞技比赛，还可以是游戏化、简化后的活动展示等，不仅要赛出水平，也要赛出乐趣。有学者提出，学校体育教学中的竞赛要面向全体学生，在课堂上按照体育课教学内容适当安排体育课教学比赛活动[189]。教师保证每节课具有比赛活动展示的平台和机会，同时每位学生也应该积极地投入到比赛活动中，变成“参与者”而不是“观众”，在比赛中了解学习成果，在比赛中培养竞争意识，在比赛中形成优良品德。因此，常赛维度的测量分为常赛机会和常赛参与 2 个方面的内容。

综上所述，最终确立了大学公共体育课程基本育人途径调查问卷的指标体系，如图 4－1 所示。

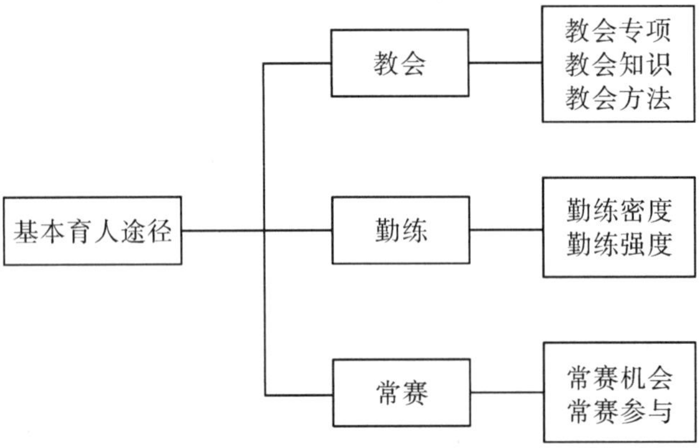

图 4－1　大学公共体育课程基本育人途径调查问卷的指标体系

对收集到的相关文献进行归纳总结，通过实地考察了解到大学体育分 4 个学期进行教学的上课情况，编制了包含 28 道题目的大学公共体育课程基本育人途径调查问卷，分为教会、勤练、常赛 3 个理论维度，教会分为了教会专项、教会知识、教会方法 3 个变量，勤练分为了勤练密度和勤练强度 2 个变量，常赛分为了常赛机会和常赛参与 2 个变量，每个变量分 4 个学期进行调查，具体题目和答案见表 4－2，答案采用 5 级 Likert 量度，测量得分越高表明体育课程落实“教会、勤练、常赛”基本育人途径越丰富。

表 4－2　大学公共体育课程基本育人途径调查问卷测量题目

维度	变量	题目数	调查题目	应答选项
教会	教会专项	4	通过大一上学期/大一下学期/大二上学期/大二下学期体育课程学习，您对所学课程的运动项目技术掌握情况	①没有提升；②提升较小；③有一定提升；④提升较大；⑤提升非常大
	教会知识	4	通过大一上学期/大一下学期/大二上学期/大二下学期体育课程学习，您对体育理论知识掌握情况	①没有提升；②提升较小；③有一定提升；④提升较大；⑤提升非常大
	教会方法	4	通过大一上学期/大一下学期/大二上学期/大二下学期体育课程学习，您对身体素质练习方法掌握情况	①没有提升；②提升较小；③有一定提升；④提升较大；⑤提升非常大

续表

维度	变量	题目数	调查题目	应答选项
勤练	勤练密度	4	大一上学期/大一下学期/大二上学期/大二下学期体育课中，老师安排学生练习的情况	①从不；②偏少；③较多；④多；⑤非常多
	勤练强度	4	大一上学期/大一下学期/大二上学期/大二下学期，通常情况您上完一节体育课后身体变化是	①无感觉；②全身微微发热；③微微出汗；④中等出汗；⑤出大汗
常赛	常赛机会	4	大一上学期/大一下学期/大二上学期/大二下学期体育课中，老师安排学生比赛的情况	①从不；②偏少；③比较多；④多；⑤非常多
	常赛参与	4	大一上学期/大一下学期/大二上学期/大二下学期体育课中，您参加课堂比赛的情况	①从不；②偏少；③比较多；④多；⑤非常多

4.2.2 大学公共体育课程基本育人途径调查问卷的内容效度检验

内容效度是在社会科学领域中应用较广的检验测量工具效度的一种方法，是在测量工具正式形成、施测之前采用专家评价法对调查内容进行评价[190]。专家评估问卷主要是对问卷维度和28个题目的评价。

目前通用的内容效度指数分为条目水平的内容效度指数(I-CVI)和问卷水平的内容效度指数(S-CVI)两类[191]。I-CVI的计算方法：评分为4或5的专家数除以专家总数。S-CVI的计算方法：测量工具所有I-CVI的均数，分别计算教会、勤练、常赛各维度的分数[192]。计算结果如表4-3所示，I-CVI为0.86～1.00，均大于0.70，即专家认为28条题目与所测量的概念内容有较好的关联性，28条题目的内容效度较好[193]。基本育人途径量表的S-CVI为0.93，教会、勤练、常赛各维度的S-CVI为0.86～0.97，均大于0.80，则说明该问卷的内容效度指数较优[194]。综上所述，大学公共体育课程基本育人途径调查问卷的内容效度较好，可用于调查。

表4-3 大学公共体育课程基本育人途径调查问卷的内容效度检验($N=17$)

理论维度	题目	均值	标准差	众数	I-CVI	S-CVI
教会	1. 专项技术：您对所学课程的运动项目技术掌握情况	4.71	0.469	5	1.00	0.97
	2. 理论知识：您对体育理论知识掌握情况	4.57	0.646	5	0.93	
	3. 锻炼方法：您对身体素质练习方法掌握情况	4.71	0.469	5	1.00	

续表

理论维度	题目	均值	标准差	众数	I-CVI	S-CVI
勤练	1. 练习密度：老师安排学生练习的情况	4.36	0.745	5	0.86	0.86
	2. 练习强度：您上完一节体育课后的身体变化	4.50	0.760	5	0.86	
常赛	1. 比赛机会：老师安排学生比赛的情况	4.50	0.760	5	0.93	0.93
	2. 比赛参与：您参加课堂比赛的情况	4.43	0.646	5	0.93	

4.2.3 大学公共体育课程基本育人途径调查问卷的验证性因子分析

"验证性因子分析是利用先验理论或知识，在已知因子结构的情况下，检验所搜集的数据资料是否按事先预定的结构方式产生作用，其主要目的是决定事先定义的因子模型拟合实际数据的能力"[195]。为了检验大学公共体育课程基本育人途径调查问卷的结构效度，在AMOS中构建了问卷的一阶测量模型，测量模型以大学公共体育课程基本育人途径调查问卷中4个学期的测量题目——教会专项、教会知识、教会方法、勤练密度、勤练强度、常赛机会、常赛参与的数据为7个显变量，分别构成教会、勤练、常赛3个一阶因子潜变量，验证性因子分析采用最大概似法[196]。

大学公共体育课程基本育人途径调查问卷的验证性因子分析采用正式调查的2676份数据，分析结果详见图4－2、表4－4、表4－5和表4－6。

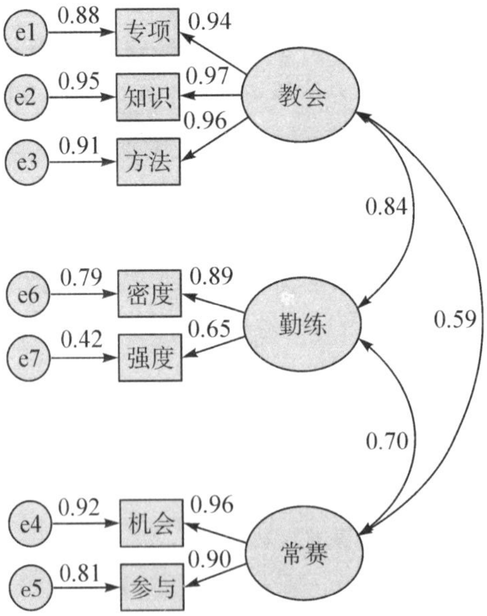

图4－2 大学公共体育课程基本育人途径调查问卷的测量模型图（$N=2676$）

表4－4给出了模型对于数据的拟合优度结果。在选定的拟合优度指标中，χ^2/df、RMSEA、GFI、AGFI、NFI、CFI、PNFI和PGFI均满足一般认定的拟合优度要求。其中，$\chi^2/df=3.943$，指数小于5，表明测量模型是可以接受的[197]；RMSEA为0.033，指数小于

0.05，模型拟合度很好；GFI、AGFI、NFI、CFI 达到 0.90 的标准，表明模型的绝对拟合度和相对拟合度较好；PNFI 和 PGFI 达到 0.50 的标准，表明模型节约拟合度较好。总而言之，大学公共体育课程基本育人途径测量模型的拟合系数理想，是一个好的测量模型。

表 4-4 大学公共体育课程基本育人途径调查问卷整体拟合系数表

χ^2/df	RMSEA	GFI	AGFI	NFI	CFI	PNFI	PGFI
3.943	0.033	0.995	0.988	0.998	0.998	0.523	0.523

聚敛效度主要用来检验测量相同特质或构念的多个观察变量在该构念上的聚敛程度[198]。由表 4-5 可知，教会、勤练、常赛 3 个潜变量对应各个题目因子负荷量的标准化系数为 0.647～0.973，且达到显著性，说明其各个潜变量对应所属题目具有很高的代表性，每个因素构念的观察指标可以有效地反映其对应的构念特质[199]。各个潜变量的平均方差变异(AVE)为 0.604～0.915，均大于 0.5 的推荐值，表示各因素构念内观察变量的同构性较高[200]；组合信度(CR)为 0.749～0.970，均大于 0.7 的理想值[201]，表明调查问卷具有良好的聚敛效度。

表 4-5 大学公共体育课程基本育人途径调查问卷的聚敛效度检验

潜变量	观察变量	显著性检验参数				标准化系数	题目信度(SMC)	组合信度(CR)	平均方差变异(AVE)
		非标准化系数	标准误	Z 值	P				
教会	专项	1				0.940	0.884	0.970	0.915
	知识	1.046	0.009	114.375	***	0.973	0.947		
	方法	1.039	0.010	106.010	***	0.956	0.914		
勤练	密度	1				0.889	0.790	0.749	0.604
	强度	0.739	0.021	34.973	***	0.647	0.419		
常赛	机会	1				0.957	0.916	0.926	0.863
	参与	1.032	0.017	59.245	***	0.900	0.810		

注：*** 代表 $P<0.001$。

区分效度要求各变量 AVE 值的平方根必须大于变量之间相关系数[202]。对大学公共体育课程基本育人途径调查问卷进行区分效度检验，得到潜变量之间的相关系数以及各潜变量的 AVE 平方根，结果见表 4-6，各列与各行的相关系数值均小于对应潜变量 AVE 平方根，说明大学公共体育课程基本育人途径调查问卷具有较好的区分效度。

表 4-6 大学公共体育课程基本育人途径调查问卷的区分效度检验

潜变量	教会	勤练	常赛
教会	(0.956)		
勤练	0.721	(0.777)	
常赛	0.562	0.581	(0.929)

注：括号内数据为该维度的 AVE 平方根，其他数据表示维度之间的相关系数。

综上所述，大学公共体育课程基本育人途径调查问卷的聚敛效度和区分效度达到了检验标准，通过了验证性因子分析的检验，是一个良好的模型。

4.2.4 大学公共体育课程基本育人途径调查问卷的信效度分析

对大学公共体育课程基本育人途径调查问卷进行了信度分析，信度检验主要采用重测信度与克龙巴赫 α 系数作为指标[203]。重测信度是对同一样本在不同的时间阶段先后测试两次，而得到的两次测试结果的相关系数[204]，内部一致性信度是指组成研究工具的各项目之间的同质性或内在相关性，一般用克龙巴赫 α 系数来评价[205]。采用 SPSS 对大学公共体育课程基本育人途径调查问卷的重测信度和内部一致性信度进行统计，大学公共体育课程基本育人途径调查问卷的信度系数详见表 4－7。问卷的重测信度为 0.667～0.751，显著性均达到 0.001 的水平；问卷的克龙巴赫 α 系数为 0.868～0.956，大于 0.7 的标准，表明问卷具有很好的信度[190]。

表 4－7　大学公共体育课程基本育人途径调查问卷的信效度检验

因素	重测信度	克龙巴赫 α 系数	效标效度(锻炼行为)
教会	0.698***	0.955	0.168***
勤练	0.667***	0.868	0.177***
常赛	0.751***	0.918	0.194***
基本育人途径总分	0.716***	0.956	0.207***

注：*** 代表 $P<0.001$。

效标效度是指测验分数与某一外部效标之间的关联程度[206]。表 4－7 的效标效度检验分析了大学公共体育课程基本育人途径调查问卷与课外锻炼行为的相关关系，检验在大学公共体育课程中通过“教会、勤练、常赛”基本育人途径，能否帮助学生确定正确的锻炼动机和引导学生积极参与体育锻炼，形成良好的体育锻炼行为。通过效标效度结果可以看出，大学公共体育课程基本育人途径的得分与大学生的课外体育锻炼行为得分的相关系数为 0.168～0.207，且显著性达到 0.001 的水平。这一结果表明体育课程基本育人途径对学生锻炼行为有显著的促进作用，从培养学生锻炼行为的角度验证了问卷的效标效度。

以上 2 个信度指标和 1 个效标效度指标的检验，表明了大学公共体育课程基本育人途径调查问卷具有很好的信效度，符合测量学标准。

4.3 大学公共体育课程基本育人途径的现状及特征

4.3.1 大学公共体育课程基本育人途径的总体状况

为了解当前大学公共体育课程基本育人途径的总体状况，对大学公共体育课程基本育人途径调查问卷收集到的数据进行了描述性统计，每个变量分别从 4 个学期进行统计分析，统计结果如表 4-8 所示。

表 4-8 大学公共体育课程基本育人途径得分的描述性统计(N=2676)

维度	分类	4 个学期的总分	大一上学期	大一下学期	大二上学期	大二下学期
教会 (3.45±0.697)	教会专项	3.42±0.710	3.39±0.850	3.43±0.842	3.48±0.849	3.38±0.896
	教会知识	3.46±0.717	3.44±0.840	3.47±0.835	3.50±0.843	3.42±0.871
	教会方法	3.46±0.725	3.42±0.853	3.47±0.832	3.51±0.847	3.43±0.876
勤练 (3.57±0.619)	勤练密度	3.48±0.693	3.52±0.793	3.48±0.866	3.52±0.876	3.39±0.912
	勤练强度	3.66±0.703	3.70±0.808	3.68±0.828	3.66±0.878	3.60±0.907
常赛 (3.11±0.828)	常赛机会	3.09±0.819	2.92±0.964	3.19±0.982	3.17±1.010	3.08±1.061
	常赛参与	3.12±0.899	3.08±1.085	3.21±1.048	3.17±1.054	3.04±1.097
基本育人途径总分		3.38±0.617	3.35±0.629	3.42±0.685	3.43±0.698	3.33±0.744

大学公共体育课程基本育人途径总分为 3.38±0.617，大于中间值 3 分，表明当前大学公共体育课程基本育人途径落实较好，但离《〈体育与健康〉教学改革指导纲要（试行）》的要求还有距离。4 个学期的基本育人途径总分由低到高依次是大二下学期（3.33±0.744）、大一上学期（3.35±0.629）、大一下学期（3.42±0.685）、大二上学期（3.43±0.698）。其中，大二下学期的分数最低，是因为在大二下学期时，学校为应对新冠疫情的冲击，开启了全面线上教学的新形势，在教育资源和教育形式上存在互动感差、真实感欠佳等问题[207]，导致教师在落实“教会、勤练、常赛”的基本育人途径时有所欠缺，所以大二下学期总分偏低；除大二下学期外，其他 3 个学期具有随年级增长而分数递增的趋势，表明学生参加体育课程学习时间越久，掌握的技能和知识越好，练习的次数越多，比赛的形式越丰富。

4 个学期的教会总分为 3.45±0.697，处于“有一定提升”和“提升很大”之间，表明学生通过体育课程的教学可以掌握课程的专项技能、理论知识和锻炼方法。在教会专项方面，总分为 3.42±0.710，4 个学期的分数由低到高依次是大二下学期（3.38±0.896）、大一上学期（3.39±0.850）、大一下学期（3.43±0.842）、大二上学期（3.48±0.849）；在教会知识方面，总分为 3.46±0.717，4 个学期的分数由低到高依次是大二下学期（3.42±0.871）、大一上学期（3.44±0.840）、大一下学期（3.47±0.835）、大二上学期（3.50±0.843）；在教会方法方面，总分为 3.46±0.725，4 个学期的分数由低到高依次是大一上学期（3.42±0.853）、大二下学期（3.43±0.876）、大一下学期（3.47±0.832）、大二上学期（3.51±0.847）。以上数据表明在大二上学期学生掌握的专项技能、理论知识和锻炼方法是最多的。

勤练的总分为 3.57±0.619，表明学生在体育课程上进行练习的密度和强度都达到中等以上水平。在勤练密度方面，总分为 3.48±0.693，4 个学期的分数由低到高依次是大二下学期（3.39±0.912）、大一下学期（3.48±0.866）、大一上学期（3.52±0.793）、大二上学期（3.52±0.876）；在勤练强度方面，总分为 3.66±0.703，4 个学期的分数由低到高依次是大二下学期（3.60±0.907）、大二上学期（3.66±0.878）、大一下学期（3.68±0.828）、大一上学期（3.70±0.808）。对比分数发现在体育课程中体育练习的密度基本没有变化，但学生所达到的强度却越来越低，这与教师安排的任务和学生的努力程度都有关系。

基本育人途径中的常赛总分为3.11±0.828，表明在体育课程中教师提供的比赛机会和学生的参与度都是较好的。在常赛机会方面，总分为3.09±0.819，4个学期的分数由低到高依次是大一上学期(2.92±0.964)、大二下学期(3.08±1.061)、大二上学期(3.17±1.010)、大一下学期(3.19±0.982)；在常赛参与方面，总分为3.12±0.899，4个学期的分数由低到高依次是大二下学期(3.04±1.097)、大一上学期(3.08±1.085)、大二上学期(3.17±1.054)、大一下学期(3.21±1.048)。其中，除大二下学期受疫情影响常赛分数较差之外，大一上学期的分数也较低，这是因为大一上学期是学生步入大学体育课程学习的第一个阶段，还没有掌握一定的体育技术和方法，因此教师的比赛安排次数和学生的参与程度都远低于其他学期。

综上所述，当前大学公共体育课程基本育人途径还应继续加强，3个维度的得分由高到低依次为勤练、教会、常赛。目前比赛依然是学校体育欠缺考虑的环节之一，在后期教学中，体育教师应注重在体育课程中加入丰富的比赛环节，非对抗项目也要加入展示、游戏等环节，培养学生团队协作的人格品质，让学生在欢乐的比赛中提高身体素质。

4.3.2 男女班级体育课程基本育人途径的比较分析

为了进一步了解大学公共体育课程基本育人途径的特点，运用独立样本 t 检验分析了男生班级和女生班级在大学公共体育课程基本育人途径上的差异，结果如表4-9所示。男生班级的基本育人途径总分为3.41±0.623，女生班级总分为3.32±0.600，男生班级总分高于女生班级，且男女班级在大学公共体育课程基本育人途径上具有显著性差异($P<0.01$)，表明教师在男生班级的体育课程中落实“教会、勤练、常赛”基本育人途径情况较好。

表4-9 男女班级体育课程基本育人途径得分的独立样本 t 检验($N=2676$)

维度	分类	男生(1850人)	女生(826人)	t	P
教会		3.42±0.700	3.50±0.686	−2.519	0.012
	教会专项	3.39±0.712	3.49±0.702	−3.193	0.001
	教会知识	3.44±0.722	3.50±0.706	−1.865	0.062
	教会方法	3.43±0.733	3.50±0.706	−2.290	0.022
勤练		3.59±0.621	3.51±0.614	3.048	0.002
	勤练密度	3.47±0.687	3.49±0.704	−0.522	0.602
	勤练强度	3.71±0.699	3.54±0.699	5.912	0.000
常赛		3.21±0.804	2.88±0.835	9.669	0.000
	常赛机会	3.20±0.797	2.86±0.818	10.078	0.000
	常赛参与	3.22±0.867	2.90±0.927	8.569	0.000
基本育人途径总分		3.41±0.623	3.32±0.600	3.359	0.001

从基本育人途径的3个维度来看：男生班级的教会总分为3.42±0.700，女生班级为3.50±0.686，且女生班级得分显著高于男生班级得分（$P<0.05$），主要体现在教会专项和教会方法这2个方面（$P<0.05$），在教会知识方面的差异不具有显著性（$P>0.05$），但无论哪个方面，女生班级所掌握的技能、知识和方法更全面。在勤练这一维度，男生班级的勤练总分为3.59±0.621，女生班级的总分为3.51±0.614，且男生班级得分显著高于女生班级得分（$P<0.01$），主要体现在勤练强度方面（$P<0.001$），在勤练密度方面的差异不具有显著性（$P>0.05$），表明教师在体育课程上安排练习的次数是差不多的，但男生班级的学生练习的努力程度更大一点。男生班级的常赛总分为3.21±0.804，女生班级的常赛总分为2.88±0.835，且男生班级得分显著高于女生班级得分（$P<0.001$），在常赛机会和常赛参与2个方面都有所体现（$P<0.001$）；女生班级常赛机会（2.86±0.818）和常赛参与（2.90±0.927）都没有达到中间值3分，表明教师在女生班级体育课程教学中很少给学生提供展示的机会，并且由于女生比男生在性格上更腼腆，不敢积极在课堂上展示，导致常赛分数较低，不利于女生班级体育课程的教学和提高，在教学过程中，教师应鼓励女生积极踊跃地展示自己的运动技能，健全女生的人格品质。

4.3.3　集体项目与个人项目体育课程基本育人途径的比较分析

依据不同运动项目的特点，体育教师设计了不同的教学内容和组织形式。为了进一步探索大学公共体育课程基本育人途径的特点，运用独立样本 t 检验分析了集体项目和个人项目在大学公共体育课程基本育人途径方面4个学期的差异，结果如表4-10、表4-11、表4-12、表4-13所示。

表4-10　大一上学期集体项目与个人项目基本育人途径得分的独立样本 t 检验

维度	分类	集体项目（1097人）	个人项目（1563人）	t	P
教会		3.35±0.788	3.46±0.768	−3.629	0.000
	教会专项	3.32±0.849	3.45±0.844	−3.946	0.000
	教会知识	3.37±0.863	3.50±0.818	−3.936	0.000
	教会方法	3.38±0.860	3.45±0.848	−2.124	0.034
勤练		3.58±0.679	3.63±0.653	−2.092	0.037
	勤练密度	3.49±0.815	3.54±0.778	−1.472	0.141
	勤练强度	3.66±0.813	3.73±0.804	−1.993	0.046
常赛		3.09±0.934	2.94±0.920	4.338	0.000
	常赛机会	3.02±0.971	2.85±0.955	4.472	0.000
	常赛参与	3.16±1.074	3.02±1.089	3.449	0.001
基本育人途径总分		3.34±0.652	3.36±0.614	−0.725	0.469

大一上学期集体项目和个人项目的体育课程基本育人途径得分如表4-10所示，由表可见选择个人项目的学生人数偏多，大约是选择集体项目人数的1.4倍。集体项目的基本育人途径总分为3.34±0.652，个人项目的总分为3.36±0.614，个人项目的总分高

于集体项目，但在大学公共体育课程基本育人途径方面的差异不具有显著性($P>0.05$)，而在基本育人途径的3个维度的差异均具有显著性($P<0.05$)。集体项目的教会总分为3.35±0.788，个人项目的教会总分为3.46±0.768，且个人项目的得分显著高于集体项目的得分($P<0.001$)，并且在教会专项、教会知识、教会方法3个方面的差异都具有显著性($P<0.05$)，表明大学生通过个人项目体育课程提升的技能、知识和方法更多。在勤练这一维度，集体项目的勤练总分为3.58±0.679，个人项目的总分为3.63±0.653，且个人项目得分显著高于集体项目得分($P<0.05$)，这主要体现在勤练强度方面($P<0.05$)，而在勤练密度方面的差异不具有显著性($P>0.05$)，表明个人项目体育课程中学生练习的强度更大。集体项目的常赛总分为3.09±0.934，个人项目的常赛总分为2.94±0.920，且集体项目的常赛总分显著高于个人项目的常赛总分($P<0.001$)，在常赛机会和常赛参与2个方面都有所体现($P<0.001$)，个人项目的常赛得分较低，尤其是常赛机会方面得分(2.85±0.955)偏低，表明教师在个人项目的体育课程中安排给学生的比赛机会偏少，这与学生处于大一上学期，对技能运用还不够娴熟有关。而个人项目的教会得分和勤练得分都较高，表明在个人项目体育课程中学生学到的理论知识和进行的课堂练习偏多。

表4-11 大一下学期集体项目与个人项目基本育人途径得分的独立样本 t 检验

维度	分类	集体项目(1155人)	个人项目(1505人)	t	P
教会		3.40±0.786	3.49±0.774	−2.869	0.004
	教会专项	3.37±0.842	3.48±0.835	−3.441	0.001
	教会知识	3.41±0.843	3.50±0.824	−2.778	0.006
	教会方法	3.43±0.831	3.49±0.828	−1.819	0.069
勤练		3.55±0.718	3.60±0.722	−1.538	0.124
	勤练密度	3.47±0.871	3.49±0.858	−0.597	0.551
	勤练强度	3.64±0.830	3.71±0.824	−2.056	0.040
常赛		3.21±0.937	3.19±0.964	0.503	0.615
	常赛机会	3.19±0.965	3.18±0.992	0.037	0.970
	常赛参与	3.23±1.034	3.19±1.057	0.881	0.379
基本育人途径总分		3.39±0.686	3.44±0.680	−1.666	0.096

表4-11是大一下学期集体项目与个人项目体育课程基本育人途径的差异分析结果。从基本育人途径的3个维度来看：集体项目的教会总分为3.40±0.786，个人项目的教会总分为3.49±0.774，且个人项目的得分显著高于集体项目的得分($P<0.01$)，并且在教会专项、教会知识2个方面的差异都具有显著性($P<0.01$)，在教会方法方面的差异不具有显著性($P>0.05$)，表明大学生在个人项目的体育课程中学到的体育技术和相关知识偏多。勤练维度中，集体项目的勤练总分为3.55±0.718，个人项目的总分为3.60±0.722，集体项目的得分低于个人项目，但差异不具有显著性($P>0.05$)，只在勤练强度方面的差异具有显著性($P<0.05$)，表明老师在安排练习次数上，集体项目和个人项目差不多，但个人项目体育课程中学生的练习更积极。集体项目的常赛总分为3.21±

0.937,个人项目的常赛总分为 3.19±0.964,且集体项目的得分高于个人项目,但差异不具有显著性($P>0.05$),其中常赛机会和常赛参与的得分均高于中间值 3 分,表明教师在体育课程中安排给学生的比赛机会较多,并且学生参与比赛的积极性也较高。综合来看,集体项目的基本育人途径总分为 3.39±0.686,个人项目的总分为 3.44±0.680,个人项目的总分高于集体项目,但差异不具有显著性($P>0.05$)。

表 4-12 大二上学期集体项目与个人项目基本育人途径得分的独立样本 t 检验

维度	分类	集体项目(1201 人)	个人项目(1444 人)	t	P
教会		3.43±0.822	3.55±0.758	−3.914	0.000
	教会专项	3.40±0.877	3.53±0.821	−3.872	0.000
	教会知识	3.43±0.868	3.55±0.819	−3.845	0.000
	教会方法	3.45±0.878	3.55±0.816	−3.245	0.001
勤练		3.60±0.753	3.58±0.759	0.616	0.538
	勤练密度	3.50±0.889	3.53±0.860	−0.832	0.405
	勤练强度	3.69±0.844	3.63±0.894	1.913	0.056
常赛		3.24±0.968	3.12±0.978	3.346	0.001
	常赛机会	3.26±0.996	3.11±1.009	3.662	0.000
	常赛参与	3.23±1.042	3.12±1.052	2.712	0.007
基本育人途径总分		3.42±0.714	3.43±0.679	−0.370	0.712

大二上学期集体项目和个人项目体育课程的基本育人途径得分如表 4-12 所示,其中集体项目的基本育人途径总分为 3.42±0.714,个人项目的总分为 3.43±0.679,个人项目的总分高于集体项目,但差异不具有显著性($P>0.05$)。从基本育人途径的 3 个维度来看:集体项目的教会总分为 3.43±0.822,个人项目的教会总分为 3.55±0.758,且个人项目的得分显著高于集体项目的得分($P<0.001$),并且在教会专项、教会知识、教会方法 3 个方面的差异都具有显著性($P<0.01$),表明个人项目体育课程落实"教会"情况较好。勤练维度中,集体项目的勤练总分为 3.60±0.753,个人项目的总分为 3.58±0.759,集体项目的得分高于个人项目,但差异不具有显著性($P>0.05$)。集体项目的常赛总分为 3.24±0.968,个人项目的常赛总分为 3.12±0.978,集体项目的得分高于个人项目,且差异具有显著性($P<0.01$),并且在常赛机会和常赛参与 2 个方面的差异都具有显著性($P<0.01$),表明在集体项目的体育课程中落实"常赛"的情况较好。

表 4-13 大二下学期集体项目与个人项目基本育人途径得分的独立样本 t 检验

维度	分类	集体项目(1217 人)	个人项目(1442 人)	t	P
教会		3.41±0.826	3.41±0.822	−0.292	0.770
	教会专项	3.38±0.904	3.39±0.885	−0.342	0.733
	教会知识	3.42±0.875	3.42±0.865	−0.109	0.913
	教会方法	3.42±0.881	3.43±0.869	−0.368	0.713

续表

维度	分类	集体项目(1217 人)	个人项目(1442 人)	t	P
勤练		3.51±0.789	3.48±0.806	1.042	0.298
	勤练密度	3.40±0.899	3.38±0.919	0.531	0.596
	勤练强度	3.62±0.902	3.57±0.910	1.302	0.193
常赛		3.14±1.016	3.00±1.017	3.452	0.001
	常赛机会	3.15±1.053	3.02±1.060	3.177	0.002
	常赛参与	3.12±1.095	2.98±1.090	3.354	0.001
基本育人途径总分		3.36±0.745	3.31±0.740	1.531	0.126

表 4-13 是大二下学期集体项目与个人项目体育课程基本育人途径的差异分析结果。在大二下学期中,学生选择个人项目和集体项目人数比较接近。从基本育人途径的 3 个维度来看:集体项目的教会总分为 3.41±0.826,个人项目的教会总分为 3.41±0.822,集体项目和个人项目在教会育人途径方面的差异不具有显著性($P>0.05$)。勤练维度中,集体项目的勤练总分为 3.51±0.789,个人项目的总分为 3.48±0.806,集体项目的勤练总分高于个人项目的勤练总分,但差异不具有显著性($P>0.05$)。集体项目的常赛总分为 3.14±1.016,个人项目的常赛总分为 3.00±1.017,且集体项目的得分显著高于个人项目($P<0.01$),并且体现在常赛机会和常赛参与 2 个方面($P<0.01$)。综合来看,集体项目的基本育人途径总分为 3.36±0.745,个人项目的总分为 3.31±0.740,在大学公共体育课程基本育人途径方面的差异不具有显著性($P>0.05$),集体项目和个人项目的总分均大于中间值 3 分,表明大二下学期的体育课程落实“教会、勤练、常赛”较好。

综上所述,集体项目和个人项目的体育课程基本育人途径在 4 个学期中的落实情况有所不同。个人项目的教会育人途径分数高于集体项目,表明学生在个人项目体育课程中所掌握到的体育课程技能、知识和方法更好。个人项目体育课程在教学过程中小组合作探索学习较少,教学活动大部分是以个人为单位,学生的大部分精力可以放在自己身上,根据自身情况消化吸收知识,所以掌握技能较好。集体项目和个人项目的勤练育人途径分数基本相同,且均高于 3 分,表明学生在集体项目或个人项目体育课程中练习密度和练习强度都能达标。集体项目的常赛育人途径分数高于个人项目,表明学生在集体项目体育课程中更有机会、更主动积极地展示自己。大多数教学比赛的设置以小组为单位,集体项目体育课程基于项目特点更容易组织教学比赛,因此集体项目的常赛育人途径落实较好。集体项目和个人项目的基本育人途径总分均高于 3 分,且 2 个项目分数相差不大,表明虽然集体项目和个人项目有各自的特点和专长,但都能较好落实基本育人途径。

4.3.4 对抗项目与非对抗项目体育课程基本育人途径的比较分析

运用独立样本 t 检验分析了对抗项目和非对抗项目在大学公共体育课程基本育人途径方面 4 个学期的差异,结果如表 4-14、表 4-15、表 4-16、表 4-17 所示。

表 4-14 大一上学期对抗项目与非对抗项目基本育人途径得分的独立样本 t 检验

维度	分类	对抗项目(694 人)	非对抗项目(1966 人)	t	P
教会		3.32±0.800	3.45±0.767	−3.826	0.000
	教会专项	3.26±0.850	3.44±0.843	−4.970	0.000
	教会知识	3.35±0.872	3.48±0.825	−3.314	0.001
	教会方法	3.36±0.875	3.44±0.845	−2.246	0.025
勤练		3.59±0.685	3.61±0.657	−0.740	0.459
	勤练密度	3.45±0.823	3.54±0.782	−2.589	0.010
	勤练强度	3.73±0.825	3.69±0.803	1.322	0.186
常赛		3.29±0.930	2.90±0.908	9.454	0.000
	常赛机会	3.21±0.970	2.82±0.942	9.215	0.000
	常赛参与	3.36±1.053	2.98±1.079	8.227	0.000
基本育人途径总分		3.39±0.679	3.34±0.611	1.635	0.102

大一上学期对抗项目和非对抗项目体育课程的基本育人途径得分如表 4-14 所示，学生选择非对抗项目的人数偏多，大约是选择对抗项目人数的 3 倍。对抗项目的基本育人途径总分为 3.39±0.679，非对抗项目的总分为 3.34±0.611，对抗项目的总分高于非对抗项目，但差异不具有显著性($P>0.05$)。但从基本育人途径的 3 个维度来看：对抗项目的教会总分为 3.32±0.800，非对抗项目的教会总分为 3.45±0.767，且非对抗项目的得分显著高于对抗项目的得分($P<0.001$)，并且在教会专项、教会知识、教会方法 3 个方面的差异都具有显著性($P<0.05$)，表明大学生通过非对抗项目体育课程提升的技能、知识和方法更多。在勤练这一维度，对抗项目的勤练总分为 3.59±0.685，非对抗项目的总分为 3.61±0.657，但差异不具有显著性($P>0.05$)，在勤练密度方面，对抗项目的得分(3.45±0.823)显著低于非对抗项目的得分(3.54±0.782)($P<0.05$)，表明非对抗项目体育课程中教师安排学生进行练习的机会更多。对抗项目的常赛总分为 3.29±0.930，非对抗项目的常赛总分为 2.90±0.908，且对抗项目的常赛总分显著高于非对抗项目的常赛总分($P<0.001$)，在常赛机会和常赛参与都有所体现($P<0.001$)，非对抗项目的常赛得分较低，尤其是常赛机会方面得分(2.82±0.942)偏低，表明教师在对抗项目体育课程中安排学生比赛机会偏多，且学生对比赛展示活动参与度更积极。

表 4-15 大一下学期对抗项目与非对抗项目基本育人途径得分的独立样本 t 检验

维度	分类	对抗项目(720 人)	非对抗项目(1940 人)	t	P
教会		3.38±0.799	3.48±0.771	−3.015	0.003
	教会专项	3.32±0.853	3.47±0.832	−4.046	0.000
	教会知识	3.40±0.859	3.49±0.823	−2.401	0.016
	教会方法	3.42±0.838	3.49±0.827	−1.998	0.046

续表

维度	分类	对抗项目(720 人)	非对抗项目(1940 人)	t	P
勤练		3.61±0.734	3.56±0.715	1.558	0.119
	勤练密度	3.50±0.873	3.47±0.860	0.614	0.539
	勤练强度	3.73±0.842	3.66±0.821	2.072	0.038
常赛		3.39±0.900	3.12±0.961	6.558	0.000
	常赛机会	3.37±0.937	3.12±0.988	5.893	0.000
	常赛参与	3.42±0.985	3.13±1.059	6.403	0.000
基本育人途径总分		3.45±0.707	3.40±0.674	1.588	0.112

表 4－15 是大一下学期对抗项目与非对抗项目体育课程基本育人途径的差异分析结果。从基本育人途径的 3 个维度来看：对抗项目的教会总分为 3.38±0.799，非对抗项目的教会总分为 3.48±0.771，且非对抗项目的得分显著高于对抗项目的得分($P<0.01$)，并且在教会专项、教会知识和教会方法 3 个方面的差异都具有显著性($P<0.05$)，表明大学生在非对抗项目的体育课程中学到的体育技术、相关知识和锻炼方法更多。勤练维度中，对抗项目的勤练总分为 3.61±0.734，非对抗项目的总分为 3.56±0.715，对抗项目的得分高于非对抗项目，但差异不具有显著性($P>0.05$)，只在勤练强度方面的差异具有显著性($P<0.05$)，表明老师在安排练习次数上，对抗项目和非对抗项目差不多，但对抗项目体育课程中学生的练习更积极。对抗项目的常赛总分为 3.39±0.900，非对抗项目的常赛总分为 3.12±0.961，且对抗项目的得分显著高于非对抗项目($P<0.001$)，主要体现在常赛机会和常赛参与 2 个方面($P<0.001$)，表明教师在对抗项目体育课程中安排学生比赛机会较多，并且学生参与比赛的积极性也较高。综合来看，对抗项目的基本育人途径总分为 3.45±0.707，非对抗项目的总分为 3.40±0.674，对抗项目的总分高于非对抗项目，但差异不具有显著性($P>0.05$)。

表 4－16　大二上学期对抗项目与非对抗项目基本育人途径得分的独立样本 t 检验

维度	分类	对抗项目(823 人)	非对抗项目(1822 人)	t	P
教会		3.40±0.828	3.53±0.769	−3.835	0.000
	教会专项	3.36±0.883	3.53±0.828	−4.663	0.000
	教会知识	3.42±0.870	3.53±0.829	−3.273	0.001
	教会方法	3.44±0.879	3.54±0.830	−2.802	0.005
勤练		3.63±0.753	3.57±0.757	1.731	0.084
	勤练密度	3.51±0.877	3.52±0.872	−0.239	0.811
	勤练强度	3.84±0.853	3.62±0.878	3.246	0.001
常赛		3.37±0.925	3.08±0.984	7.071	0.000
	常赛机会	3.38±0.957	3.09±1.014	6.915	0.000
	常赛参与	3.37±1.002	3.08±1.058	6.512	0.000
基本育人途径总分		3.46±0.719	3.41±0.684	1.456	0.146

大二上学期对抗项目和非对抗项目体育课程的基本育人途径得分如表 4-16 所示，其中对抗项目的基本育人途径总分为 3.46±0.719，非对抗项目的总分为 3.41±0.684，对抗项目的总分高于非对抗项目，但差异不具有显著性（$P>0.05$）。从基本育人途径的 3 个维度来看：对抗项目的教会总分为 3.40±0.828，非对抗项目为 3.53±0.769，且非对抗项目的得分显著高于对抗项目的得分（$P<0.001$），并且在教会专项、教会知识、教会方法 3 个方面的差异都具有显著性（$P<0.01$），表明非对抗项目体育课程落实"教会"情况较好。勤练维度中，对抗项目的勤练总分为 3.63±0.753，非对抗项目的总分为 3.57±0.757，对抗项目的得分高于非对抗项目，但差异不具有显著性（$P>0.05$），仅在勤练强度方面的差异具有显著性（$P<0.01$），表明在大二上学期，对抗项目体育课程落实"勤练强度"情况优于非对抗项目。对抗项目的常赛总分为 3.37±0.925，非对抗项目的常赛总分为 3.08±0.984，且对抗项目的得分显著高于非对抗项目（$P<0.001$），在常赛机会和常赛参与 2 个方面的差异均具有显著性（$P<0.001$），表明在对抗项目的体育课程中落实"常赛"的情况较好。

表 4-17　大二下学期对抗项目与非对抗项目基本育人途径得分的独立样本 t 检验

维度	分类	对抗项目(800 人)	非对抗项目(1859 人)	t	P
教会		3.37±0.840	3.43±0.816	−1.685	0.092
	教会专项	3.33±0.907	3.41±0.887	−2.220	0.027
	教会知识	3.39±0.885	3.44±0.862	−1.322	0.186
	教会方法	3.39±0.886	3.44±0.870	−1.178	0.239
勤练		3.53±0.804	3.47±0.795	1.596	0.111
	勤练密度	3.41±0.897	3.38±0.915	0.758	0.448
	勤练强度	3.65±0.920	3.57±0.900	2.051	0.040
常赛		3.28±0.971	2.97±1.025	7.326	0.000
	常赛机会	3.30±1.003	2.99±1.069	6.864	0.000
	常赛参与	3.27±1.054	2.94±1.097	6.987	0.000
基本育人途径总分		3.39±0.761	3.31±0.734	2.498	0.013

表 4-17 是大二下学期对抗项目与非对抗项目体育课程基本育人途径的差异分析结果。从基本育人途径的 3 个维度来看：对抗项目的教会总分为 3.37±0.840，非对抗项目的教会总分为 3.43±0.816，非对抗项目的教会总分高于对抗项目，但在教会育人途径方面的差异不具有显著性（$P>0.05$），非对抗项目得分仅在教会专项方面显著高于对抗项目（$P<0.05$），表明大二下学期中，教师在非对抗项目中安排的技术学习更充足。勤练维度中，对抗项目的勤练总分为 3.53±0.804，非对抗项目的总分为 3.47±0.795，对抗项目的勤练总分高于非对抗项目的勤练总分，但差异不具有显著性（$P>0.05$）。对抗项目的常赛总分为 3.28±0.971，非对抗项目的常赛总分为 2.97±1.025，且对抗项目的得分显著高于非对抗项目（$P<0.001$），并且体现在常赛机会和常赛参与 2 个方面（$P<0.001$），表明在大二下学期，教师在对抗项目体育课程中安排的比赛机会更多，并且学生

更乐于在对抗项目中展现自己的技术。综合来看，对抗项目的基本育人途径总分为 3.39±0.761，非对抗项目的总分为 3.31±0.734，并且对抗项目基本育人途径总分显著高于非对抗项目($P<0.05$)，表明在大二下学期，对抗项目的体育课程落实“教会、勤练、常赛”程度优于非对抗项目的体育课程。

综上所述，对抗项目和非对抗项目的体育课程基本育人途径在 4 个学期中的落实情况有所不同。对抗项目是指与他人有身体接触且对抗的项目，在课程教学中需要更多的练习和实战机会；相对于对抗项目，非对抗项目的练习和比赛机会偏少，教师更多的是进行理论指导等。因此对抗项目在 4 个学期中的常赛育人途径分数远高于非对抗项目，勤练育人途径分数略高于非对抗项目，但教会育人途径相较于非对抗项目分数偏低。虽然两种类型项目的体育课程各有所长，但基本育人途径落实情况都较好，因此学生可以根据自己的性格、爱好等个人特点选择适合自己的项目。

4.4 大学公共体育课程基本育人途径的作用

4.4.1 体育课程基本育人途径对大学生拖延行为的作用

由于基本育人途径受不同性别班级影响大，因此将性别班级作为控制变量，探讨拖延行为与基本育人途径的偏相关系数，结果见表 4-18。拖延行为与基本育人途径总分的偏相关系数为−0.117，且显著性达到 0.001 的水平，表明在体育课程中落实“教会、勤练、常赛”基本育人途径越好，接受体育课程教育的大学生的拖延行为就越容易改善。分析基本育人途径的 3 个维度的数据可以得出，拖延行为与 3 个维度也存在显著负相关($P<0.001$)，偏相关系数的绝对值由高到低依次为教会($r=-0.134$)、勤练($r=-0.080$)、常赛($r=-0.076$)，表明学生掌握的体育知识与技能越丰富、课堂练习的密度和强度越大、参加的课堂比赛越多，越能锤炼学生的意志品质和健全学生的人格，进而培养学生对行为的正确判断和动机养成，有利于提高学生的自我控制力，拒绝拖延行为的产生。

表 4-18 体育课程基本育人途径和大学生拖延行为的偏相关系数(r)

变量	教会	勤练	常赛	基本育人途径总分
拖延行为	−0.134***	−0.080***	−0.076***	−0.117***

注：*** 表示 $P<0.001$。

4.4.2 体育课程基本育人途径对大学生锻炼行为的作用

控制性别班级变量，体育课程基本育人途径与大学生锻炼行为的偏相关系数如表 4-19 所示。锻炼项目数与基本育人途径总分的偏相关系数为 0.050，且显著性达到 0.01 的水平，表明在体育课程中落实基本育人途径的情况越好，学生的课外锻炼项目越丰富；锻炼项目数与教会、勤练、常赛的偏相关系数分别为 0.062($P<0.01$)、0.041($P<0.05$)、0.022($P>0.05$)，均为正相关。锻炼形式数与基本育人途径总分的偏相关系数为 0.074，且显著性达到 0.001 的水平，表明体育课程的基本育人途径对课外锻炼形式的丰富性有积极作用；与 3 个维度的相关性均为显著正相关($P<0.01$)，偏相关系数由高到

表 4-19 体育课程基本育人途径和大学生锻炼行为的偏相关系数(r)

变量	教会	勤练	常赛	基本育人途径总分
锻炼项目数	0.062**	0.041*	0.022	0.050**
锻炼形式数	0.058**	0.073***	0.064**	0.074***
锻炼时间	0.124***	0.089***	0.158***	0.145***
锻炼频率	0.085***	0.043*	0.092***	0.088***
锻炼强度	0.194***	0.307***	0.190***	0.254***
锻炼坚持	0.120***	0.060**	0.190***	0.147***
运动量	0.174***	0.172***	0.180***	0.202***

注：* 代表 $P<0.05$；** 代表 $P<0.01$；*** 代表 $P<0.001$。

低依次为勤练($r=0.073$)、常赛($r=0.064$)、教会($r=0.058$)。锻炼时间与基本育人途径总分的偏相关系数为 0.145，且显著性达到 0.001 的水平；与 3 个维度的相关性均为显著正相关($P<0.001$)，偏相关系数由高到低依次为常赛($r=0.158$)、教会($r=0.124$)、勤练($r=0.089$)，表明在体育课程中落实“教会、勤练、常赛”的情况越好，学生的课外锻炼时间越久。锻炼频率与基本育人途径总分的偏相关系数为 0.088，且显著性达到 0.001 的水平；与 3 个维度的相关性均为显著正相关($P<0.05$)，偏相关系数由高到低依次为常赛($r=0.092$)、教会($r=0.085$)、勤练($r=0.043$)，表明在体育课程中落实“教会、勤练、常赛”的情况越好，学生每周参加课外锻炼的次数越多。锻炼强度与基本育人途径总分的相关性较高，为 0.254($P<0.001$)，并且与教会、勤练、常赛的偏相关系数分别为 0.194、0.307、0.190，表明在体育课程中落实基本育人途径的情况越好，学生参加课外锻炼会越积极。锻炼坚持与基本育人途径总分的偏相关系数为 0.147，且显著性达到 0.001 的水平；与 3 个维度的相关性均为显著正相关($P<0.01$)，偏相关系数由高到低依次为常赛($r=0.190$)、教会($r=0.120$)、勤练($r=0.060$)，表明体育课程的基本育人途径对每周期锻炼的有效时长有积极作用。

学生的课外体育锻炼水平用运动量来反映，运动量与基本育人途径总分的偏相关系数为 0.202，且显著性达到 0.001 的水平，表明在体育课程中落实“教会、勤练、常赛”基本育人途径越好，接受体育课程教育的大学生的体育锻炼水平就会越高。分析基本育人途径的 3 个维度的数据可以得出，教会、勤练、常赛 3 个维度与运动量的相关性具有显著性正相关($P<0.001$)，偏相关系数由高到低依次为常赛($r=0.180$)、教会($r=0.174$)、勤练($r=0.172$)，表明学生通过体育课程能掌握体育锻炼的技能和方法，正向促进学生的体育锻炼水平。

4.4.3 体育课程基本育人途径对大学生体质健康的作用

表 4-20 是控制性别班级变量，体育课程基本育人途径与大学生体质健康的偏相关分析结果，体质健康与基本育人途径总分的偏相关系数为 0.017，但不具有显著性($P>0.05$)，并且与教会、勤练、常赛 3 个维度均没有显著性相关($P>0.05$)。身体形态与基本育人途径总分的偏相关系数为 −0.027，但不具有显著性($P>0.05$)；与教会、勤

练、常赛的偏相关系数分别为−0.005($P>0.05$)、−0.053($P<0.01$)、−0.026($P>0.05$)。身体机能与基本育人途径总分的偏相关系数为0.045,且显著性达到0.05的水平;与教会、勤练、常赛的偏相关系数分别为0.032($P>0.05$)、0.036($P>0.05$)、0.051($P<0.01$)。身体素质与基本育人途径总分的偏相关系数为0.016,但不具有显著性($P>0.05$);与教会、勤练、常赛3个维度均为正相关,偏相关系数分别为0.017、0.011、0.029,但不具有显著性($P>0.05$)。

表4-20 体育课程基本育人途径和大学生体质健康的偏相关系数(r)

变量	教会	勤练	常赛	基本育人途径总分
身体形态	−0.005	−0.053**	−0.026	−0.027
身体机能	0.032	0.036	0.051**	0.045*
身体素质	0.017	0.011	0.029	0.016
体质健康	0.020	−0.012	0.030	0.017

注:* 代表 $P<0.05$;** 代表 $P<0.01$。

4.5 讨论

4.5.1 大学公共体育课程基本育人途径调查问卷的评价

"教会、勤练、常赛"是深化体育教学改革一体化的改革思路和理念,是落实《关于全面加强和改进新时代学校体育工作的意见》的核心内容,有利于促进青少年身心健康发展,并进一步达成体育教学立德树人的根本任务。大学体育是实施体育教学改革的重要环节,需要把握3种基本育人途径的内在联系,并思考如何在公共体育课程实践中落实"教会、勤练、常赛"基本育人途径,推动"教会、勤练、常赛"一体化。关于如何在公共体育课程中落实"教会、勤练、常赛"的教学理念,学者们从不同角度进行了论述。毛振明认为,应围绕《"健康中国2030"规划纲要》提出的"基本实现每个学生熟练掌握1项以上运动技能"的目标,落实"教会、勤练、常赛"的教学理念[208],以此来解决"学生上了12年体育课没掌握一项技能"等体育困境[209];彭庆文认为,"以教定学"转向"以学定教"的观念是落实"教会、勤练、常赛"的学校体育教学思路的必要条件,可以解决体育课程枯燥乏味和单纯说教的现状[188];于素梅认为,在落实理念的同时要把握规律,循序渐进地进行"教会、勤练、常赛"[210],这是当前体育教师应具备的教学能力之一;季浏也认为,"教会、勤练、常赛"帮助体育教师抓住了体育课程的本质特点,可作为方法论指导教师更好地开展学校体育工作[185]。此外,学者们还提出"先教后学""先学后教""以赛促练""以练促学"等方式落实教学理念[99]。

"教会、勤练、常赛"基本育人途径的提出,引导学者们在定性讨论上阐述了自己的见解,为后续的定量测量提供了研究思路。落实《关于全面加强和改进新时代学校体育工作的意见》,要完善体育课程的考核评价机制,并且对"教会、勤练、常赛"在体育课程中的操作性应该精准把握。因此,本章设计了大学公共体育课程基本育人途径调查问卷,将

“教会、勤练、常赛”的具体落实措施转化为可操作的变量，从学生接受体育课程教育的角度对大学公共体育课程基本育人途径进行细致化描述。例如：在大学公共体育课程中应该教会学生专项技术、理论知识和锻炼方法，学生的掌握程度能反映教师是否教会；在大学公共体育课程中应该通过学生的练习密度和练习强度判断整堂课达到勤练的程度；在大学公共体育课程中应该通过学生参与比赛展示的程度判断整堂课的常赛水平。通过数据处理得出课程中实施“教会、勤练、常赛”基本育人途径的结果。从实证结果来看，问卷具有良好的内部一致性信度、重测信度、内容效度、聚敛效度、区分效度和效标效度，达到了心理测量学的标准，可用于大学公共体育课程基本育人途径定量研究的测量，也可作为大学公共体育课程落实“教会、勤练、常赛”教学理念的评价工具。

4.5.2　大学公共体育课程基本育人途径的教学现状

2012 年党的十八大首次提出，把立德树人作为教育的根本任务，这也是大学公共体育课程坚持的根本任务。2020 年《关于全面加强和改进新时代学校体育工作的意见》提出的“教会、勤练、常赛”教学理念为立德树人任务指明了育人方向，大中小学公共体育课程紧紧围绕“教会、勤练、常赛”教学理念开展体育教学。有学者通过调查发现，在“教会、勤练、常赛”一体化模式的开展中，学生的身心状况逐年好转[211]，表明基本育人途径的有效性。但当前体育课程中仍存在所谓的“三无七不”的现象，即无强度、无难度、无对抗、不出汗、不脏衣、不喘气、不摔跤、不擦皮、不扭伤、不长跑[212]，这些不好的现象需要通过“教会、勤练、常赛”基本育人途径解决。体育课程是学生接受体育知识、学习体育技能的主要阵地，所以本研究立足于大学公共体育课程，研究体育课程中“教会、勤练、常赛”基本育人途径的开展情况。从描述性统计的结果可以看出，3 个维度的基本育人途径中，常赛的得分相对较低。这可能是因为在课程上教师以“教”和“练”为主，“赛”的时间都放到课后，导致课内常赛分数过低；或是因为部分非对抗性项目本身就缺乏教学竞赛的组织教学内容，学生参与积极性不高，没能很好地在体育课程中落实“赛”，这些原因都有可能使学生对大学公共体育课程基本育人途径的评分不高，使常赛育人途径成为当前体育课程基本育人途径中的薄弱点。

如果说“教会”能保证学生基本的体育技巧的获得，“勤练”能促进学生掌握体育运动的技能、培养体育实践的能力和体育习惯的养成，那么“常赛”则能激发学生在体育运动中的斗志，提高学生参与体育锻炼的积极性，成为督促“教会、勤练”落实的一种坚实保障。通过常赛机会和常赛参与 2 个方面的分数对比发现，学生的参与程度相对于教师安排的机会来说相对较高，表明大部分学生对体育课程中的挑战和竞赛能保持较高的热情[213]。但受传统体育教学理念影响，也有部分教师认为大学公共体育课程的主要任务是讲解、示范的理论教学和技能的重复练习，这导致课堂缺少比赛中互动的乐趣，整节课程学生兴致不高，教学效果不理想[214]。并且，虽有学者提倡将比赛安排到课余时间，但却得不到学校的重视，以致常赛育人途径无法发挥其作用[215]。因此应呼吁体育教师在课程中多安排一些比赛。相关学者提出在体育课程中安排游戏、展示、对抗等活动，可以成为落实常赛育人途径的一种形式[216]。但大部分教师认为在诸如足球、篮球、排球等对抗性项目的体育课程中比较容易实现比赛，而在诸如操类、武术、太极拳等非对抗项目的体育课程中不易实现比赛，故没有将这些不易对抗比赛的项目通过游戏或者展示等形式实现常赛育人途径。因此，常赛育人途径成为当前体育课程基本育人途径中的难点。

目前中国大学生仍存在“怕苦、怕累、怕冷、怕热、怕竞争、怕失败、无气力、无感动、无关心、无敬畏、无规则”等现象[217]，而体育比赛所产生的对胜利的欢呼以及对失败的接纳，则有助于培养学生的生活感知和丰富的人生体悟。例如：集体项目的比赛可以培养学生的团队精神和集体荣誉感，如互相打气、关心队友和敬畏对手等；个体项目展示可以培养学生不怕失败和不怕竞争的斗志，在比赛过程中培养规则意识等；游戏玩耍不仅可以提高学生的身体素质，还能让其在游戏乐趣中忘记苦、累、冷和热，从而更好地发挥常赛育人途径的作用。并且“常赛”不仅是“教会”和“勤练”的保障，也为“教会”和“勤练”提供了检验成果的平台，通过检验发现“教会”和“勤练”的不足和优点，决定后续的学习和练习的方向和强度，大大促进“勤练”的执行，从而进一步强化“教会”的效果，有利于基本育人途径协同作用的发挥，更有利于“教会、勤练、常赛”一体化的落实。如果学生无法通过“赛”巩固“教”和“练”，则会出现“蜻蜓点水、浅尝辄止”的现象[218]。因此，还应该将常赛育人途径作为体育课程中的教学重点，探讨如何更好地呈现比赛展示的形式，培养学生的体育精神，感悟体育文化，帮助学生塑造更好的品质。

4.5.3 大学公共体育课程基本育人途径有助于大学生的全面培养

将“教会、勤练、常赛”作为体育课程教学理念，为今后提高体育课堂教学质量指明了方向，有利于培养学生的终身体育观念和掌握所需要的运动技能[219]。通过体育课程中的教会育人途径了解终身体育的健康知识和运动技能，在勤练育人途径中培养终身体育需具备的意志品质，并在常赛育人途径中健全终身体育应具有的人格特性，对学生的锻炼行为具有积极的作用。大学公共体育课程基本育人途径与学生的体育锻炼行为的相关关系呈显著正向关系，用实证数据支持了“教会、勤练、常赛”对锻炼行为的正向引导作用，且在 3 个方面的基本育人途径中，常赛育人途径对锻炼行为培养的作用力最大，表明体育课上的比赛培养了学生对体育的热情和乐趣，更有利于培养学生课下的锻炼行为。因此，为了培养学生的锻炼行为，可以在体育课程中将常赛的比例加大，进一步巩固基本育人途径对锻炼行为的作用。

本研究所调查的学生行为中除了积极的体育锻炼行为之外，还有消极的不良行为——拖延行为。有研究指出，不良行为不仅影响学生的学习效果，制约学习兴趣，还会成为“终身体育”理念的羁绊[220]，甚至影响学生健康成长、家庭幸福和国家发展。美国对于体育课程开发的初衷是为了改善不良行为，并得到了实证[221]，中国提出的“教会、勤练、常赛”一体化教学理念的初衷也是为了培养学生的健康行为。改善了不良行为就有利于健康行为的促进。本章对大学公共体育课程中的“教会、勤练、常赛”基本育人途径是否对大学生的健康行为的培养有作用进行了验证，通过基本育人途径与拖延行为的相关检验，得出基本育人途径对拖延行为具有一定的作用力，作用力在 10%左右(见表 4-18)，对于比较难解决的不良行为之一的拖延行为来说，这个比重是相对较大的，足以证明体育课程基本育人途径对学生不良行为的矫正发挥了重要作用，“教会、勤练、常赛”一体化教学理念有利于健康行为的培养。

相关学者提出，让“教会、勤练、常赛”成为体育教学改革的总体思路，在实施过程中要强调学校体育教育的整体意义[185]。大学体育教学的首要任务是解决学生体质健康下滑等问题，因此“教会、勤练、常赛”基本育人途径的首要作用应是提高大学生体质健康状况。体质健康标准中的身体素质指标更能反映学生的体质健康水平，通过体育课程基本育人途径与身体素质的相关系数可以看出，在体育课程中“教会、勤练、常赛”的基本育人途径有利于促进大学生身体素质。在大学公共体育课程中落实“教会、勤练、常赛”教学理念，帮助学生了解体育理论知识和体育锻炼要领，运用健康理论知识积极地进行练习和比赛展示，在课程中逐步提高学生的体质健康水平，更有利于体质健康的发展。同时，在基本育人途径与身体素质指标的相关关系中发现，勤练育人途径与身体素质的相关关系并不显著，可能是由于基本育人途径调查问卷仅调查了学生在体育课程中的练习密度和练习强度，未调查课外的自主练习情况，因此这次调查数据反映出来的勤练育人途径对体质健康作用力偏小。体质健康的提升不仅需要课内锻炼，还需要课外练习，相关研究也提出课内外一体化教学模式更有利于学生的发展[222]，因此，在后续研究中可以将调查内容扩充到课外，以验证基本育人途径对体质健康的正向作用力。

4.6　小结

本章内容主要包括 3 个方面：

①在《〈体育与健康〉教学改革指导纲要（试行）》政策文件的指导下，阅读相关文献，并结合变量的操作性定义，确定了大学公共体育课程基本育人途径调查问卷的理论结构，通过了解 4 个学期的大学公共体育课程的教学情况，形成包含教会、勤练、常赛 3 个理论维度的初始测量问卷，共包含 28 个题目，其中，教会分为了教会专项、教会知识、教会方法 3 个变量，勤练分为了勤练密度和勤练强度 2 个变量，常赛分为了常赛机会和常赛参与 2 个变量，每个变量分 4 个学期进行调查；通过专家评估法检验了该问卷的内容效度，形成了较为完善的大学公共体育课程基本育人途径调查问卷。

②通过问卷调查收集了 2676 名非体育专业大四本科生数据，其中包括了 74 名学生的重复测量数据，验证问卷的重测效度很好，通过调查问卷中包含的体育锻炼行为数据，验证问卷的效标效度较好，此外还验证了问卷的收敛效度、区分效度和内部一致性，结果表明，最终问卷具有良好的信度和效度，符合测量学要求，可用于大学公共体育课程基本育人途径定量研究的测量，也可作为大学公共体育课程落实“教会、勤练、常赛”教学理念的评价工具。

③对收集到的 2676 份数据进行了描述性统计，分析了不同性别班级、不同类型体育课程在基本育人途径上的差异，检验了体育课程基本育人途径的作用。结果表明：当前大学体育课程落实“教会、勤练、常赛”3 个基本育人途径均较好，但与《〈体育与健康〉教学改革指导纲要（试行）》的要求还有距离；大二下学期由于受疫情影响，基本育人途径分数较低，在教会方面，其他 3 个学期具有随年级增长而分数递增的趋势，学生通过体育课程的教学可以掌握部分的专项技能、理论知识和锻炼方法；在勤练方面，体育课程的勤练密度和勤练强度都达到中等以上水平，但随着年级的增长，密度基本没有变化，强度却越来

越低；在常赛方面，教师提供的比赛机会和学生的参与度都是较好的；相比教会和勤练，常赛依然是学校体育欠缺考虑的环节，应注重在体育课程中加入丰富的比赛展示环节；女生班级的基本育人途径落实较差，教师应鼓励女生积极踊跃地展示自己的运动技能，健全人格；个人项目体育课程的基本育人途径落实较好，主要体现在教会专项、教会知识和教会方法上；对抗项目体育课程的基本育人途径落实程度优于非对抗项目，主要体现在常赛机会和常赛参与2个方面。体育课程中落实"教会、勤练、常赛"基本育人途径不仅能提升学生身体素质，还有利于培养学生积极的心理品质，具体表现为大学生锻炼行为的养成、体质健康的增强和拖延行为的矫正这3个方面。

5

大学公共体育课程思政内容供给的测量与作用

《高等学校课程思政建设指导纲要》明确指出课程思政建设要围绕政治认同、家国情怀、文化素养、宪法法治意识、道德修养等重点优化课程思政内容供给。依据文件要求，阅读相关文献，本章拟定了大学公共体育课程思政内容供给的理论维度和概念界定。本章的研究目的是：构建和检验大学公共体育课程思政内容供给的测量模型，编制大学公共体育课程思政内容供给学生评价量表；依据正式调查数据分析当前大学公共体育课程思政内容供给的现状，对不同性别班级、不同类型的体育课程的思政内容供给进行差异分析；对体育课程思政内容供给的不同作用进行相关分析。

5.1 研究数据和方法

5.1.1 研究数据

本章的总样本为 2676 名大四本科生，详细调查过程和调查对象基本情况详见第 1 章。运用的大学生拖延行为、体育锻炼行为、体质健康测试数据与第 3 章相同；教会育人途径、勤练育人途径和常赛育人途径的数据与第 4 章相同。本章的重点是依据国家文件和文献资料设计了大学公共体育课程思政内容供给学生评价量表，并分析大学公共体育课程思政内容供给现状，男女班级、不同类型的体育课程思政内容供给的特征，以及大学公共体育课程思政内容供给的作用。为检验量表的重测信度，要求参加试调查的学生在正式调查中再次完成了问卷，再次完成问卷的学生有 74 人。为检验量表的效标效度，将问卷中调查的简表题目作为第 1 个检验指标；将从学校团委获取的部分学生综合素质测评中的德育成绩作为第 2 个检验指标。

5.1.2 专家访谈法

采用半结构化访谈法，并结合目的性抽样、滚雪球抽样对专家进行访谈，包括访谈开始、第一轮访谈、第二轮访谈、第三轮访谈、第四轮访谈 5 个阶段。采用这一访谈方式的原因如下：第一，部分体育老师可能不擅长言语，在公开访谈时容易出现冷场、尴尬、跑题等现象，半结构化访谈法设计的访谈提纲可以掌握访谈方向，有助于解决上述问题；第二，目的性抽样是为了了解体育课程现状，有目的地选取具有丰富经验的体育教师作为访谈对象，征得同意并进行访谈；第三，为了充分收集到专家对体育课程思政内容供给的实例和对体育课程思政的看法，选择滚雪球的抽样方式进行 4 轮访谈，达到信息饱和后终止抽样。

访谈具体步骤如下：

①访谈开始。对课题组的 3 名体育教师进行访谈，其目的在于编制半结构化的专家访谈问卷。提取访谈开始阶段成果的共性内容，编制体育课程思政内容专家访谈问卷（见附录 A）。

②第一轮访谈。将问卷发放给第一轮的 3 名专家，然后整理、分析答卷，对其中的特殊性问题进行总结提取。总结第一轮访谈专家的答卷，修改部分内容，提供新的实例，将特殊性问题记录下来，并将问卷进行整理和修改，作为第二轮专家访谈时的访谈问卷。

③第二轮访谈。将问卷发放给第二轮的 5 名专家，对其中的特殊性问题进行总结提取，将问卷进行整理和修改，作为第三轮专家访谈时的访谈问卷。

④第三轮访谈。将问卷发放给第三轮的 3 名专家，对其中的特殊性问题进行总结提取，将问卷进行整理和修改，作为第四轮专家访谈时的访谈问卷。

⑤第四轮访谈。将问卷发放给第四轮的 3 名专家，基本没有新的实例补充，达到信息饱和，滚雪球访谈结束。

在 2021 年 10 月对以上 14 名教授不同运动项目课程、具有较高职称和较高运动员等级、具有丰富教学经验且平均工作年限为 25 年的专家进行访谈，在正式访谈前会告知访谈对象，本研究会对其信息严格保密，并征得他们同意，在访谈中做好录音和访谈笔记的工作。访谈结束后的 24 小时内整理出完整的访谈记录，对资料进行梳理，减少信息的遗漏[223]。

5.1.3 专家评估法

评估专家的基本信息见第 1 章，评估方法与第 4 章一致。采用专家评估法主要是收集专家对大学公共体育课程思政内容供给学生评价简表和详表的评估和修订建议，形成最终较为完善的大学公共体育课程思政内容供给学生评价量表。

5.1.4 数理统计法

运用 AMOS 24 软件建立测量方程模型，对大学公共体育课程思政内容供给学生评价量表进行模型的聚敛效度和区分效度检验。运用 SPSS 26 软件对调查数据进行分析，数据符合正态分布，采用描述性统计分析大学公共体育课程思政内容供给的现状；采用独立样本 t 检验分析不同性别班级、不同类型的体育课程在课程思政内容供给上的差异；采用皮尔逊相关分析检验了大学公共体育课程思政内容供给学生评价量表的效标效度；采用偏相关分析检验了课程思政内容供给与拖延行为的相关关系。

5.2 大学公共体育课程思政内容供给学生评价量表的编制

5.2.1 体育课程思政内容供给的理论结构和指标体系

为了进一步全面推进高校课程思政建设,教育部印发《高等学校课程思政建设指导纲要》明确提出,课程思政建设要在全国所有高校、所有学科专业全面推进,并指出要明确课程思政建设目标要求和内容重点,围绕政治认同、家国情怀、文化素养、宪法法治意识、道德修养等重点优化课程思政内容供给。体育课程也不例外,要始终围绕政策提出的课程思政内容供给要求,挖掘体育课程中的思政元素,实现体育课程思政教学内容呈现和《高等学校课程思政建设指导纲要》政策文件提出的内容供给要求有机衔接。依据文件课程思政内容供给的要求,结合体育课程教学的特点,将"宪法法治意识"扩充为"法治意识",将遵守国家相关政策、学校规章制度和体育特有的竞赛规则等内容包含进去。最后确定体育课程思政内容供给的理论维度为政治认同、家国情怀、文化素养、法治意识、道德修养 5 个方面,并总结相关文献,结合学生自身特点对 5 个一级指标进行概念界定。政治认同是指学生拥护中国共产党、拥护社会主义制度,对党和制度的真挚情感和理性认同,对社会主义理想信念和弘扬社会主义核心价值观的深刻认同[224];家国情怀是指学生对自己的国家、民族和人民所表现出来的深情大爱,是对国家富强、民族繁荣和人民幸福所展现出来的理想追求,是对自己国家的一种高度认同感和归属感、责任感和使命感的体现[225];文化素养是指学生在文化方面所具有的较为稳定的、内在的基本品质,表明学生在文化知识及与之相适应的能力行为、情感等方面综合发展的质量、水平和个性特点[226];法治意识是指学生在实践中所形成的关于法治的心态、观念、知识和思想体系的总称,是符合法治社会建设要求的法律意识,是学生对法律现象的看法以及对法律规范自觉认同的一种意识[227];道德修养是指学生在道德认知、道德感情、道德意志和道德行为等方面,自觉按照一定社会或阶级的道德要求所进行的自我锻炼、自我改造和自我提高的实践活动,以及经过这种努力所形成的道德情操和道德境界[228]。

专家访谈法又称"精英人士访谈法",其访谈对象是相关研究领域的领导或权威人士,对研究的问题有比较深刻的把握,专家们通常被询问与研究问题相关的个人观点、看法或想法[229]。本章根据设计的理论维度和概念,从实际教学内容实例出发,通过访谈体育教学领域 14 位专家收集其个人观点、看法等素材,设计量表题目。经过 4 轮专家访谈,充分收集到了专家对课程思政的个人看法和内容实例。

在政治认同方面,首先,专家认为通过宣讲党和国家的政策方针可以促进学生的政治认同感,资料中叙述,"在理论课上宣读《"健康中国 2030"规划纲要》《体育强国建设纲要》等党和国家政策文件和方针,增强学生的使命感","时刻在课堂上提醒学生要遵守党的教育方针",等等。其次,专家认为国家领导人的思想可以带动学生的体育热情,资料中叙述:“(国家)各届领导人对体育是十分重视的,他们经常通过书籍或者座谈会发表自己对体育的看法……”再次,专家认为中国共产党人的精神谱系是当代大学生需要学习和发扬的,资料中叙述:“女排精神纳入了首批中国共产党人的精神谱系,这是体育的骄傲。”最后,专家认为坚持党的领导和社会主义制度是必不可少的,资料中叙述:“没有共产党领导的社会主义,我们就没有好的条件开展体育工作……”“根据社会热点提炼体育话题,引导学生辩证思考,深刻理解社会主义核心价值观的意义。”

在家国情怀方面,首先,专家认为爱国主义教育是每门课程必须包含的内容,体育课也不能例外,资料中叙述:“没有国哪有家? 没有家哪有我们? 爱国是首要前提。”“通过体育课的列队训练,巩固和推进国防教育,把保家卫国的国防意识和爱国情怀融入其中。”其次,专家认为体育健儿为国争光、为民族而奋斗的精神可以激发学生的家国情怀,资料中叙述:“讲授体育健儿为国争光的故事(例如马龙获得大满贯、苏炳添破纪录等),可以激发学生的家国情怀,使之产生强烈的自豪感。”“在课堂上讲授我国古代民族英雄为国家而斗争的事迹,会让学生产生强烈的责任感和使命感,例如爱国武术宗师霍元甲和叶问等的故事。”最后,增强体质、为国效力是当代大学生应该具备的爱国觉悟,资料中叙述:“在体育课中告知学生有一个强健的体魄才能实现为国效力的梦想,尤其是在疫情期间,锻炼身体、保持体魄就是为国家做贡献。”

在文化素养方面,一方面,专家认为体育文化是学生在体育课程中学习的基础,资料中叙述:“不仅要让学生们了解更高、更快、更强的体育精神的文化内涵,还要督促他们履行。”“在体育课中应主动向学生介绍最前沿的体育科技成果在训练和比赛中的应用及效果,例如鹰眼技术使比赛变得更加公平公正,让学生感受到科学技术的力量。”另一方面,专家认为通过体育课程学习其他相关学科的理论知识也是十分重要的,资料中叙述:“在讲述如何正确地挥拍时,应该告知学生用哪些肌肉发力,球形成怎样的抛物线才能成功,日常如何锻炼和如何保护,等等,这样学生能更好地理解和掌握。”“在体育课程中加入音乐元素不仅能把整个课堂的气氛调动起来,还可以使学生不自觉地跟着音乐节奏进行运动,做出的动作会更加标准、有力度,使之享受韵律之美。”“礼仪素养是文化素养中的重要部分,它能充分体现体育的迁移功能,在日常生活中也有所体现。”

在法治意识方面,首先,专家认为课堂纪律是整堂课必须严格把控的,资料中叙述:“在每学期上课前告知学生课堂纪律应如何遵守,并且在整个学期中要严格执行,做到令行禁止。”其次,专家认为体育课程要教会学生遵守运动竞赛规则,树立法治意识,资料中叙述:“在课堂中安排比赛练习,这既是竞赛规则学习的实训,同时也是规则意识的培养。”“让学生了解踢假球和使用兴奋剂等常见的违规行为,使学生懂得违规就得受罚,严重者还要承担法律责任。”最后,专家认为不仅要遵守体育规则,还要遵纪守法,资料中叙述:“家有家法、国有国法,从体育规则联系到学校制度、社会制度,课程教学过程成为大学生进入法治社会前的预演。”

在道德修养方面,首先,专家认为体育道德是道德修养在体育课程中的主要体现,资料中叙述:“在课程中安排小组对抗竞赛、游戏比拼等活动,引导学生在活动中尊重对手、尊重裁判,培养良好的体育道德。”其次,专家认为待人友善应是一名学生基本的道德修养,资料中叙述:“在课堂教学比赛中倡导‘友谊第一、比赛第二’等,可以培养学生健康和谐的人际关系。”再次,专家认为互帮互助是大学生获得朋友的一个重要途径,资料中叙述:“在课程中组织团队教学比赛,设置共同的团队目标,促进学生形成团结协作、互帮互助的意识。”最后,专家认为诚实守信也是学生应该遵守的社会道德规范,资料中叙述:“在课堂教学中引导学生说真话、做实事,正确对待错误,让学生认识到如实说明情况也是一种诚信行为。”

课题组整理以上专家看法和内容实例,并遵循系统性、独立性的原则,最终确立了大学公共体育课程思政供给学生评价量表的 23 个二级理论指标(见图 5-1)。

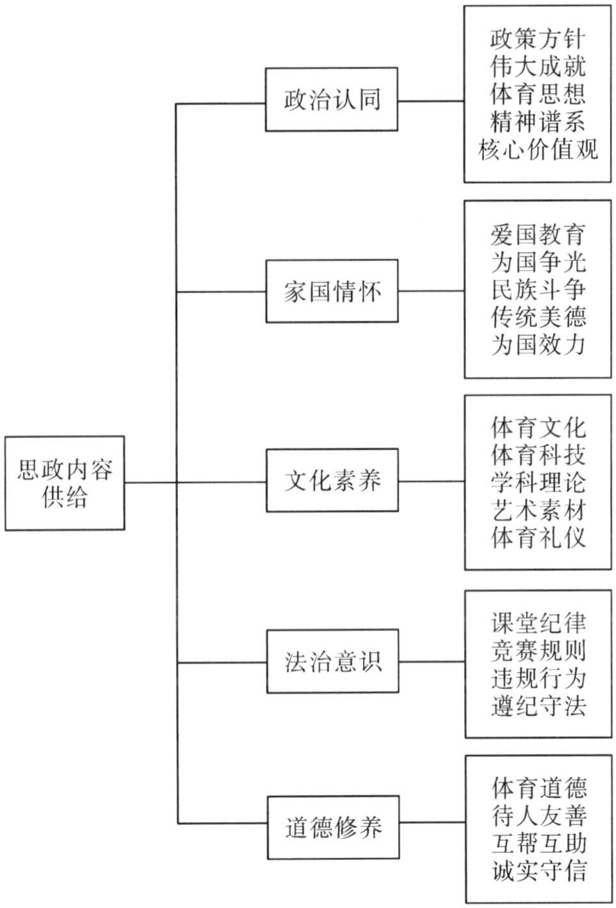

图 5-1 大学公共体育课程思政内容供给学生评价量表的指标体系

5.2.2 体育课程思政内容供给学生评价量表题目和内容效度检验

通过对收集到的文字材料进行归纳总结,编制了大学公共体育课程思政供给学生评价量表测量题目。为了满足不同应用场景的需要,依据体育课程思政内容供给的 5 个理论维度——政治认同、家国情怀、文化素养、法治意识、道德修养,设计了学生评价简表和详表。为了使测量更简洁、更快捷,根据理论维度设计了 5 个概括性的题目,作为大学公共体育课程思政供给学生评价简表(具体题目见表5-1);为了检验具体的体育课程思政教学内容,依据专家访谈的教学内容实例,设计了5个理论维度的具体内容题目(具体题目见表5-2)。大学公共体育课程思政供给学生评价详表为二阶测量模型,二阶因子为体育课程思政,一阶因子为政治认同、家国情怀、文化素养、法治意识和道德修养,其中政治认同5个题目、家国情怀5个题目、文化素养5个题目、法治意识4个题目、道德修养4个题目。指导语:“在您大学期间的体育课上,老师是否进行了以下教学内容?”答案采用5级Likert量度,5个备选答案分别为:①非常不同意,②不同意,③既不同意也不反对,④同意,⑤非常同意。测量得分越高表明体育课程中融入的思政元素越丰富。

为了计算大学公共体育课程思政内容供给学生评价量表的内容效度,设计了体育课程思政内容供给专家调查表,采用专家评价法评估了测量题目。评估专家在访谈专家的基础上增补了3位,共17位评估专家(平均工作年限为24年),主要是收集专家对大学公共体育课程思政供给学生评价简表和详表的看法,并对具体测量题目进行建议和修订。17位评估专家对简表测量题目和详表测量题目评价数据统计结果见表5-1和表5-2。

表5-1 大学公共体育课程思政内容供给学生评价简表的内容效度检验($N=17$)

题目	均值	标准差	众数	I-CVI	S-CVI
1. 注重培养学生的政治认同	4.64	0.497	5	1.00	
2. 注重培养学生的家国情怀	4.79	0.426	5	1.00	
3. 注重培养学生的文化素养	4.71	0.611	5	0.93	0.96
4. 注重培养学生的法治意识	4.43	0.756	5	0.86	
5. 注重培养学生的道德修养	4.71	0.469	5	1.00	

表5-2 大学公共体育课程思政内容供给学生评价详表的内容效度检验($N=17$)

理论维度	题目	均值	标准差	众数	I-CVI	S-CVI
政治认同	1. 宣传了党和国家的政策方针	4.21	0.893	5	0.86	0.87
	2. 介绍了中国共产党领导体育事业的伟大成就	4.50	0.760	5	0.86	
	3. 宣讲了国家领导人的体育思想	4.64	0.633	5	0.93	
	4. 宣讲了中国共产党人的精神谱系(比如女排精神)	4.50	0.650	5	0.93	
	5. 宣讲了社会主义核心价值观	4.21	0.802	5	0.79	
家国情怀	1. 对学生进行了爱国主义教育	4.71	0.469	5	1.00	0.94
	2. 介绍了一些运动健儿为国争光的事例	4.86	0.363	5	1.00	
	3. 介绍了一些体育人物为民族而斗争的事迹	4.57	0.646	5	0.93	
	4. 宣讲了中华民族的优良传统和美德	4.29	0.825	5	0.79	
	5. 强调了学生应该增强体质为国效力	4.79	0.426	5	1.00	

续表

理论维度	题目	均值	标准差	众数	I-CVI	S-CVI
文化素养	1. 讲解了体育文化(例如体育发展史、奥林匹克文化)	4.64	0.497	5	1.00	0.94
	2. 介绍了一些体育科技方面的进展(例如先进的场地器材和训练手段等)	4.64	0.497	5	1.00	
	3. 结合体育讲授其他相关学科的理论知识(例如生理、解剖、保健、力学等)	4.71	0.611	5	0.93	
	4. 使用了包含艺术元素的教学素材(例如音乐、美术)	4.29	0.825	5	0.79	
	5. 讲解了体育运动项目中的礼仪并应用(例如师生问好、比赛礼节)	4.64	0.497	5	1.00	
法治意识	1. 严格要求课堂纪律	4.86	0.363	5	1.00	1.00
	2. 强调了要遵守运动项目竞赛规则	4.86	0.363	5	1.00	
	3. 讲解了违规行为的危害(例如假球、兴奋剂等)	4.57	0.514	5	1.00	
	4. 强调了要遵纪守法	4.86	0.363	5	1.00	
道德修养	1. 强调了要遵守体育道德	4.71	0.469	5	1.00	1.00
	2. 强调了要尊重师长、待人友善	4.64	0.497	5	1.00	
	3. 要求在课堂学习中要互帮互助	5.00	0.000	5	1.00	
	4. 强调了要诚实守信	4.93	0.071	5	1.00	

根据表 5-1 和表 5-2 所示的计算结果,I-CVI 为 0.79～1.00,均大于 0.70,即专家认为 28 个题目与所测量的概念内容有较好的关联性;体育课程思政供给学生评价简表的S-CVI为 0.96,详表 5 个维度的 S-CVI 为 0.87～1.00,均大于 0.80,表明大学公共体育课程思政供给学生评价量表的内容效度较好,可用于调查。

5.2.3 体育课程思政内容供给学生评价详表验证性因子分析

为了进一步检验大学公共体育课程思政供给学生评价详表的结构效度,根据设计的测量模型,在 AMOS 中构建了量表的二阶测量模型,测量模型以大学公共体育课程思政供给学生评价量表详表的 23 个题目为显变量,分别构成 5 个一阶因子潜变量(政治认同、家国情怀、文化素养、法治意识、道德修养),再由这 5 个一阶因子组成 1 个二阶因子潜变量(体育课程思政内容供给)。

大学公共体育课程思政供给学生评价详表的验证性因子分析采用正式调查的 2676 份数据,分析结果详见图 5-2、表 5-3、表 5-4 和表 5-5。

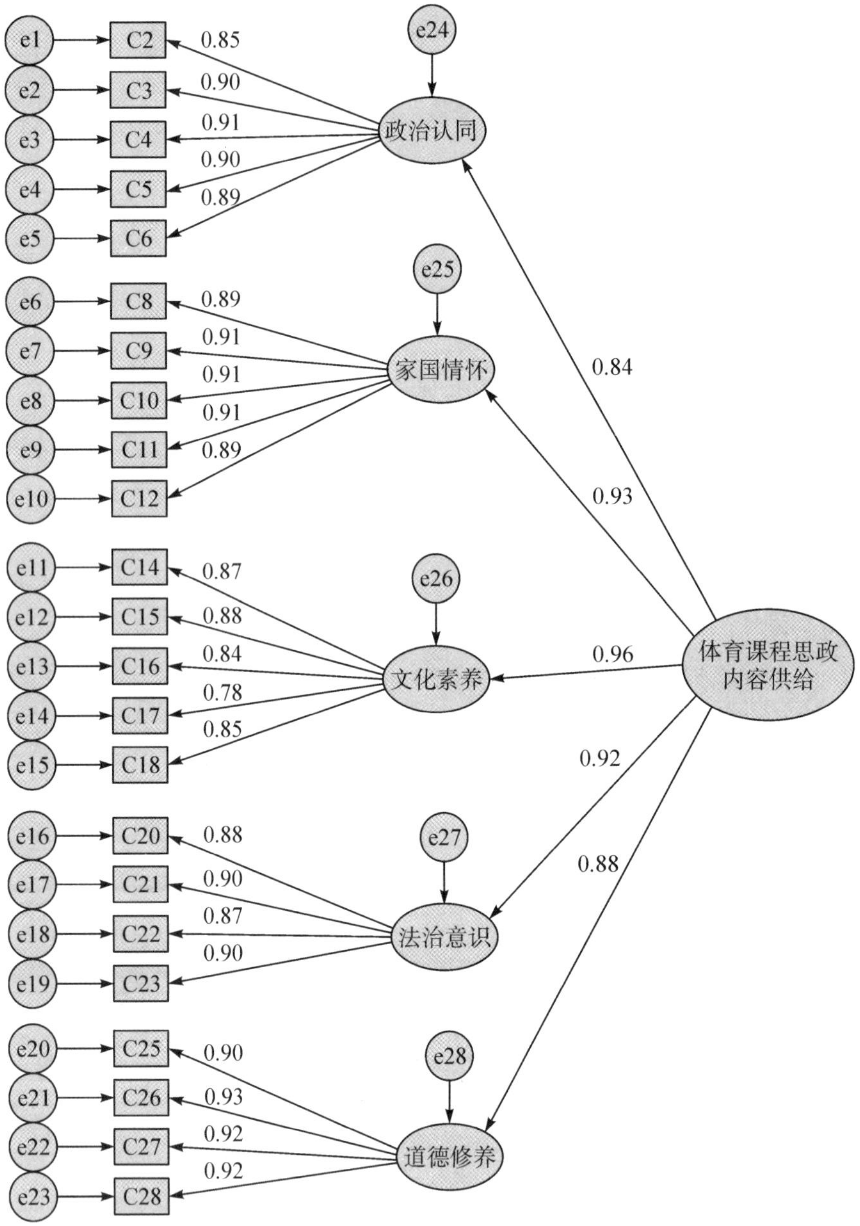

图 5-2 大学公共体育课程思政供给学生评价详表测量模型图(N=2676)

表 5-3 给出了模型对于数据的拟合优度结果。在选定的拟合优度指标中，χ^2/df、RMSEA、GFI、AGFI、NFI、CFI、PNFI 和 PGFI 大部分满足一般认定的拟合优度要求。其中，χ^2/df=23.454，由于样本量高达 2676 份，χ^2/df 的值受样本容量的影响较大[230]，所以χ^2/df 会适当偏高，χ^2/df 的值虽然较高，但另一个反映模型产生的协方差矩阵对原协方差矩阵的拟合程度指标符合标准，REMSEA 为 0.092，小于 0.10，适配相对理想。GFI 为 0.843，AGFI 为 0.808，两个绝对拟合度未达到 0.90 的标准。本特勒(Bentler)指出，对于包含较多变量的模型来说，完全达到一般认定的拟合优度标准是比较困难

的[231]。该模型包括了 23 个显变量，6 个潜变量，所以有部分的拟合优度指标达不到 0.90 的标准是可以接受的。NFI 和 CFI 达到 0.90 的标准，表明模型的相对拟合度较好。PNFI 和 PGFI 达到 0.50 的标准，表明模型节约拟合度较好。总而言之，大学公共体育课程思政内容供给学生评价详表测量模型的拟合系数比较理想，是一个好的测量模型。

表 5-3 大学公共体育课程思政内容供给学生评价详表的整体拟合系数表

χ^2/df	RMSEA	GFI	AGFI	NFI	CFI	PNFI	PGFI
23.454	0.092	0.843	0.808	0.931	0.934	0.828	0.830

由表 5-4 可知，政治认同、家国情怀、文化素养、法治意识、道德修养 5 个潜变量对应各个题目因子负荷量的标准化系数为 0.776～0.932，且具有显著性，说明其各个潜变量对应所属题目具有很高的代表性，每个因素构念的观察指标可以有效地反映其对应的构念特质。详表各个潜变量的 AVE 为 0.712～0.845，另外，简表（此处略）的 AVE 为 0.688，均大于 0.5 的推荐值，表示各因素构念内观察变量的同构性较高；详表 CR 为 0.925～0.957，简表的 CR 值为 0.917，均大于 0.7 的理想值，表明详表和简表均具有良好的聚敛效度。

表 5-4 大学公共体育课程思政内容供给学生评价详表的聚敛效度检验

潜变量	观察变量	显著性检验参数				标准化系数	题目信度(SMC)	组合信度(CR)	平均方差变异(AVE)
		非标准化系数	标准误	Z 值	P				
政治认同	C2	1				0.862	0.746	0.952	0.798
	C3	1.077	0.016	65.725	***	0.899	0.815		
	C4	1.078	0.016	67.722	***	0.912	0.839		
	C5	1.052	0.016	65.805	***	0.900	0.817		
	C6	1.021	0.016	65.897	***	0.894	0.801		
家国情怀	C8	1				0.894	0.790	0.957	0.815
	C9	0.991	0.013	73.670	***	0.907	0.828		
	C10	1.022	0.014	73.738	***	0.907	0.832		
	C11	0.995	0.013	75.022	***	0.913	0.841		
	C12	0.934	0.013	70.911	***	0.893	0.780		
文化素养	C14	1				0.871	0.767	0.925	0.712
	C15	0.995	0.016	63.977	***	0.879	0.783		
	C16	0.972	0.017	58.001	***	0.836	0.714		
	C17	0.987	0.019	50.776	***	0.776	0.610		
	C18	0.968	0.016	60.235	***	0.853	0.729		

续表

潜变量	观察变量	显著性检验参数				标准化系数	题目信度(SMC)	组合信度(CR)	平均方差变异(AVE)
		非标准化系数	标准误	Z值	P				
法治意识	C20	1				0.876	0.766	0.936	0.785
	C21	1.032	0.015	67.543	***	0.900	0.806		
	C22	1.067	0.017	62.647	***	0.868	0.748		
	C23	1.057	0.016	67.335	***	0.899	0.806		
道德修养	C25	1				0.900	0.815	0.956	0.845
	C26	1.046	0.013	80.575	***	0.932	0.867		
	C27	1.012	0.013	78.685	***	0.924	0.852		
	C28	1.012	0.013	78.030	***	0.921	0.850		

注：***代表 $P<0.001$。

对大学公共体育课程思政内容供给学生评价详表进行区分效度检验，得到潜变量之间的相关系数以及各潜变量的AVE平方根，结果见表5-5，除家国情怀与文化素养、法治意识与道德修养的相关系数略高于相对应维度的AVE平方根之外，其他相关系数值均小于对应潜变量AVE平方根。由于大学公共体育课程思政内容供给要求学生评价量表是基于《高等学校课程思政建设指导纲要》提出的政治认同、家国情怀、文化素养、宪法法治意识(表中扩充为法治意识)、道德修养5个思政内容供给要求进行编制的，从理论概念和内容来看，家国情怀与文化素养、法治意识与道德修养具有更高的关联性，数据的结果反映出了这一理论特性。为了进一步检验量表的区分效度，增加了第二种检验方法：若条目与所属维度的相关性显著高于与其他维度的相关性，则通过区分效度检验[232-233]。大学公共体育课程思政内容供给学生评价量表各条目与所属维度之间的相关系数为0.855～0.947($P<0.001$)，均高于与非所属各维度之间的相关系数(详细数据略)。以上两种区分效度检验结果，表明大学公共体育课程思政内容供给学生评价量表具有良好的区分效度。

表5-5　大学公共体育课程思政内容供给学生评价量表的区分效度检验

变量	政治认同	家国情怀	文化素养	法治意识	道德修养
政治认同	(0.894)				
家国情怀	0.860	(0.903)			
文化素养	0.770	0.867	(0.844)		
法治意识	0.659	0.764	0.831	(0.886)	
道德修养	0.633	0.742	0.796	0.900	(0.919)

注：括号内数据为该维度的AVE平方根，其他数据表示维度之间的相关系数。

综上所述，大学公共体育课程思政内容供给学生评价量表具有达到模型结构效度的标准，通过了验证性因子分析的检验，是一个良好的模型。

5.2.4 体育课程思政内容供给学生评价量表信效度分析

采用 SPSS 对大学公共体育课程思政内容供给学生评价量表的重测信度和内部一致性信度进行统计，大学公共体育课程思政内容供给学生评价量表的信度系数详见表 5-6，量表的重测信度为 0.458～0.718，且显著性达到 0.001 的水平；量表的克龙巴赫 α 系数为 0.914～0.979，均远远超过了 0.9 很好的标准。量表具有很好的信度。

表 5-6 大学公共体育课程思政内容供给学生评价量表的信效度检验

因素	重测信度	克龙巴赫 α 系数	效标 1(简表题目)	效标 2(德育成绩)
政治认同	0.635***	0.952	0.766***	0.095
家国情怀	0.694***	0.956	0.877***	0.144*
文化素养	0.593***	0.924	0.843***	0.149*
法治意识	0.458***	0.935	0.734***	0.157*
道德修养	0.561***	0.956	0.879***	0.133*
详表总分	0.718***	0.979	0.952***	0.148*
简表总分	0.682***	0.914		0.166*

注：* 代表 $P<0.05$；*** 代表 P 在 0.001。

表 5-6 的第 1 个效标效度检验分析了详表和简表的相关关系。大学公共体育课程思政内容供给学生评价简表是直接依据国家政策文件的 5 个方面设计的量表，大学公共体育课程思政内容供给学生评价详表是通过访谈和调查总结的体育课程中的具体思政教学内容，分析详表与简表的相关关系可检验详表的具体思政教学内容是否能反映国家政策文件所提出 5 个方面的内容供给。分析可得大学公共体育课程思政内容供给学生评价详表的各子量表与对应的简表题目相关系数为 0.734～0.879，详表总分和简表总分的相关系数为 0.952，均具有非常显著的正相关关系（$P<0.001$）。说明详表测量的体育课程具体思政教学内容能够反映国家政策文件提出的课程思政内容供给的理论维度。

第 2 个效标是通过校团委获取的 241 名学生综合素质测评中的德育成绩。大学生综合素质测评是以大学生德智体美劳等各方面表现对学生所进行的全面考核和激励的一种工作机制，综合素质测评的分数和排名，是大学生在校期间评定奖学金和各种荣誉的依据[234]。德育成绩是综合素质测评中的必要内容，主要反映对学生在思想道德品行方面的评价。从分析结果可以看出，大学生德育成绩和大学公共体育课程思政内容供给学生评价详表总分的相关系数为 0.148（$P<0.05$），简表总分的相关系数为 0.166（$P<0.05$）。这一结果表明体育课程思政对学生德育有显著的促进作用，从培养学生思想品德的角度验证了量表的效标效度。

以上 2 个信度指标和 2 个效标效度指标的检验，表明了大学公共体育课程思政内容供给学生评价量表具有很好的信效度，符合测量学标准。

5.3 大学公共体育课程思政内容供给的现状及特征

5.3.1 大学公共体育课程思政内容供给的总体状况

为了解当前大学公共体育课程思政内容供给的总体状况，本研究对大学公共体育课程思政内容供给学生评价量表收集到的数据进行了描述性统计，考察了28个题目回答的均值、标准差、偏度、峰度(见表5-7和表5-8)，可以用来评估简表和详表的每个题目的特征。结果显示，28个题目的均值为3.62～4.04，较为适中；28个题目的标准差为0.736～0.909，说明所有题目具有较好的鉴别度；偏度和峰度的绝对值均小于2，量表题目测得的数据符合正态分布[235]。为进一步分析题项的鉴别度，本研究计算了量表各题项的CR值(临界比率)，方法为：计算大学公共体育课程思政内容供给学生评价简表和详表的总分，"找出总分上下27%的高低分组，以独立样本t检验分析高低分组在每个题项上的差异"[236]。分析结果见表5-7和表5-8，所有题目的CR值在44.18～67.44之间，均达到0.001的显著水平，说明测量题目具有好的鉴别度。

表5-7 大学公共体育课程思政内容供给学生评价简表题目的描述性统计($N=2676$)

题目	均值	标准差	偏度	峰度	CR值
政治认同	3.62	0.882	−0.48	0.25	46.61
家国情怀	3.77	0.850	−0.50	0.38	65.10
文化素养	3.83	0.818	−0.49	0.44	67.07
法治意识	3.78	0.851	−0.43	0.12	67.44
道德修养	3.97	0.757	−0.44	0.34	64.11
简表总分	3.79	0.718	−0.27	0.25	

表5-8 大学公共体育课程思政内容供给学生评价详表题目的描述性统计($N=2676$)

理论维度	题目	均值	标准差	偏度	峰度	CR值
政治认同(3.68±0.813)	政策方针	3.66	0.880	−0.47	0.20	44.18
	伟大成就	3.63	0.909	−0.45	0.06	45.93
	体育思想	3.66	0.897	−0.47	0.14	49.77
	精神谱系	3.73	0.887	−0.51	0.20	56.21
	核心价值观	3.72	0.867	−0.52	0.37	56.63
家国情怀(3.83±0.763)	爱国教育	3.78	0.845	−0.50	0.38	59.40
	为国争光	3.86	0.825	−0.64	0.84	58.42
	民族斗争	3.79	0.850	−0.54	0.43	61.63
	传统美德	3.83	0.822	−0.53	0.55	60.90
	为国效力	3.88	0.790	−0.53	0.70	59.17

续表

理论维度	题目	均值	标准差	偏度	峰度	CR 值
文化素养(3.86±0.719)	体育文化	3.89	0.805	−0.53	0.52	56.49
	体育科技	3.91	0.794	−0.54	0.54	61.12
	学科理论	3.87	0.815	−0.55	0.49	51.45
	艺术素材	3.74	0.892	−0.46	−0.01	47.96
	体育礼仪	3.91	0.795	−0.51	0.44	55.80
法治意识(3.99±0.695)	课堂纪律	3.98	0.739	−0.43	0.46	52.48
	竞赛规则	4.04	0.742	−0.50	0.57	53.57
	违规行为	3.95	0.796	−0.56	0.53	55.10
	遵纪守法	4.00	0.761	−0.48	0.33	58.22
道德修养(4.02±0.699)	体育道德	4.02	0.746	−0.50	0.52	56.75
	待人友善	4.00	0.755	−0.50	0.46	58.01
	互帮互助	4.03	0.736	−0.46	0.42	54.91
	诚实守信	4.02	0.738	−0.43	0.27	56.21
详表总分		3.86	0.674	−0.19	0.29	

大学公共体育课程思政内容供给总分(3.86±0.674)不是太理想,处于“既不同意也不反对”和“同意”之间,表明当前大学公共体育课程思政内容供给还有所欠缺,体育教师未能在课程教学中全面落实《高等学校课程思政建设指导纲要》文件提出的课程思政教学内容供给要求。5个维度中得分最低的是政治认同,均值为3.68±0.813,该维度中的5个方面的得分由高到低依次为精神谱系(3.73±0.887)、核心价值观(3.72±0.867)、体育思想(3.66±0.897)、政策方针(3.66±0.880)、伟大成就(3.63±0.909)。得分较低的为家国情怀,得分为3.83±0.763,5个方面的得分由高到低依次为为国效力(3.88±0.790)、为国争光(3.86±0.825)、传统美德(3.83±0.822)、民族斗争(3.79±0.850)、爱国教育(3.78±0.845)。得分处于第三位的是文化素养,均值为3.86±0.719,5个方面的得分由高到低依次为体育礼仪(3.91±0.795)、体育科技(3.91±0.794)、体育文化(3.89±0.805)、学科理论(3.87±0.815)和艺术素材(3.74±0.892)。法治意识维度得分相对前面3个维度来说,分数较高,为3.99±0.695,法治意识中4个方面的得分由高到低依次为竞赛规则(4.04±0.742)、遵纪守法(4.00±0.761)、课堂纪律(3.98±0.739)、违规行为(3.95±0.796)。5个维度中得分最高的是道德修养,得分为4.02±0.699,且道德修养中4个方面的得分均大于4分,处于“同意”和“非常同意”之间,表明在体育课程中学生接收到道德修养这一维度的思想政治教育很多。道德修养的4个方面均值由大到小依次为互帮互助(4.03±0.736)、体育道德(4.02±0.746)、诚实守信(4.02±0.738)、待人友善(4.00±0.755)。

综上所述,目前大学公共体育课程思政内容供给情况欠佳,5个维度的得分由大到小依次为道德修养、法治意识、文化素养、家国情怀和政治认同,在后期教学过程中,体育教师应注重在教学内容中融入多样化的思政教育，尤其是家国情怀和政治认同方面的思政元素，为党育人、为国育才。

5.3.2 男女班级体育课程思政内容供给的比较分析

通过独立样本 t 检验对男生班级和女生班级在大学公共体育课程思政内容供给方面进行比较分析，结果如表 5－9 所示，男生班级的思政内容供给总分为 3.82±0.693，女生班级总分为 3.97±0.619，男生班级总分低于女生班级，且男女班级在大学公共体育课程思政内容供给方面的差异具有显著性（$P<0.001$）。从课程思政内容供给的 5 个维度来看，男生班级 5 个维度得分依次为政治认同（3.64±0.839）、家国情怀（3.79±0.785）、文化素养（3.81±0.736）、法治意识（3.94±0.713）、道德修养（3.96±0.721），女生班级得分依次为政治认同（3.78±0.743）、家国情怀（3.90±0.706）、文化素养（3.99±0.663）、法治意识（4.10±0.640）、道德修养（4.14±0.631），男生班级的各维度得分均小于女生班级，且差异均具有显著性（$P<0.001$），表明体育教师在男生班级的体育课程中进行的思想政治教育远不如女生班级，男生班级的体育课程思政内容供给相对较少。在后期教学过程中，应着重在男生班级的体育课程中融入思政内容，提高男生思想政治意识。

表 5－9 男女班级体育课程思政内容供给得分的独立样本 t 检验（$N=2676$）

理论维度	男生班级（1850 人）	女生班级（826 人）	t	P
政治认同	3.64±0.839	3.78±0.743	−4.376	0.000
家国情怀	3.79±0.785	3.90±0.706	−3.723	0.000
文化素养	3.81±0.736	3.99±0.663	−6.393	0.000
法治意识	3.94±0.713	4.10±0.640	−5.705	0.000
道德修养	3.96±0.721	4.14±0.631	−6.440	0.000
思政内容供给总分	3.82±0.693	3.97±0.619	−5.729	0.000

5.3.3 集体项目与个人项目体育课程思政内容供给的比较分析

通过独立样本 t 检验分析了集体项目和个人项目在大学公共体育课程思政内容供给方面 4 个学期的差异，结果如表 5－10、表 5－11、表 5－12、表 5－13 所示。

表 5－10 大一上学期集体项目与个人项目思政内容供给得分的独立样本 t 检验

理论维度	集体项目（1097 人）	个人项目（1563 人）	t	P
政治认同	3.65±0.831	3.70±0.800	−1.705	0.088
家国情怀	3.78±0.792	3.86±0.742	−2.629	0.009
文化素养	3.83±0.742	3.89±0.703	−1.947	0.052
法治意识	3.96±0.727	4.02±0.671	−2.250	0.025
道德修养	3.97±0.724	4.05±0.679	−2.733	0.006
思政内容供给总分	3.83±0.700	3.89±0.655	−2.427	0.015

大一上学期集体项目和个人项目体育课程的思政内容供给得分如表5-10所示。集体项目的政治认同得分为3.65±0.831,个人项目为3.70±0.800,但差异不具有显著性($P>0.05$);集体项目的家国情怀得分为3.78±0.792,个人项目的得分为3.86±0.742,且个人项目得分显著高于集体项目得分($P<0.01$);集体项目的文化素养得分为3.83±0.742,个人项目的文化素养得分为3.89±0.703,但差异不具有显著性($P>0.05$);集体项目的法治意识得分为3.96±0.727,个人项目的法治意识得分为4.02±0.671,且个人项目得分显著高于集体项目得分($P<0.05$);集体项目的道德修养得分为3.97±0.724,个人项目的道德修养得分为4.05±0.679,且个人项目得分显著高于集体项目得分($P<0.01$)。总的来看,大一上学期中,集体项目的思政内容供给总分为3.83±0.700,个人项目的总分为3.89±0.655,个人项目的总分高于集体项目,且差异具有显著性($P<0.05$),表明在大一上学期,个人项目体育课程中思政内容供给较好。

表5-11 大一下学期集体项目与个人项目思政内容供给得分的独立样本 t 检验

理论维度	集体项目(1155人)	个人项目(1505人)	t	P
政治认同	3.65±0.801	3.70±0.819	−1.377	0.169
家国情怀	3.78±0.776	3.86±0.749	−2.678	0.007
文化素养	3.83±0.731	3.89±0.709	−2.162	0.031
法治意识	3.96±0.722	4.02±0.674	−2.279	0.023
道德修养	3.97±0.718	4.05±0.683	−3.091	0.002
思政内容供给总分	3.83±0.686	3.89±0.663	−2.491	0.013

表5-11是大一下学期集体项目与个人项目体育课程思政内容供给的差异分析结果。集体项目的政治认同得分为3.65±0.801,个人项目为3.70±0.819,但差异不具有显著性($P>0.05$);集体项目的家国情怀得分为3.78±0.776分,个人项目的得分为3.86±0.749,且个人项目得分显著高于集体项目得分($P<0.01$);集体项目的文化素养得分为3.83±0.731,个人项目的文化素养得分为3.89±0.709,且个人项目得分显著高于集体项目得分($P<0.05$);集体项目的法治意识得分为3.96±0.722,个人项目的法治意识得分为4.02±0.674,且个人项目得分显著高于集体项目得分($P<0.05$);集体项目的道德修养得分为3.97±0.718,个人项目的道德修养得分为4.05±0.683,且个人项目得分显著高于集体项目得分($P<0.01$)。总的来看,大一下学期中,集体项目的思政内容供给总分为3.83±0.686,个人项目的总分为3.89±0.663,个人项目的总分高于集体项目,且差异具有显著性($P<0.05$),表明在大一下学期,个人项目体育课程中思政内容供给较好。

表5-12 大二上学期集体项目与个人项目思政内容供给得分的独立样本 t 检验

理论维度	集体项目(1201人)	个人项目(1444人)	t	P
政治认同	3.69±0.835	3.67±0.794	0.720	0.472
家国情怀	3.83±0.786	3.83±0.743	0.076	0.939
文化素养	3.88±0.753	3.85±0.694	1.098	0.272

续表

理论维度	集体项目(1201 人)	个人项目(1444 人)	t	P
法治意识	3.99±0.728	4.00±0.670	−0.337	0.736
道德修养	4.01±0.729	4.02±0.678	−0.396	0.692
思政内容供给总分	3.87±0.706	3.86±0.649	0.329	0.742

大二上学期集体项目和个人项目体育课程的思政内容供给得分如表 5-12 所示。大二上学期中，集体项目的思政内容供给总分为 3.87±0.706，个人项目的总分为 3.86±0.649，集体项目的总分高于个人项目，但差异不具有显著性($P>0.05$)。从思政内容供给的 5 个维度来看，5 个维度方面的差异均不具有显著性($P>0.05$)。

表 5-13　大二下学期集体项目与个人项目思政内容供给得分的独立样本 t 检验

理论维度	集体项目(1217 人)	个人项目(1442 人)	t	P
政治认同	3.67±0.835	3.69±0.796	−0.530	0.596
家国情怀	3.80±0.776	3.84±0.752	−1.450	0.147
文化素养	3.85±0.744	3.87±0.699	−0.577	0.564
法治意识	3.96±0.722	4.02±0.672	−2.090	0.037
道德修养	3.99±0.714	4.04±0.686	−2.040	0.041
思政内容供给总分	3.84±0.699	3.88±0.653	−1.367	0.172

表 5-13 是大二下学期集体项目与个人项目体育课程思政内容供给的差异分析结果。大二下学期中，集体项目的思政内容供给总分为 3.84±0.699，个人项目的总分为 3.88±0.653，个人项目的总分高于集体项目，但差异不具有显著性($P>0.05$)。集体项目的分数由高到低分别为道德修养(3.99±0.714)、法治意识(3.96±0.722)、文化素养(3.85±0.744)、家国情怀(3.80±0.776)、政治认同(3.67±0.835)；个人项目的分数由高到低分别为道德修养(4.04±0.686)、法治意识(4.02±0.672)、文化素养(3.87±0.699)、家国情怀(3.84±0.752)、政治认同(3.69±0.796)。个人项目的 5 个维度分数均高于集体项目的分数。从思政内容供给的 5 个维度来看，集体项目和个人项目只有在法治意识和道德修养这 2 个维度方面的差异具有显著性($P<0.05$)，在政治认同、家国情怀和文化素养这 3 个维度方面的差异不具有显著性($P>0.05$)。

综上所述，集体项目和个人项目的体育课程思政内容供给在 4 个学期中的落实情况有所不同。对比两种类型项目的体育课程思政内容供给的分数可以发现，大一 2 个学期的个人项目体育课程的分数远高于集体项目，但大二 2 个学期两种类型项目的体育课程得分基本相同，表明大二时学生在两种类型体育课上所受到的思想政治教育已经基本相同，或者学生在第 3 个学期的体育课程中接受的思想政治教育已经达到饱和。4 个学期的思政内容供给的得分基本一致，表明集体或个人项目在每个学期的体育课程中都能有效地融入思想政治教育。

5.3.4 对抗项目与非对抗项目体育课程思政内容供给的比较分析

通过独立样本 t 检验分析了对抗项目和非对抗项目在大学公共体育课程思政内容供给方面 4 个学期的差异，结果如表 5-14、表 5-15、表 5-16、表 5-17 所示。

表 5-14 大一上学期对抗项目与非对抗项目思政内容供给得分的独立样本 t 检验

理论维度	对抗项目(694 人)	非对抗项目(1966 人)	t	P
政治认同	3.61±0.861	3.70±0.795	−2.437	0.015
家国情怀	3.75±0.828	3.85±0.738	−2.903	0.004
文化素养	3.78±0.777	3.89±0.696	−3.475	0.001
法治意识	3.92±0.753	4.02±0.672	−3.090	0.002
道德修养	3.94±0.751	4.05±0.678	−3.407	0.001
思政内容供给总分	3.79±0.733	3.89±0.651	−3.307	0.001

大一上学期对抗项目和非对抗项目体育课程的思政内容供给得分如表 5-14 所示。大一上学期中，对抗项目的思政内容供给总分为 3.79±0.733，非对抗项目的总分为 3.89±0.651，非对抗项目的总分高于对抗项目，且差异具有显著性($P<0.01$)，表明在大一上学期，非对抗项目体育课程中思政内容供给较好。从 5 个理论维度来看：对抗项目的政治认同得分为 3.61±0.861，非对抗项目为 3.70±0.795，且非对抗项目的得分显著高于对抗项目($P<0.05$)；对抗项目的家国情怀得分为 3.75±0.828，非对抗项目的得分为 3.85±0.738，且非对抗项目得分显著高于对抗项目得分($P<0.01$)；对抗项目的文化素养得分为 3.78±0.777，非对抗项目的文化素养得分为 3.89±0.696，且非对抗项目得分显著高于对抗项目得分($P<0.01$)；对抗项目的法治意识得分为 3.92±0.753，非对抗项目的法治意识得分为 4.02±0.672，且非对抗项目得分显著高于对抗项目得分($P<0.01$)；对抗项目的道德修养得分为 3.94±0.751，非对抗项目的道德修养得分为 4.05±0.678，且非对抗项目得分显著高于对抗项目得分($P<0.01$)。

表 5-15 大一下学期对抗项目与非对抗项目思政内容供给得分的独立样本 t 检验

理论维度	对抗项目(720 人)	非对抗项目(1940 人)	t	P
政治认同	3.62±0.837	3.70±0.801	−2.310	0.021
家国情怀	3.75±0.820	3.86±0.737	−3.001	0.003
文化素养	3.78±0.763	3.90±0.700	−3.639	0.000
法治意识	3.93±0.739	4.02±0.677	−2.864	0.004
道德修养	3.93±0.734	4.05±0.684	−3.726	0.000
思政内容供给总分	3.79±0.717	3.89±0.655	−3.325	0.001

表 5-15 是大一下学期对抗项目与非对抗项目体育课程思政内容供给的差异分析结果。大一下学期中，对抗项目的政治认同得分为 3.62±0.837，非对抗项目为 3.70±0.801，且非对抗项目的得分显著高于对抗项目($P<0.05$)；对抗项目的家国情怀得分为

3.75±0.820，非对抗项目的得分为3.86±0.737，且非对抗项目得分显著高于对抗项目得分（$P<0.01$）；对抗项目的文化素养得分为3.78±0.763，非对抗项目的文化素养得分为3.90±0.700，且非对抗项目得分显著高于对抗项目得分（$P<0.001$）；对抗项目的法治意识得分为3.93±0.739，非对抗项目的法治意识得分为4.02±0.677，且非对抗项目得分显著高于对抗项目得分（$P<0.01$）；对抗项目的道德修养得分为3.93±0.734，非对抗项目的道德修养得分为4.05±0.684，且非对抗项目得分显著高于对抗项目得分（$P<0.001$）。总的来说，对抗项目的思政内容供给总分为3.79±0.717，非对抗项目的总分为3.89±0.655，非对抗项目的总分高于对抗项目，且差异具有显著性（$P<0.01$），表明在大一下学期，非对抗项目体育课程中思政内容供给较好。

表5-16　大二上学期对抗项目与非对抗项目思政内容供给得分的独立样本 t 检验

理论维度	对抗项目（823人）	非对抗项目（1822人）	t	P
政治认同	3.69±0.842	3.67±0.799	0.551	0.582
家国情怀	3.82±0.802	3.83±0.745	−0.096	0.923
文化素养	3.86±0.767	3.87±0.700	−0.176	0.860
法治意识	3.99±0.721	3.99±0.686	−0.193	0.847
道德修养	4.01±0.720	4.02±0.693	−0.240	0.810
思政内容供给总分	3.86±0.716	3.86±0.656	−0.001	1.000

大二上学期对抗项目和非对抗项目体育课程的思政内容供给得分如表5-16所示。大二上学期中，对抗项目的思政内容供给总分为3.86±0.716，非对抗项目的总分为3.86±0.656。从思政内容供给的5个维度来看，5个维度方面的差异均不具有显著性（$P>0.05$）。对抗项目的分数由高到低分别为道德修养（4.01±0.720）、法治意识（3.99±0.721）、文化素养（3.86±0.767）、家国情怀（3.82±0.802）、政治认同（3.69±0.842）；非对抗项目的分数由高到低分别为道德修养（4.02±0.693）、法治意识（3.99±0.686）、文化素养（3.87±0.700）、家国情怀（3.83±0.745）、政治认同（3.67±0.799）。对抗项目和非对抗项目的总分和5个维度分数均基本相同，表明在大二上学期中，教师在对抗项目和非对抗项目的体育课程中进行思政教育程度几乎一样。

表5-17　大二下学期对抗项目与非对抗项目思政内容供给得分的独立样本 t 检验

理论维度	对抗项目（800人）	非对抗项目（1859人）	t	P
政治认同	3.67±0.845	3.68±0.800	−0.397	0.691
家国情怀	3.80±0.795	3.84±0.749	−1.187	0.236
文化素养	3.83±0.755	3.88±0.704	−1.297	0.195
法治意识	3.96±0.719	4.01±0.685	−1.640	0.101
道德修养	3.98±0.718	4.03±0.691	−1.980	0.048
思政内容供给总分	3.84±0.714	3.88±0.657	−1.950	0.051

表5-17是大二下学期对抗项目与非对抗项目体育课程思政内容供给的差异分析结

果。大二下学期中，对抗项目的思政内容供给总分为 3.84±0.714，非对抗项目的总分为 3.88±0.657，非对抗项目的总分高于对抗项目，但差异不具有显著性（$P>0.05$）。从思政内容供给的 5 个维度来看，对抗项目和非对抗项目只有在道德修养这一个维度方面的差异具有显著性（$P<0.05$），在其他 4 个维度方面的差异不具有显著性（$P>0.05$）。

综上所述，对抗项目和非对抗项目的体育课程思政内容供给在 4 个学期中的落实情况有所不同。对比两种类型项目的体育课程思政内容供给的分数可以发现，4 个学期的思政内容供给的得分基本一致，表明对抗项目和非对抗项目在每个学期的体育课程中都能有效地融入思想政治教育；大一 2 个学期的非对抗项目体育课程思政内容供给的分数远高于对抗项目，大二 2 个学期两种类型项目的体育课程思政内容供给得分基本相同，再次表明在大二时体育课上所受到的思想政治教育已经基本相同，或者学生在第 3 个学期的体育课程中接受的思想政治教育已经达到饱和。

5.4 大学公共体育课程思政内容供给的作用

5.4.1 体育课程思政内容供给对大学生拖延行为的作用

由于体育课程思政内容供给受不同性别班级影响大，因此将性别班级作为控制变量，探讨拖延行为与思政内容供给的偏相关系数，结果见表 5-18。拖延行为与课程思政内容供给总分的偏相关系数 r 为 -0.104，且显著性达到 0.001 的水平，表明大学公共体育课程中融入的思政内容供给越多，接受体育课程教育的大学生的拖延行为就会越少。分析课程思政内容供给的 5 个维度的数据可以得出，拖延行为与 5 个维度也存在显著负相关（$P<0.001$），偏相关系数的绝对值由高到低依次为政治认同（$r=-0.101$）、法治意识（$r=-0.094$）、家国情怀（$r=-0.093$）、道德修养（$r=-0.093$）、文化素养（$r=-0.089$），表明在体育课程中融入思想政治教育，尤其是政治认同等方面的教育，有利于学生提高心理健康水平，矫正拖延行为等不良心理状况。

表 5-18 体育课程思政内容供给和大学生拖延行为的偏相关系数（r）

变量	政治认同	家国情怀	文化素养	法治意识	道德修养	思政内容供给总分
拖延行为	-0.101^{***}	-0.093^{***}	-0.089^{***}	-0.094^{***}	-0.093^{***}	-0.104^{***}

注：***表明 $P<0.001$。

5.4.2 体育课程思政内容供给对大学生锻炼行为的作用

控制性别班级变量，体育课程思政内容供给与大学生锻炼行为的偏相关系数如表 5-19 所示，锻炼项目数与思政内容供给总分的偏相关系数为 0.060，且显著性达到 0.01 的水平，表明在体育课程中落实思政内容供给的情况越好，学生的课外锻炼项目越丰富；锻炼项目数与 5 个维度均为显著正相关（$P<0.05$），偏相关系数由高到低分别为道德修养（$r=0.069$）、法治意识（$r=0.055$）、政治认同（$r=0.053$）、家国情怀（$r=0.053$）、文化素养（$r=0.045$）。锻炼形式数与思政内容供给总分的偏相关系数为 0.057，且显著性达到 0.01

表 5-19 体育课程思政内容供给和大学生锻炼行为的偏相关系数(r)

变量	政治认同	家国情怀	文化素养	法治意识	道德修养	思政内容供给总分
锻炼项目数	0.053**	0.053**	0.045*	0.055**	0.069***	0.060**
锻炼形式数	0.048*	0.046*	0.052**	0.051**	0.063**	0.057**
锻炼时间	−0.006	−0.015	−0.005	−0.024	−0.033	−0.017
锻炼频率	0.062**	0.050*	0.036	0.016	−0.004	0.039*
锻炼强度	0.081***	0.101***	0.099***	0.127***	0.126***	0.115***
锻炼坚持	0.021	0.011	0.008	−0.032	−0.050*	−0.005
运动量	0.054**	0.058**	0.065**	0.052**	0.041*	0.060**

注：* 代表 $P<0.05$；** 代表 $P<0.01$；*** 代表 $P<0.001$。

的水平，表明体育课程的思政内容供给对课外锻炼形式的丰富性有积极作用；与政治认同、家国情怀、文化素养、法治意识、道德修养的偏相关系数分别为 0.048($P<0.05$)、0.046($P<0.05$)、0.052($P<0.01$)、0.051($P<0.01$)、0.063($P<0.01$)，均为正相关。锻炼时间与思政内容供给总分以及 5 个维度的相关关系不具有显著性($P>0.05$)。锻炼频率与思政内容供给总分的偏相关系数为 0.039，且显著性达到 0.05 的水平，表明在体育课程中融入思政教育越多，学生每周参加课外锻炼的次数越多；与 5 个维度的相关关系中，仅有政治认同、家国情怀与锻炼频率是显著正相关关系($P<0.05$)，其他 3 个维度的相关性不显著($P>0.05$)。锻炼强度与思政内容供给总分的相关性较高，偏相关系数为 0.115($P<0.001$)，并且与5个维度的相关性均为正相关，偏相关系数由高到低依次为法治意识($r=0.127$)、道德修养($r=0.126$)、家国情怀($r=0.101$)、文化素养($r=0.099$)、政治认同($r=0.081$)，表明在体育课程中落实思政内容供给的情况越好，学生的课外锻炼会越积极。锻炼坚持与思政内容供给总分的偏相关系数为 −0.005，但不具有显著性($P>0.05$)。

运动量与思政内容供给总分的偏相关系数为 0.060，且显著性达到 0.01 的水平，表明体育课程思政对学生锻炼行为有显著的促进作用。分析思政内容供给的 5 个维度的数据可以看出，5 个维度与运动量的相关性具有显著性正相关($P<0.05$)，偏相关系数由高到低依次为文化素养($r=0.065$)、家国情怀($r=0.058$)、政治认同($r=0.054$)、法治意识($r=0.052$)、道德修养($r=0.041$)，表明在体育课程中落实思政内容供给越好，接受体育课程教育的大学生的体育锻炼水平就会越高。

5.4.3 体育课程思政内容供给对大学生体质健康的作用

表 5-20 是控制性别班级变量，体育课程思政内容供给与大学生体质健康的偏相关分析结果，在身体形态方面，与思政内容供给总分的偏相关系数为 −0.066，且显著性达到 0.001 的水平；与 5 个维度的偏相关系数绝对值由高到低依次为法治意识($r=-0.078$)、政治认同($r=-0.063$)、道德修养($r=-0.056$)、家国情怀($r=-0.055$)、文化素养($r=-0.051$)。在身体机能方面，与思政内容供给总分和 5 个维度方面的相关性均不具

表 5-20 体育课程思政内容供给和大学生体质健康的偏相关系数(r)

变量	政治认同	家国情怀	文化素养	法治意识	道德修养	思政内容供给总分
身体形态	−0.063**	−0.055**	−0.051**	−0.078***	−0.056**	−0.066***
身体机能	−0.014	−0.005	0.011	0.015	0.012	0.002
身体素质	−0.046*	−0.038	−0.025	−0.042*	−0.026	−0.039
体质健康	−0.053**	−0.044*	−0.029	−0.048*	−0.031	−0.046*

注：* 代表 $P<0.05$；** 代表 $P<0.01$；*** 代表 $P<0.001$。

有显著性($P>0.05$)。在身体素质方面，与思政内容供给总分的偏相关系数为−0.039，但不具有显著性($P>0.05$)；与政治认同、家国情怀、文化素养、法治意识、道德修养5个维度的偏相关系数分别是−0.046($P<0.05$)、−0.038($P>0.05$)、−0.025($P>0.05$)、−0.042($P<0.05$)、−0.026($P>0.05$)。

体质健康与思政内容供给总分的偏相关系数为−0.046，且具有显著性($P<0.05$)，与政治认同、家国情怀、文化素养、法治意识、道德修养5个维度的偏相关系数分别为−0.053($P<0.01$)、−0.044($P<0.05$)、−0.029($P>0.05$)、−0.048($P<0.05$)、−0.031($P>0.05$)，表明仅进行思政教育是无法促进学生的体质健康的，需要将其贯穿在体育教学中，产生潜移默化的积极作用。

5.4.4 体育课程思政内容供给对基本育人途径的作用

控制性别班级变量，体育课程思政内容供给与体育课程基本育人途径的偏相关系数如表5-21所示，基本育人途径总分与思政内容供给总分的偏相关系数为0.488，且显著性达到0.001的水平；与思政内容供给的5个维度均具有显著正相关($P<0.001$)，分数由高到低依次为法治意识($r=0.475$)、文化素养($r=0.468$)、道德修养($r=0.466$)、家国情怀($r=0.433$)、政治认同($r=0.393$)，表明在体育课程中融入思政教育越多，体育课程中落实“教会、勤练、常赛”的效果越好。

表 5-21 体育课程思政内容供给和基本育人途径的偏相关系数(r)

变量	政治认同	家国情怀	文化素养	法治意识	道德修养	思政内容供给总分
教会	0.394***	0.422***	0.464***	0.467***	0.460***	0.482***
勤练	0.356***	0.403***	0.433***	0.463***	0.458***	0.459***
常赛	0.267***	0.299***	0.316***	0.306***	0.296***	0.325***
基本育人途径总分	0.393***	0.433***	0.468***	0.475***	0.466***	0.488***

注：*** 代表 $P<0.001$。

从基本育人途径的3个维度来看：教会与思政内容供给总分的偏相关系数为0.482，且显著性达到0.001的水平，与思政内容供给的5个维度均具有显著正相关($P<0.001$)，偏相关系数由高到低依次为法治意识($r=0.467$)、文化素养($r=0.464$)、道德修

养(r=0.460)、家国情怀(r=0.422)、政治认同(r=0.394);勤练与思政内容供给总分的偏相关系数为0.459,且显著性达到0.001的水平,与思政内容供给的5个维度均具有显著正相关(P<0.001),偏相关系数由高到低依次为法治意识(r=0.463)、道德修养(r=0.458)、文化素养(r=0.433)、家国情怀(r=0.403)、政治认同(r=0.356);常赛与思政内容供给总分的偏相关系数为0.325,且显著性达到0.001的水平,与思政内容供给的5个维度均具有显著正相关(P<0.001),偏相关系数由高到低依次为文化素养(r=0.316)、法治意识(r=0.306)、家国情怀(r=0.299)、道德修养(r=0.296)、政治认同(r=0.267)。以上数据表明思政内容供给的不同方面对基本育人途径的不同方面产生的积极作用是不同的,在体育课程教学设计中,应根据不同的需求有针对性地融入思政教育。

5.5 讨论

5.5.1 大学公共体育课程思政内容供给学生评价量表的评价

体育课程思政是在构建全员、全程、全课程育人大格局的基础上,营造体育课程与思想政治理论课同向同行的协同效应,树立以“立德树人”丰富体育课程内容的一种综合体育教育理念,充分挖掘体育课程知识或体育专业技能中的思政元素[78]。关于大学公共体育课程思政如何建设,学者们从不同角度进行了论述。赵富学等学者认为体育课程思政建设应围绕“立德树人”的理念[79],在体育课程中融入“红色精神”[237]、习近平总书记关于体育的重要论述等思政元素[238],使体育课程中蕴含的思想政治教育意蕴广泛存在于学校体育的育人全程,建设“育体”与“育人”同向的体育课程德育共同体[239],且认为体育教师应具备相应的课程思政建设能力[240]。董翠香等学者认为加快推进体育教学师范类专业的课程思政建设有利于体育教师课程思政建设能力的培养[241],并构建了体育教育专业课程思政元素的结构体系[242]。张洋等学者认为在体育教学内容中还应该融入社会主义核心价值观、中华优秀体育文化、体育精神等[243],还有学者从爱国主义教育[244]、集体主义教育[245]等角度阐明了自己的观点,让学生学以致用、学以立德[246]。

前期的理论研究对后期体育课程思政的深刻理解有很大的帮助,有利于形成有解释力和说服力的理论分析模型。目前体育课程思政建设方面的定性研究较为丰富,为了推动研究进程向更高质量发展,应在定性研究的基础上加强定量研究,以定性引导定量,以定量支撑定性,使研究的价值更高、内容更实[247],提高精准度和准确认识[248]。且定量研究的测量工具是对定性研究方法结论的进一步确认,通过定量数据能证实定性研究的普遍性[249]。因此,本章设计了大学公共体育课程思政内容供给学生评价简表和详表,将大学公共体育课程思政中内容供给的具体内容转化为可操作的变量,站在学生的角度对大学公共体育课程思政现状进行精准化描摹,通过数据处理得出结果。不仅为前期的理论研究提供实证检验工具,还能为大学公共体育课程思政实践工作提供测评工具。从调查数据的实证结果来看,测量题目具有良好的鉴别度,量表具有良好的内部一致性信度、重测信度、内容效度、聚敛效度、区分效度和效标效度,达到了心理测量学的标准,可以很好地测量大学公共体育课程思政内容供给，可作为体育课程思政定量研究的测量工具。

5.5.2 大学公共体育课程思政内容供给的教学现状

2016 年 12 月，习近平总书记在全国高校思想政治工作会议上指出：“要用好课堂教学这个主渠道，使各类课程与思想政治理论课同向同行，形成协同效应。”全国各高校为响应国家的号召，将 2016 年作为课程思政建设的“元年”，开启了课程思政教育由自发阶段向自觉阶段过渡的历程[250]。2020 年 5 月，《高等学校课程思政建设指导纲要》要求课程思政建设内容要紧紧围绕政治认同、家国情怀、文化素养、宪法法治意识、道德意识等重点优化课程思政内容供给。这加速了大学体育课程思政的全面建设。2022 年是体育课程思政实施的第 7 年，围绕 5 个课程思政内容供给全面建设的第 3 年，本研究通过调查数据分析了体育课程在落实课程思政内容供给方面是否全面。从描述性统计的结果可以看出，5 个维度的内容供给中，政治认同和家国情怀的得分相对较低。可能是由于教师对学生学情把握不足，没有准确掌握学生对政治认同、家国情怀维度的素养认识水平[251]，也可能是因为教师没有在课程中将这两个维度显性化，导致学生没有接收到课程中的思想政治教育，这些原因都有可能致使学生对当前大学公共体育课程进行思政内容供给评价分数不高，使政治认同和家国情怀成为当前体育课程思政的薄弱点。

5 个维度的课程思政内容供给中，文化素养、法治意识和道德修养的得分相对较高，是由于体育课程教学中通常都会涉及体育文化、竞赛规则和团队协作等内容，这些有助于培养学生“更快、更高、更强”的文化素养、“公平公正”的法治意识和“团结友爱”的道德修养[252]，这些课程思政教学内容与体育课程的结合较容易，在体育教学过程中容易呈现。然而，在体育课程中进行政治认同和家国情怀的思政教育相对有一定难度。一方面，这可能与体育教师自身思政素养有一定的联系，体育教师普遍存在自我更新能力不足的问题[253]，且由于受学科专业背景的影响，大多数体育任课教师未经系统、科学的马克思主义理论教育[254]，尤其是涉及国家政策文件解读和国家领导人体育思想等方面的内容，在理论知识贮备和理论驾驭能力等方面存在明显劣势，在教学过程中不能很好地呈现这两方面的思政内容。另一方面，可能与学生的接收能力有关，政治认同和家国情怀具有宏观抽象的特点[255]，学生对它们的理解模糊，在课程中产生共鸣的情况较少[256]。因此，政治认同和家国情怀成为当前体育课程思政教学中的难点。

无论是什么类型的教育，无论是什么层次的教育，无论是什么水平的教育，“为党育人、为国育才”的初心和立场必须始终不变[257]。政治认同和家国情怀是“为党育人、为国育才”的直接体现[258]，回答了中国特色社会主义教育理论“培养什么人、怎样培养人、为谁培养人”的根本问题[259]。因此，还应把政治认同和家国情怀这两方面作为课程思政的教学重点，还要探索如何更好地呈现这两方面的思政内容。有学者指出，将传统的隐性思想政治教育转变成体育实践中的显性教育模式，有助于体育课程思政教育的普遍实施[260]，使丰富多样的课程内容同时体现隐性精神价值和显性教学内容[261]。例如，教师可以向学生讲解中国共产党领导中国学校体育走过的百年历程[262]，宣讲《“健康中国

2030”规划纲要》《体育强国建设纲要》等党和国家政策文件和方针[263]，增强学生对中国共产党的认同感，培育学生的政治认同思想意识；向学生介绍运动健儿为国争光的实例和体育人物为民族而斗争的事迹[111]，宣扬中华民族优良传统美德[264]，培养学生对国家和民族的归属感，提升学生的家国情怀思想认知。因此，要鼓励政治认同和家国情怀的思政教育内容的显性化，探索更丰富的思政要素，更好地呈现这两方面的内容。

5.5.3 大学公共体育课程思政内容供给有助于大学生的全面培养

相关研究指出，2016 年全球约 80%的在校青少年未达到 WHO 推荐的运动量，中国约有 84%的在校青少年体育锻炼不足[265]，且锻炼量下降的趋势会越来越明显，严重危害了青少年的身心健康。在传统的体育教学中，体育课程能提升体育锻炼是毋庸置疑的，但由于部分教师忽视了思想教育的强化作用，导致体育课程促进大学生体育锻炼行为的作用发挥有限。随着在体育课程中加入思政元素的观念逐步提出，王勇等学者提出在体育教学课程中加入思想品德教育能提升学生的认知水平，培养学生科学的体育观，形成良好的体育锻炼行为[266-267]。在大学公共体育课程思政内容供给与锻炼行为的偏相关分析中，体育课程思政内容供给与学生的体育锻炼行为呈显著正相关，用实证数据支持了这些学者的观点。因此，为了更好地解决大学生体育锻炼不足的问题，在体育教学实践中要充分融入思政元素，帮助学生培育正确的体育动机和树立终身体育观念，进一步促进体育课程的“育体”价值。

“育人”价值不仅要体现在促进学生身体发展方面，还应落实在培育学生思想品德方面[268]。体育课程思政建设的提出，发挥了体育课程区别于其他课程对学生思想道德培养的独特作用，进一步完善了学校体育的“育人”价值，促进学生的全面发展。通过与德育的效标效度检验发现，体育课程思政内容供给与学校综合素质测评中的德育成绩之间呈显著正相关关系，从相关系数来看，量表测量出的体育课程思政内容供给可影响学生德育的 10%～20%，对于我国高等教育公共必修课之一的体育课程来说，这个比重是较大的，足以证明体育课程思政教育对学生德育培养发挥了重要作用。

课程思政内容供给对学生的心理健康的作用不仅体现在培养思想道德方面，还体现在矫正不良行为方面。拖延行为等不良行为在大学生群体中呈现多发高发的状态，为解决这一大难题，高校采用思想政治教育的方法改善大学生的不良行为，引导学生健康全面地发展[269]。通过体育课程思政内容供给与拖延行为的相关系数可以看出，在体育课程中进行思想政治教育可正向影响学生的拖延行为，且影响力占 10%左右，用数据实证了学者们关于思想政治教育有利于约束不良行为的观点[270]。受过思想政治教育的学生能提高自身的思想认知，提高分辨行为优劣的能力；能改善思想态度，遇到拖延等不良行为问题能正确处理；还能培养思想意志，在日常生活中能“迎难而上”“不畏艰险”[271]。因此，在体育课程中融入思政教育是不可或缺的，应充分挖掘体育课程教学中的思政元素，发挥身体教育的独特功能，促进体育课程从“育体”到“育人”的全面完善，达到“体思双升”的效果。

5.6　小结

本章内容主要包括3个方面的工作：

①在《高等学校课程思政建设指导纲要》政策文件的指导下，结合相关文献的研究，确定了大学公共体育课程思政内容供给学生评价量表的一阶理论模型；结合变量的操作性定义，通过对专家进行访谈，确定了大学公共体育课程思政内容供给学生评价量表的二阶理论模型；然后依据访谈内容整理并修订测量项目，形成初始的测量问卷，其中大学公共体育课程思政内容供给学生评价简表5道题，详表中的政治认同维度5道题、家国情怀维度5道题、文化素养维度5道题、法治意识维度4道题、道德修养维度4道题；通过专家评估法计算了该量表的内容效度，形成了较为完善的大学公共体育课程思政内容供给学生评价量表。

②通过量表调查了2676名大四非体育专业本科生，并收集了配套的数据，其中包括了74名重复测量数据，检验量表的重测效度很好；从学校团委获取了241名学生的德育成绩，从学校体育部门获取了2676名学生的体质测试成绩，检验量表的效标效度较好；此外，还验证了量表的收敛效度、区别效度和内部一致性。结果表明，量表具有良好的信度和效度，符合测量学要求，可作为体育课程思政定量研究的测量工具，也可作为大学公共体育课程思政教学效果的评价工具。

③对收集到的2676份数据进行了描述性统计，分析了不同性别班级、不同类型的体育课程思政内容供给的差异，并检验了体育课程思政内容供给的作用。结果表明，当前大学体育课程思政内容供给有所欠缺，在课程教学中还未全面落实《高等学校课程思政建设指导纲要》要求，在法治意识、道德修养和文化素养方面较好，但最重要的政治认同、家国情怀这两方面却是薄弱点和难点，应在体育课程教学中加强这两方面的思政内容供给，并将其显性化，进一步实现为党育人、为国育才。男生班级的体育课程思政内容供给相对较少，应加强在男生班级融入思政元素；个人项目体育课程的思政内容供给落实较好，主要体现在大一2个学期；非对抗项目体育课程的思政内容供给落实程度优于对抗项目，但在大二上学期二者落实程度基本相同。体育课程中融入思想政治教育不仅能促进身体健康，还有利于心理健康，具体表现为学生锻炼行为的养成、思想道德的提升和拖延行为等不良行为的矫正这3个方面。

6 大学公共体育课程影响大学生拖延行为的作用机制

在第 4 章和第 5 章分别验证了大学公共体育课程的基本育人途径和思政内容供给两方面对大学生拖延行为都有一定的积极作用，学生通过体育课程的学习可以有效改善拖延行为。本章进一步探讨基本育人途径和思政内容供给发挥作用的关键路径和环节，以及二者的协同作用机制，解答为什么会产生积极作用，可以从哪些途径更好地去提升这种积极作用等问题。

拖延行为是不良行为，危害着学生的健康和社会的发展，且相关研究指出，拖延行为的形成是由于缺乏自我管理和目标导向，受到内部品质和外部行为的影响[272]。第 4 章和第 5 章从学生的外部行为探讨了对拖延行为的影响，本章从学生内部品质的角度入手，探讨其对拖延行为的影响。在 2018 年全国教育大会上，习近平总书记强调："要树立健康第一的教育理念，开齐开足体育课，帮助学生在体育锻炼中享受乐趣、增强体质、健全人格、锤炼意志。"这从内在品质上要求学生通过体育课程促进以上 4 个方面的育人目标达成，有效促进学生身心发展。由此可以推断出大学生通过体育课程的学习能够享受乐趣、增强体质、健全人格、锤炼意志，进而改善拖延行为。因此，本章的主要内容是分析当前大学公共体育课程育人目标达成及其与基本育人途径、思政内容供给、拖延行为之间的关系，探索大学公共体育课程各部分内容影响大学生拖延行为的协同作用机制。

6.1 机制分析与研究假设

本章检验的假设来源于第 4 章和第 5 章，在第 4、5 章验证的基础上，依据理论框架（详见 1.3.2 节）和相关文献的理论分析提出大学公共体育课程影响大学生拖延行为的作用机制，这些作用机制的相关假设是建立在理论分析的基础上，假设是否成立还需要实证检验。作用机制共分为 4 个主要组成部分，分别为思政内容供给、基本育人途径、育人目标达成和拖延行为，其中基本育人途径又分为教会育人途径、勤练育人途径和常赛育人途径。故作用机制共有 6 个相关变量，6 个变量之间的关系如图 6－1 所示，下面对相关假设进行阐述。

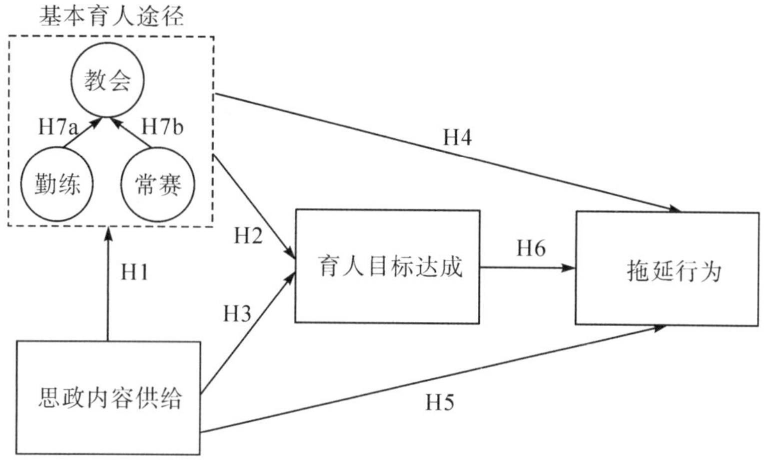

图 6-1　大学公共体育课程影响大学生拖延行为的作用机制示意图

6.1.1　课程思政内容供给与基本育人途径

课程思政建设是全体专业教师开展课程教学不可缺少的协同育人大格局，在各门课程教学的各个环节中与课程教学整体联动、共同发力[273]。体育课程实施课程思政建设是学校体育教育的根本举措，要融入课程教学之中，落实立德树人根本任务[274]。为解决学生体育素养和体质健康等问题，《关于全面加强和改进新时代学校体育工作的意见》对体育教学提出了重要指示，大中小学的体育课程中，要正确落实"教会、勤练、常赛"一体化教学过程。前面章节也论证了课程思政内容供给与基本育人途径的显著正相关关系（详见 5.4.4 节），体育教学的课程思政建设应将思政内容供给落实到体育课程的教学过程中，促进体育教学中的基本育人途径发挥更大的作用。基于此，提出如下假设：

H1：大学公共体育课程融入思政内容，可以促进体育课程基本育人途径。

H1a：大学公共体育课程中融入思政内容越多，落实教会育人途径情况越好。

H1b：大学公共体育课程中融入思政内容越多，落实勤练育人途径情况越好。

H1c：大学公共体育课程中融入思政内容越多，落实常赛育人途径情况越好。

6.1.2　基本育人途径与育人目标达成

"享受乐趣、增强体质、健全人格、锤炼意志"是当前大中小学体育课程应达成的育人目标。为全面贯彻落实习近平总书记在全国教育大会上的重要讲话精神，进一步深化体育教学改革，更好地帮助学生在体育锻炼中"享受乐趣、增强体质、健全人格、锤炼意志"，教育部办公厅制定了《〈体育与健康〉教学改革指导纲要（试行）》，其中详细指出，强化"教会、勤练、常赛"过程与结果。另外，《关于全面加强和改进新时代学校体育工作的意见》同样提出帮助学生在体育锻炼中享受乐趣、增强体质、健全人格、锤炼意志。因此，对基本育人途径与育人目标达成之间的关系提出如下假设：

H2：大学公共体育课程落实基本育人途径，可以促进体育课程育人目标达成。

H2a：大学公共体育课程落实教会育人途径情况越好，育人目标达成效果越显著。

H2b:大学公共体育课程落实勤练育人途径情况越好,育人目标达成效果越显著。

H2c:大学公共体育课程落实常赛育人途径情况越好,育人目标达成效果越显著。

6.1.3 思政内容供给与育人目标达成

《高等学校课程思政建设指导纲要》明确指出,要"帮助学生在体育锻炼中享受乐趣、增强体质、健全人格、锤炼意志",这是体育课程思政教学体系建设的要求之一,并且有研究发现,切实贯彻"享受乐趣、增强体质、健全人格、锤炼意志"目标是高校公共体育课程思政的目标指向[275],同时也有学者认为体育课程思政建设的落实是帮助学生在体育锻炼中"享受乐趣、增强体质、健全人格、锤炼意志"的助推器[276]。由此提出如下假设:

H3:大学公共体育课程融入思政内容,可以促进体育课程育人目标达成。

6.1.4 基本育人途径与拖延行为

拖延行为作为当前大学生普遍存在的不良行为之一,对学生身心健康造成较大程度的危害。《普通高中体育与健康课程标准》提出,体育学科核心素养应包括健康行为这一方面,即通过体育活动增强学生的体质和维持学生的身心健康[277],大学课程与高中课程有相似之处,健康行为也应作为大学公共体育课程教学重要目标之一,培养和健全学生的健康行为,摒弃不健康的行为。且相关文献也证实了体育课程教学对控制自身不良行为、摒弃不良行为习惯和引导形成正确的行为方式有一定的作用[278-279]。基于此,提出如下假设:

H4:大学公共体育课程落实基本育人途径,可以改善学生的拖延行为。

H4a:大学公共体育课程落实教会育人途径情况越好,学生的拖延行为越容易改善。

H4b:大学公共体育课程落实勤练育人途径情况越好,学生的拖延行为越容易改善。

H4c:大学公共体育课程落实常赛育人途径情况越好,学生的拖延行为越容易改善。

6.1.5 思政内容供给与拖延行为

思想政治教育具有帮助学生树立正确的价值观、辨别健康行为和不良行为的功能,课程思政的教学理念也是建立在这个功能之上,运用课程中蕴含的丰富思想政治教育资源,从立德树人根本任务出发,培养学生在健康发展的前提下养成良好的作息,避免不良行为[280]。体育课程运用本身具备的开放性德育环境优势,在端正学生行为形成动机取向、抑制不良冲动等方面具有先决条件[281]。因此,对思想内容供给与拖延行为的关系提出如下假设:

H5:大学公共体育课程融入思政内容,可以改善学生的拖延行为。

6.1.6 育人目标达成与拖延行为

有研究指出,解决学生不良行为的对策之一是通过教育塑造学生的健全人格,引导学生养成正确的行为习惯,拒绝不良行为[282],并且有学者认为高自我价值观是拒绝不良行为的重要条件[283],体育课程"享受乐趣、增强体质、健全人格、锤炼意志"育人目标的达成有利于提升学生幸福感和自我价值观[284]。对学生而言,加强体质管理也是从源头上阻断各种不良行为对健康的危害[285]。由此进一步提出如下假设：

H6：大学公共体育课程落实育人目标，可以改善学生的拖延行为。

6.1.7 基本育人途径内部关系

"教会、勤练、常赛"一体化重点强调了学校体育课程的教育意义，应得到大中小学的推进和实施，但 3 个方面是同时进行还是有先后顺序，目前还没有得到进一步实证。本研究的教会、勤练和常赛 3 个方面都是指在体育课程上课期间如何实施。"教"固然是起点，没有技能和知识支撑也无法进行"练"和"赛"[286]，且学生也需要通过"练"和"赛"来巩固"教"的知识，将"教"变为"教会"，体现学练结合、学赛结合、以练促学、以赛促学[287]。同时，以赛代练、赛练结合的教学模式在体育教学中的应用，不仅能调动学生以高昂的热情参与体育锻炼，而且能使知识和技能巩固效果更佳[288]。因此，对基本育人途径的内部关系提出如下假设：

H7a：大学公共体育课程落实勤练育人途径，可以促进落实教会育人途径。

H7b：大学公共体育课程落实常赛育人途径，可以促进落实教会育人途径。

6.2 研究数据和方法

6.2.1 研究数据

本章的总样本为 2676 名大四本科生，详细调查过程和调查对象基本情况详见第 1 章。运用的大学生拖延行为、体育锻炼行为、体质健康测试数据与第 3 章相同；教会育人途径、勤练育人途径和常赛育人途径的数据与第 4 章相同；思政内容供给的数据与第 5 章相同。本章重点是依据"四位一体"育人目标和文献资料设计了"大学公共体育课程育人目标达成调查问卷"，并分析了大学公共体育课程育人目标达成的现状，男女班级、不同类型体育课程育人目标达成的特征，以及大学公共体育课程育人目标达成的作用。为检验问卷的重测信度，要求试调查的学生在正式调查中再次完成问卷，再次完成问卷的学生有 74 人。

6.2.2 数理统计法

运用 AMOS 24 软件建立了大学公共体育课程育人目标达成调查问卷的测量方程模型，并进行模型的聚敛效度和区分效度检验。运用 SPSS 26 软件对调查数据进行分析，数据符合正态分布，采用描述性统计分析大学公共体育课程育人目标达成的现状；采用独立样本 t 检验分析不同性别班级、不同类型的体育课程在育人目标达成上的差异；采用皮尔逊相关分析检验了思政内容供给、教会育人途径、勤练育人途径、常赛育人途径、育人目标达成和拖延行为 6 个变量之间的两两相关关系。运用 AMOS 24 软件建立结构方程模型，探讨大学公共体育课程影响大学生拖延行为的作用机制。

结构方程模型用来描述潜变量之间的关系，在前期测量模型的基础上，根据理论分析和假设的建立设定了潜变量之间的路径关系，路径关系的显著性反映理论模型的假设是否成立。在对模型的拟合度进行评估时，选取了以下几个指标：χ^2、df、RMSEA、GFI、AGFI、NFI、CFI、PNFI 和 PGFI，反映模型产生的协方差矩阵对原协方差矩阵的拟合程度（χ^2/df 和RMSEA），整体模型的绝对拟合度（GFI 和 AGFI）、相对拟合度（NFI 和 CFI）和节约拟合度（PNFI 和 PGFI）。

近似误差均方根（RMSEA）是由斯泰格尔（Steiger）构建的一个拟合优度指标，反映的是理论模型与完美拟合的饱和模型的差距程度，数字越小表示理论模型越理想。他认为 RMSEA 小于 0.10 的水平意味着对数据可接受的拟合，小于 0.05 的水平是对数据非常好的拟合，小于 0.01 表示非常出色的拟合。斯泰格尔指出，小于 0.01 的水平是比较难达到的，在实际应用上几乎碰不到[289]。NFI 和 CFI 是相对拟合度，主要反映了理论模型（要验证的模型）和虚无模型（变量被完全约束的模型，即变量之间不存在路径连接）之间的相对差异，理论模型与虚无模型差异越大越好。NFI 是本特勒（Bentler）构建的指标，比较了理论模型和虚无模型的卡方差异，他认为高于 0.90 表示模型拟合度较好[290]。CFI 是本特勒构建的另一个拟合优度指标，比较了理论模型和虚无模型的非中央性差异，同样高于 0.90 表示模型具有非常好的拟合度。GFI 和 AGFI 反映了模型的绝对合适度，它们之间的差异越大，说明模型中可能包括了越多的不显著路径。本特勒认为，达到 0.90 标准表明模型的绝对适合度较好，他同样指出，对于包含较多变量的模型来说，完全达到一般认定的拟合优度标准是比较困难的[231]。PNFI 和 PGFI 为节约拟合度，是詹姆斯（James）构建的拟合优度指标，主要反映了模型合适度和自由度之间的权衡关系，是 NFI 和 GFI 派生出的指数，目的是惩罚复杂模型（自由度小的模型）。PNFI 和 PGFI 高于 0.50 表明模型符合简约原则[291]。

6.3 结果与分析

6.3.1 大学公共体育课程育人目标达成调查问卷的编制

1）大学公共体育课程育人目标达成的理论结构和测量题目

2018 年，习近平总书记在全国教育大会上指出："要努力构建德智体美劳全面培养的教育体系，形成更高水平的人才培养体系。""要树立健康第一的教育理念，开齐开足体育课，帮助学生在体育锻炼中享受乐趣、增强体质、健全人格、锤炼意志。""享受乐趣、增强体质、健全人格、锤炼意志"是习近平总书记对体育教学的新要求，也是对体育课程的高期待。体育界的学者将这十六个字视为新时代学校体育改革与发展的"四位一体"目标，因此，确定大学公共体育课程育人目标达成调查问卷的理论维度为享受乐趣、增强体质、健全人格、锤炼意志，指标体系如图 6－2 所示。

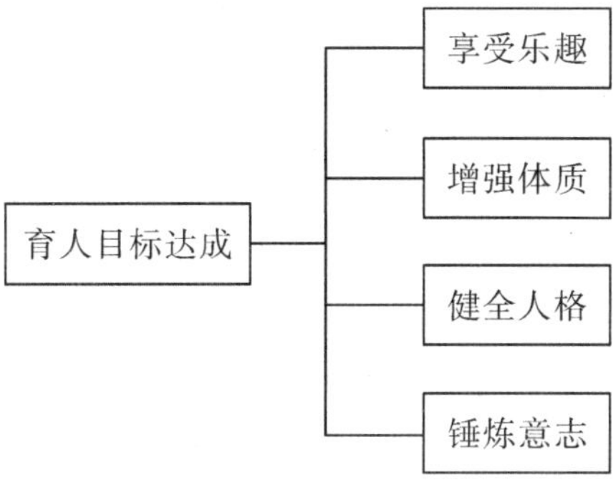

图 6-2　大学公共体育课程育人目标达成的指标体系

通过对收集到的相关文献进行归纳总结，设计了大学公共体育课程育人目标达成调查问卷，共包含了 4 道测量题目，分别测量体育课程享受乐趣、增强体质、健全人格、锤炼意志 4 个维度的达成情况，具体题目见表 6-1，答案采用 5 级 Likert 量度，5 个备选答案分别为：①非常不同意，②不同意，③既不同意也不反对，④同意，⑤非常同意。测量得分越高表明体育课程育人目标达成情况越好。

2）大学公共体育课程育人目标达成调查问卷的内容效度检验

采用专家评价法评估了测量题目，主要是收集 17 名评估专家对大学公共体育课程育人目标达成调查问卷的看法，并对具体测量题目进行建议和修订。17 位评估专家对大学公共体育课程育人目标达成调查问卷看法的结果见表 6-1。

表 6-1　大学公共体育课程育人目标达成的内容效度检验($N=17$)

题目	均值	标准差	众数	I-CVI	S-CVI
1. 我享受到了体育的乐趣	4.64	0.633	5	0.93	0.97
2. 我的体质得到了增强	4.71	0.469	5	1.00	
3. 我的人格得到了健全	4.64	0.633	5	0.93	
4. 我的意志得到了锤炼	4.71	0.469	5	1.00	

计算结果如表 6-1 所示，I-CVI 为 0.93～1.00，均大于 0.70，即专家认为 4 道题目与所测量的概念内容有较好的关联性；S-CVI 为 0.97，大于 0.80，表明大学公共体育课程育人目标达成调查问卷的内容效度较好，可用于调查。

3）大学公共体育课程育人目标达成调查问卷的信效度分析

大学公共体育课程育人目标达成调查问卷是依据“四位一体”目标确立的理论维度，用 KMO 检验（抽样适合性检验）和 Bartlett（巴特利特）球形检验进行探索性因子分析，数据结果显示 KMO 值为 0.847，Bartlett 球形检验值为 8538.392，且显著性达到 0.001 的水平，表明数据适合进行因子分析[292]，采用最大方差法提取 1 个公因子，表明大学公共体育课程育人目标达成调查问卷是单维度。采用 SPSS 软件对问卷进行重测信度、内部一致性信度和效标效度分析，用作问卷的信效度检验。分析结果见表 6-2。

表 6-2 大学公共体育课程育人目标达成的信效度检验

变量	重测信度	效标效度：锻炼行为	克龙巴赫 α 系数
育人目标达成	0.484***	0.092***	0.926

注：*** 代表 $P<0.001$。

表 6-2 显示问卷的克龙巴赫 α 系数为 0.926，大于 0.7 的标准；问卷的重测信度为 0.484，且显著性达到 0.001 的水平，表明问卷具有很好的信度。效标效度检验分析了大学公共体育课程育人目标达成调查问卷与课外锻炼行为的相关关系，检验在大学公共体育课程达成“享受乐趣、增强体质、健全人格、锤炼意志”的育人目标，能否帮助学生确定正确的锻炼动机和引导学生积极参与体育锻炼，形成良好的体育锻炼行为。通过效标效度结果可以看出，大学公共体育课程育人目标达成调查问卷的得分与大学生的课外体育锻炼行为得分的相关系数为 0.092，且显著性达到 0.001 的水平。这一结果表明体育课程育人目标达成对学生锻炼行为有显著的促进作用，从培养学生锻炼行为的角度验证了问卷的效标效度。

以上 2 个信度指标和 1 个效标效度指标的检验，表明了大学公共体育课程育人目标达成调查问卷具有很好的信效度，符合测量学标准。

6.3.2 大学公共体育课程育人目标达成的现状及特征

1）大学公共体育课程育人目标达成的总体状况

为了解当前大学公共体育课程育人目标达成的总体状况，对大学公共体育课程育人目标达成调查问卷收集到的数据进行了描述性统计，考察了 4 个题目回答的均值、标准差、偏度、峰度（见表 6-3），可以用来评估问卷的每个题目的特征。结果显示，4 个题目的均值为 3.91～3.97，较为适中。4 个题目的标准差为 0.744～0.788，说明所有题目具有较好的鉴别度。偏度和峰度的绝对值均小于 2，问卷题目测得的数据符合正态分布。为进一步分析题项的鉴别度，计算了问卷各题项的 CR 值（临界比率），方法为：计算大学公共体育课程育人目标达成的总分，“找出总分上下 27％的高低分组，以独立样本 t 检验分析高低分组在每个题项上的差异”。所有题目的 CR 值在 55.15～60.89 之间，均达到 0.001 的显著水平，说明测量题目具有好的鉴别度。

表 6-3 大学公共体育课程育人目标达成的描述性统计（$N=2676$）

维度	均值	标准差	偏度	峰度	CR 值
享受乐趣	3.92	0.788	−0.72	1.21	55.15
增强体质	3.95	0.753	−0.57	0.83	59.23
健全人格	3.91	0.761	−0.56	0.78	60.89
锤炼意志	3.97	0.744	−0.60	1.01	59.21
育人目标达成总分	3.94	0.689	−0.41	0.63	

大学公共体育课程育人目标达成总分为 3.94±0.689，处于“既不同意也不反对”和

“同意”之间，大于中间值 3 分，育人目标达成的 4 个方面的得分由高到低依次为锤炼意志(3.97±0.744)、增强体质(3.95±0.753)、享受乐趣(3.92±0.788)和健全人格(3.91±0.761)，4 个方面的分数几乎没有差异，表明当前大学公共体育课程“享受乐趣、增强体质、健全人格、锤炼意志”的育人目标达成情况较好。

2)男女班级体育课程育人目标达成的比较分析

为了进一步了解大学公共体育课程育人目标达成的特征，通过独立样本 t 检验对男生班级和女生班级在体育课程育人目标达成上进行差异分析，结果如表 6-4 所示，男生班级的育人目标达成总分为 3.91±0.714，女生班级总分为 4.00±0.627，男生班级总分低于女生班级，且男女班级在大学公共体育课程育人目标达成的得分差异具有显著性($P<0.01$)；从育人目标达成的 4 个维度来看，男生班级 4 个维度得分依次为享受乐趣(3.90±0.805)、增强体质(3.92±0.770)、健全人格(3.88±0.787)、锤炼意志(3.94±0.766)，女生班级得分依次为享受乐趣(3.98±0.744)、增强体质(4.00±0.710)、健全人格(3.96±0.696)、锤炼意志(4.04±0.687)，男生班级的各方面得分均小于女生班级，且差异均具有显著性($P<0.01$)，表明体育教师在男生班级体育课程的育人目标达成情况不如女生班级，应注重学生在体育课程中享受乐趣、增强体质、健全人格、锤炼意志等方面的教育，帮助学生在体育课程中达到“育体”和“育人”相结合的效果。

表 6-4　男女班级体育课程育人目标达成得分的独立样本 t 检验($N=2676$)

维度	男生班级(1850 人)	女生班级(826 人)	t	P
享受乐趣	3.90±0.805	3.98±0.744	−2.638	0.008
增强体质	3.92±0.770	4.00±0.710	−2.781	0.005
健全人格	3.88±0.787	3.96±0.696	−2.707	0.007
锤炼意志	3.94±0.766	4.04±0.687	−3.268	0.001
育人目标达成总分	3.91±0.714	4.00±0.627	−3.181	0.001

3)集体项目与个人项目体育课程育人目标达成的比较分析

通过独立样本 t 检验分析了集体项目和个人项目在大学公共体育课程育人目标达成方面 4 个学期的差异，结果如表 6-5、表 6-6、表 6-7、表 6-8 所示。

表 6-5　大一上学期集体项目与个人项目育人目标达成得分的独立样本 t 检验

维度	集体项目(1097 人)	个人项目(1563 人)	t	P
享受乐趣	3.92±0.797	3.92±0.782	0.089	0.929
增强体质	3.95±0.767	3.95±0.744	−0.118	0.906
健全人格	3.91±0.770	3.91±0.756	−0.144	0.886
锤炼意志	3.94±0.762	3.99±0.732	−1.840	0.066
育人目标达成总分	3.93±0.709	3.94±0.676	−0.547	0.585

大一上学期集体项目和个人项目的体育课程育人目标达成得分如表 6-5 所示，集体

项目的育人目标达成总分为 3.93±0.709，个人项目的育人目标达成总分为 3.94±0.676，个人项目的总分高于集体项目，但在大学公共体育课程育人目标达成方面的差异不具有显著性($P>0.05$)。从育人目标达成的 4 个维度来看，集体项目的享受乐趣、增强体质、健全人格、锤炼意志的分数分别为 3.92±0.797、3.95±0.767、3.91±0.770、3.94±0.762；个人项目的分数分别为 3.92±0.782、3.95±0.744、3.91±0.756、3.99±0.732，4 个维度方面的差异均不具有显著性($P>0.05$)。

表 6-6 大一下学期集体项目与个人项目育人目标达成得分的独立样本 t 检验

维度	集体项目(1155 人)	个人项目(1502 人)	t	P
享受乐趣	3.92±0.786	3.92±0.791	−0.161	0.872
增强体质	3.93±0.762	3.96±0.747	−0.952	0.341
健全人格	3.90±0.764	3.91±0.760	−0.516	0.606
锤炼意志	3.94±0.760	4.00±0.730	−2.055	0.040
育人目标达成总分	3.92±0.698	3.95±0.683	−1.005	0.315

表 6-6 是大一下学期集体项目和个人项目体育课程育人目标达成的差异分析结果。个人项目的锤炼意志得分(4.00±0.730)显著高于集体项目(3.94±0.760)($P<0.05$)；集体项目的享受乐趣得分(3.92±0.786)和个人项目(3.92±0.791)基本相等；集体项目的增强体质和健全人格得分低于个人项目的得分，但差异不具有显著性($P>0.05$)。总的来说，集体项目的育人目标达成总分为 3.92±0.698，个人项目的育人目标达成总分为 3.95±0.683，个人项目的总分高于集体项目，但在大学公共体育课程育人目标达成方面的差异不具有显著性($P>0.05$)。

表 6-7 大二上学期集体项目与个人项目育人目标达成得分的独立样本 t 检验

维度	集体项目(1201 人)	个人项目(1444 人)	t	P
享受乐趣	3.92±0.822	3.92±0.764	0.066	0.947
增强体质	3.95±0.794	3.94±0.722	0.178	0.859
健全人格	3.92±0.790	3.90±0.738	0.781	0.435
锤炼意志	3.97±0.787	3.97±0.710	0.219	0.826
育人目标达成总分	3.94±0.723	3.93±0.664	0.342	0.732

大二上学期集体项目和个人项目的体育课程育人目标达成得分如表 6-7 所示，集体项目的育人目标达成总分为 3.94±0.723，个人项目的育人目标达成总分为 3.93±0.664，集体项目的总分高于个人项目，但在大学公共体育课程育人目标达成方面的差异不具有显著性差异($P>0.05$)。从育人目标达成的 4 个维度来看，集体项目的享受乐趣、增强体质、健全人格、锤炼意志的分数分别为 3.92±0.822、3.95±0.794、3.92±0.790、3.97±0.787；个人项目的分数分别为 3.92±0.764、3.94±0.722、3.90±0.738、3.97±0.710，4 个维度方面的差异均不具有显著性($P>0.05$)。

表 6-8 大二下学期集体项目与个人项目育人目标达成得分的独立样本 t 检验

维度	集体项目(1850 人)	个人项目(826 人)	t	P
享受乐趣	3.92±0.792	3.92±0.785	−0.268	0.789
增强体质	3.94±0.764	3.95±0.745	−0.502	0.616
健全人格	3.91±0.757	3.90±0.767	0.411	0.681
锤炼意志	3.96±0.751	3.97±0.740	−0.214	0.831
育人目标达成总分	3.93±0.692	3.94±0.689	−0.158	0.875

表 6-8 是大二下学期集体项目和个人项目体育课程育人目标达成的差异分析结果。集体项目的育人目标达成总分为 3.93±0.692,个人项目的育人目标达成总分为 3.94±0.689,个人项目的总分略高于集体项目,但在大学公共体育课程育人目标达成方面的差异不具有显著性($P>0.05$)。从育人目标的 4 个维度来看,集体项目和个人项目在 4 个维度方面的差异均不具有显著性。集体项目的享受乐趣得分(3.92±0.792)和个人项目(3.92±0.785)基本相等;集体项目的增强体质得分(3.94±0.764)略低于个人项目(3.95±0.745);集体项目的健全人格得分(3.91±0.757)略高于个人项目(3.90±0.767);集体项目的锤炼意志得分(3.96±0.751)略低于个人项目(3.97±0.740)。以上数据表明在大二下学期的体育课程中,集体项目和个人项目达成“享受乐趣、增强体质、健全人格、锤炼意志”育人目标的情况基本相同。

4)对抗项目与非对抗项目体育课程育人目标达成的比较分析

通过独立样本 t 检验分析了对抗项目和非对抗项目在大学公共体育课程育人目标达成方面 4 个学期的差异,结果如表 6-9、表 6-10、表 6-11、表 6-12 所示。

表 6-9 大一上学期对抗项目与非对抗项目育人目标达成得分的独立样本 t 检验

维度	对抗项目(694 人)	非对抗项目(1966 人)	t	P
享受乐趣	3.91±0.814	3.92±0.779	−0.314	0.753
增强体质	3.93±0.793	3.95±0.739	−0.707	0.480
健全人格	3.89±0.797	3.91±0.749	−0.596	0.551
锤炼意志	3.91±0.793	3.99±0.726	−2.169	0.030
育人目标达成总分	3.91±0.741	3.95±0.670	−1.022	0.307

大一上学期体育课程对抗项目和非对抗项目的育人目标达成得分如表 6-9 所示,对抗项目的育人目标达成总分为 3.91±0.741,非对抗项目的总分为 3.95±0.670,非对抗项目的总分高于对抗项目,但在大学公共体育课程育人目标达成方面的差异不具有显著性($P>0.05$)。从育人目标达成的 4 个维度来看:非对抗项目的锤炼意志得分(3.99±0.726)显著高于对抗项目(3.91±0.793)($P<0.05$);对抗项目的享受乐趣、增强人格和健全人格得分均低于非对抗项目,但差异不具有显著性($P>0.05$)。

表 6-10 大一下学期对抗项目与非对抗项目育人目标达成得分的独立样本 t 检验

维度	对抗项目(720 人)	非对抗项目(1940 人)	t	P
享受乐趣	3.91±0.797	3.93±0.786	−0.577	0.564
增强体质	3.92±0.782	3.96±0.743	−1.107	0.269
健全人格	3.89±0.782	3.91±0.754	−0.685	0.494
锤炼意志	3.91±0.791	3.99±0.725	−2.501	0.013
育人目标达成总分	3.91±0.721	3.95±0.678	−1.327	0.185

表 6-10 是大一下学期对抗项目和非对抗项目体育课程育人目标达成的差异分析结果。非对抗项目的锤炼意志得分(3.99±0.725)显著高于对抗项目(3.91±0.791)($P<0.05$);对抗项目的享受乐趣、增强体质和健全人格得分均低于非对抗项目,但差异不具有显著性($P>0.05$)。总的来说,对抗项目的育人目标达成总分为 3.91±0.721,非对抗项目的总分为 3.95±0.678,非对抗项目的总分高于对抗项目,但在大学公共体育课程育人目标达成方面的差异不具有显著性($P>0.05$)。

表 6-11 大二上学期对抗项目与非对抗项目育人目标达成得分的独立样本 t 检验

维度	对抗项目(823 人)	非对抗项目(1822 人)	t	P
享受乐趣	3.96±0.784	3.90±0.793	1.612	0.107
增强体质	3.96±0.779	3.94±0.744	0.393	0.695
健全人格	3.94±0.775	3.90±0.757	1.246	0.213
锤炼意志	3.98±0.784	3.96±0.729	0.466	0.641
育人目标达成总分	3.96±0.713	3.93±0.681	1.043	0.297

大二上学期对抗项目和非对抗项目的体育课程育人目标达成得分如表 6-11 所示,对抗项目的育人目标达成总分为 3.96±0.713,非对抗项目的育人目标达成总分为 3.93±0.681,对抗项目的总分高于非对抗项目,但在大学公共体育课程育人目标达成方面的差异不具有显著性($P>0.05$)。从育人目标达成的 4 个维度来看:对抗项目的享受乐趣、增强体质、健全人格、锤炼意志的分数分别为 3.96±0.784、3.96±0.779、3.94±0.775、3.98±0.784;非对抗项目的分数分别为 3.90±0.793、3.94±0.744、3.90±0.757、3.96±0.729,对抗项目的 4 个维度得分均高于非对抗项目,但差异不具有显著性($P>0.05$)。

表 6-12 大二下学期对抗项目与非对抗项目育人目标达成得分的独立样本 t 检验

维度	对抗项目(800 人)	非对抗项目(1859 人)	t	P
享受乐趣	3.94±0.779	3.91±0.793	0.723	0.470
增强体质	3.94±0.765	3.95±0.749	−0.099	0.921
健全人格	3.93±0.750	3.90±0.767	1.072	0.284
锤炼意志	3.96±0.771	3.97±0.733	−0.251	0.802
育人目标达成总分	3.94±0.699	3.93±0.687	0.407	0.684

表 6－12 是大二下学期对抗项目和非对抗项目体育课程育人目标达成的差异分析结果。对抗项目的育人目标达成总分为 3.94±0.699，非对抗项目的育人目标达成总分为 3.93±0.687，对抗项目的总分高于非对抗项目，但在大学公共体育课程育人目标达成方面的差异不具有显著性（$P>0.05$）。从育人目标的 4 个维度来看，对抗项目和非对抗项目在 4 个维度方面的差异均不具有显著性。对抗项目的享受乐趣得分（3.94±0.779）高于非对抗项目（3.91±0.793）；对抗项目的增强体质得分（3.94±0.765）低于非对抗项目（3.95±0.749）；对抗项目的健全人格得分（3.93±0.750）高于非对抗项目（3.90±0.767）；对抗项目的锤炼意志得分（3.96±0.771）低于非对抗项目（3.97±0.733）。以上数据表明在大二下学期的体育课程中，对抗项目和非对抗项目达成"享受乐趣、增强体质、健全人格、锤炼意志"育人目标的情况基本相同。

6.3.3 作用机制结构模型的实证检验和修订

将育人目标达成作为中介变量，探讨其在体育课程对拖延行为影响路径中的中介作用。中介效应分析前提条件之一是各变量之间存在显著相关性[293]。因此，通过皮尔逊相关分析检验了大学公共体育课程思政内容供给、教会育人途径、勤练育人途径、常赛育人途径、育人目标达成和大学生拖延行为 6 个变量之间两两相关关系，结果如表 6－13 所示。

表 6－13 体育课程影响大学生拖延行为的作用机制的结构模型各变量间的相关分析检验

变量	显变量数目	思政内容供给	教会育人途径	勤练育人途径	常赛育人途径	育人目标达成	拖延行为
思政内容供给	5	1					
教会育人途径	3	0.483***	1				
勤练育人途径	2	0.449***	0.721***	1			
常赛育人途径	2	0.298***	0.562***	0.581***	1		
育人目标达成	4	0.726***	0.535***	0.483***	0.324***	1	
拖延行为	3	−0.105***	−0.135***	−0.079***	−0.071***	−0.121***	1

注：*** 代表 $P<0.001$。

表 6－13 结果显示，思政内容供给、教会育人途径、勤练育人途径、常赛育人途径、育人目标达成和拖延行为两两之间都存在显著性相关关系（$P<0.001$），为后期假设检验与统计分析奠定了基础。

由于该作用机制涉及的变量较多，路径比较复杂，因此本章运用 AMOS 软件，采用最大似然法，将思政内容供给、教会育人途径、勤练育人途径、常赛育人途径、育人目标达成和拖延行为作为潜变量，建立大学体育课程影响大学生拖延行为的作用机制的结构方程模型 M1。由于拖延行为的测量工具为单一维度的 9 个题目，并且 M1 模型为结构模型，因此可以采用题目打包策略，将指标数据质量变好、模型拟合程度提高[294]。本章的打包策略选用了"项目-结构平衡法"，将 9 道题分别打包成了 TY349、TY167、TY258，让每个小组有差不多的负荷和方差[295]。对结构模型 M1（图 6－3）进行全路径分析，结果见表 6－14 和表 6－15。

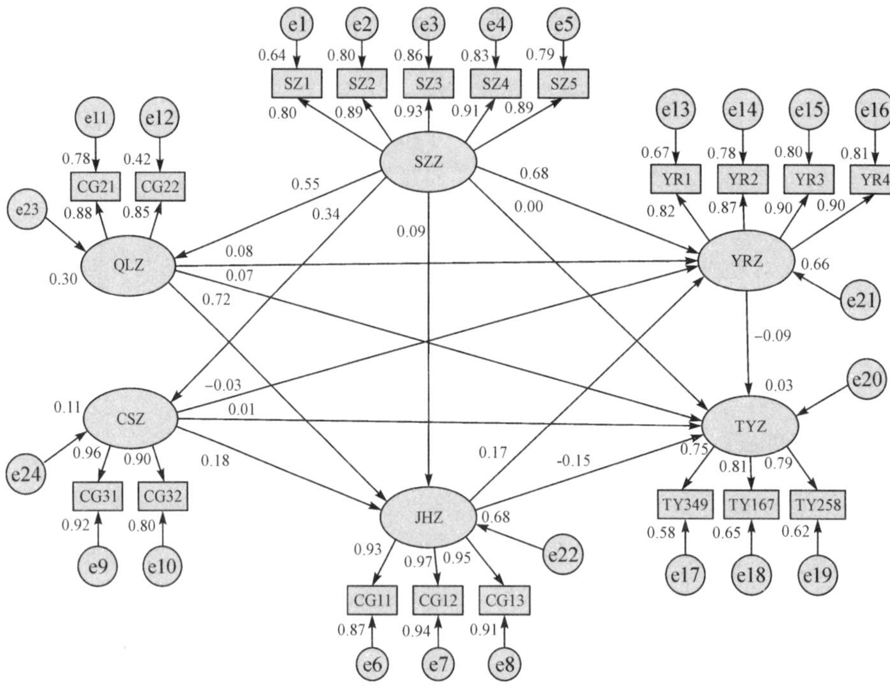

SZZ—思政内容供给；JHZ—教会育人途径；QLZ—勤练育人途径；

CSZ—常赛育人途径；YRZ—育人目标达成；TYZ—拖延行为。

注：图中方框中的代码表示测试题目编号，小圆圈中的代码表示结构方程模型中残差项的编号。

图 6－3　大学公共体育课程影响大学生拖延行为的作用机制的结构模型 M1

表 6－14　体育课程影响大学生拖延行为的作用机制的结构模型 M1 整体拟合指数表

模型	χ^2/df	RMSEA	GFI	AGFI	NFI	CFI	PNFI	PGFI
M1	28.430	0.101	0.858	0.805	0.920	0.923	0.743	0.623

表 6－14 显示的 M1 的拟合度检验结果，其中，NFI 和 CFI 大于 0.9 的标准，PNFI 和 PGFI 大于 0.5 的标准，但 RMSEA 值不符合小于 0.1 的标准，GFI 和 AGFI 也不符合大于 0.9 的标准，因此，结构模型需要进一步修订，可通过删除不显著路径进行修订。通过删除结构模型中不显著的路径，不仅可将模型进行进一步修订，还有利于使模型更加简化[296]。路径系数分析和检验前期提出的假设结果如表 6－15 所示。

表 6－15　体育课程影响大学生拖延行为的作用机制的结构模型 M1 路径系数

路径	非标准化系数	标准化系数 β	标准误	t	P	假设	验证
思政内容供给→教会育人途径	0.088	0.090	0.020	4.483	***	H1a	成立
思政内容供给→勤练育人途径	0.511	0.546	0.020	26.020	***	H1b	成立
思政内容供给→常赛育人途径	0.406	0.337	0.024	16.806	***	H1c	成立
勤练育人途径→育人目标达成	0.081	0.077	0.032	2.545	0.011	H2a	成立
常赛育人途径→育人目标达成	−0.023	−0.028	0.012	−1.873	0.061	H2b	不成立
教会育人途径→育人目标达成	0.169	0.167	0.028	5.934	***	H2c	成立

续表

路径	非标准化系数	标准化系数 β	标准误	t	P	假设	验证
思政内容供给→育人目标达成	0.657	0.665	0.021	31.046	* * *	H3	成立
教会育人途径→拖延行为	−0.117	−0.149	0.036	3.229	0.001	H4a	成立
勤练育人途径→拖延行为	0.057	0.069	0.041	−1.401	0.161	H4b	不成立
常赛育人途径→拖延行为	0.009	0.015	0.016	−0.597	0.551	H4c	不成立
思政内容供给→拖延行为	−0.004	−0.005	0.031	0.125	0.901	H5	不成立
育人目标达成→拖延行为	−0.068	−0.088	0.032	2.151	0.031	H6	成立
勤练育人途径→教会育人途径	0.751	0.719	0.028	27.125	* * *	H7a	成立
常赛育人途径→教会育人途径	0.143	0.176	0.012	12.025	* * *	H7b	成立

注：* * * 代表 $P<0.001$。

表 6-15 验证了 14 条路径的假设检验，在本研究中得到验证的假设有 10 条。思政内容供给与拖延行为($\beta=-0.005$，$P>0.05$)、常赛育人途径与育人目标达成($\beta=-0.028$，$P>0.05$)、勤练育人途径与拖延行为($\beta=0.069$，$P>0.05$)、常赛育人途径与拖延行为($\beta=0.015$，$P>0.05$)4 条路径系数不显著，即 H2b、H4b、H4c 和 H5 假设在本研究中不成立，可对路径进行删除，得到修订模型 M2(图 6-4)，对结构模型 M2 进行全路径分析，结果见表 6-16。

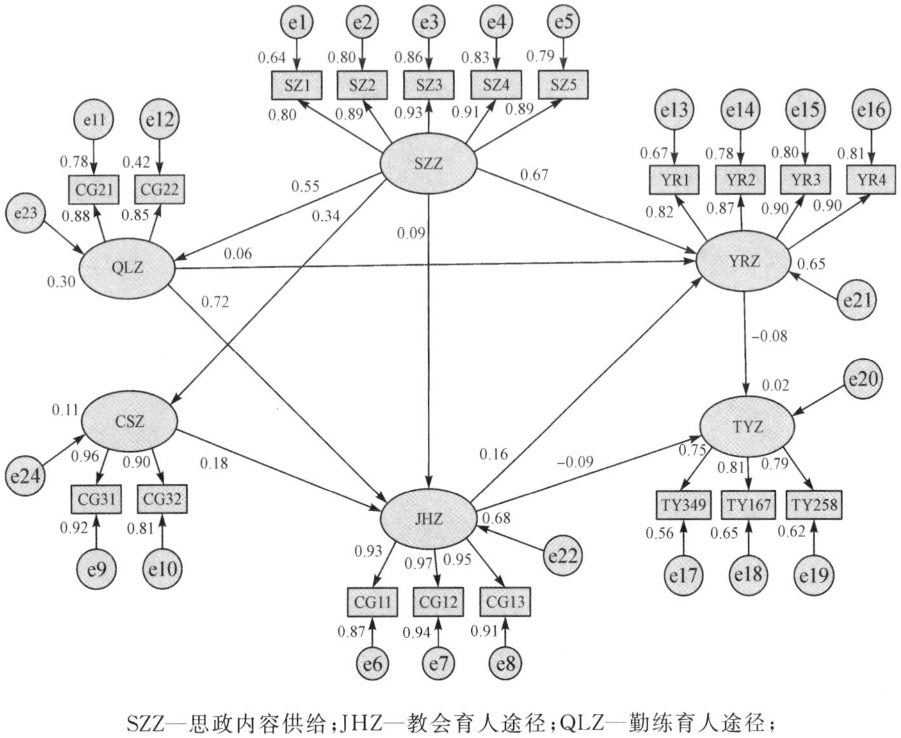

SZZ—思政内容供给；JHZ—教会育人途径；QLZ—勤练育人途径；

CSZ—常赛育人途径；YRZ—育人目标达成；TYZ—拖延行为。

注：图中方框中的代码表示测试题目编号，小圆圈中的代码表示结构方程模型中残差项的编号。

图 6-4 大学公共体育课程影响大学生拖延行为的作用机制的结构模型 M2

表 6－16　体育课程影响大学生拖延行为的作用机制的结构模型 M2 整体拟合指数表

模型	χ^2/df	RMSEA	GFI	AGFI	NFI	CFI	PNFI	PGFI
M2	27.664	0.100	0.908	0.910	0.920	0.923	0.764	0.641

表 6－16 显示了修订后的 M2 的整体拟合指数，相较于 M1，M2 更加简洁，拟合程度指数、绝对拟合度指数、相对拟合度指数和节约拟合度指数均符合测量学要求，很好地拟合了数据，且各路径都具有显著性（表 6－17），因此采纳模型 M2。根据 M2 的理论基础，对体育课程影响大学生拖延行为的作用机制的结构模型进行直接效应分析和中介效应分析。

6.3.4　作用机制结构模型的直接效应检验

通过对体育课程影响大学生拖延行为的作用机制的结构模型 M2 的数据进行整理，可以得到各条路径系数，即各变量之间的直接效应，结果如表 6－17 所示。

表 6－17　体育课程影响大学生拖延行为的作用机制的结构模型 M2 路径系数

路径	非标准化系数	标准化系数 β	标准误	t	P
思政内容供给→教会育人途径	0.088	0.090	0.020	4.509	* * *
思政内容供给→勤练育人途径	0.511	0.546	0.020	26.014	* * *
思政内容供给→常赛育人途径	0.403	0.336	0.024	16.717	* * *
教会育人途径→育人目标达成	0.162	0.161	0.027	6.085	* * *
勤练育人途径→育人目标达成	0.068	0.065	0.030	2.236	0.025
思政内容供给→育人目标达成	0.658	0.667	0.021	31.843	* * *
教会育人途径→拖延行为	－0.072	－0.091	0.021	3.410	* * *
育人目标达成→拖延行为	－0.063	－0.081	0.021	2.976	0.003
勤练育人途径→教会育人途径	0.749	0.718	0.028	27.084	* * *
常赛育人途径→教会育人途径	0.145	0.178	0.012	12.114	* * *

注：* * * 代表 $P<0.001$。

结构方程模型（图 6－4）及直接影响路径结果（表 6－17）显示：思政内容供给、教会育人途径、勤练育人途径、常赛育人途径、育人目标达成和拖延行为 6 个潜变量之间，具有 10 条显著且有效的直接影响路径（$P<0.05$）。

思政内容供给对基本育人途径的直接影响路径中，对勤练育人途径的路径系数最大，标准化系数为 0.546（$P<0.001$）；其次较大的是对常赛育人途径的直接影响，标准化系数为 0.336（$P<0.001$）；对教会育人途径的直接影响较小，标准化系数为 0.090（$P<0.001$）。以上数据表明大学公共体育课程中融入思政内容越多，学生在体育课程中教会、勤练、常赛的程度越高，且对勤练和常赛的直接影响远大于对教会的直接影响。

基本育人途径对育人目标达成的直接影响路径中，教会育人途径的路径系数最大，标准化系数为 0.161($P<0.001$);另一条为勤练育人途径对育人目标达成的路径,标准化系数较小,为 0.065($P<0.05$)。以上表明学生在体育课程中教会和勤练的程度越高,大学公共体育课程育人目标达成效果越好,且教会的作用力最大。

思政内容供给对育人目标达成的直接影响解释力高达 0.667,且显著性达到 0.001 的水平,表明大学公共体育课程中融入思政内容越多,大学公共体育课程育人目标达成效果越好。

基本育人途径对拖延行为的直接影响路径中,仅有教会育人途径发挥作用,标准化系数为−0.091,且显著性达到 0.001 的水平,表明学生在体育课程中教会的程度越高,学生的拖延行为越容易改善。

育人目标达成对拖延行为的直接影响路径中,标准化系数为−0.081,且显著性达到 0.01 的水平,表明大学公共体育课程育人目标达成效果越好,学生的拖延行为越容易改善。

在基本育人途径的内部关系中,证实了勤练育人途径和常赛育人途径对教会育人途径具有较高的直接影响,其中勤练育人途径的标准化系数为 0.718($P<0.001$),远大于常赛育人途径的标准化系数 0.178($P<0.001$),表明学生在体育课程中勤练和常赛的程度越高,学生教会的程度越好,并且勤加练习对知识和技能的巩固效果大于经常比赛的效果。

以上为体育课程影响大学生拖延行为的作用机制的结构模型直接效应检验,有些路径系数偏小却显著性水平较高,可能是因为两两变量之间除了直接效应之外还存在中介效应,因此,要对该模型进行进一步的检验,探讨其间的作用机制。

6.3.5 作用机制结构模型的中介效应检验

为区分各路径指标之间的影响效应,根据体育课程影响大学生拖延行为的作用机制的结构模型 M2 验证性因素分析结果,重新运用 AMOS 对体育课程影响大学生拖延行为的作用机制进行中介效应分析,使用 Bootstrap 中介效应检验方法,重复抽样 5000 次,计算 95%的置信区间[297],进行路径中介效应检验,检验结果如表 6-18 所示。在直接效应检验中得出思政内容供给对拖延行为不具有直接影响,采用中介效应检验发现二者之间存在较多的中介路径,且思政内容供给对拖延行为的总中介效应值为−0.113,验证了 8 条路径都具有统计学意义。其中,“思政内容供给→育人目标达成→拖延行为”这条路径的效应占比最大,效应值为−0.054($P<0.01$),占总中介效应的 47.8%;第二条效应占比较大的路径为“思政内容供给→勤练育人途径→教会育人途径→拖延行为”,效应值为−0.036($P<0.01$),占总中介效应的 31.9%;其他 6 条路径效应值的绝对值不足 0.01,效应占比不到 10%。数据表明前两条路径的思政内容供给对拖延行为的作用力最大,通过在体育课程中融入课程思政教学内容能提高课程育人目标达成效果,进一步改善学生的拖延行为;或者在体育课程中融入课程思政教学内容有利于提升学生勤练育人途径的效果,对教的技能、知识和方法有更好的认识和掌握,帮助学生矫正拖延行为。

表 6-18 体育课程影响大学生拖延行为的作用机制的结构模型 M2 中介效应检验结果

路径	效应值	标准误 (Boot SE)	置信区间(95%CI) 下限	上限	P	效应占比/%
思政→常赛→教会→育人→拖延	−0.001	0.000	0.000	0.002	0.003	0.9
思政→常赛→教会→拖延	−0.005	0.002	0.002	0.010	0.001	4.4
思政→勤练→育人→拖延	−0.003	0.002	0.000	0.009	0.091	2.7
思政→勤练→教会→育人→拖延	−0.005	0.002	0.002	0.010	0.003	4.4
思政→勤练→教会→拖延	−0.036	0.011	0.013	0.058	0.002	31.9
思政→教会→育人→拖延	−0.001	0.001	0.000	0.003	0.002	0.9
思政→教会→拖延	−0.008	0.003	0.003	0.017	0.001	7.1
思政→育人→拖延	−0.054	0.018	0.018	0.090	0.005	47.8
直接效应	—					
总效应	−0.113	0.019	−0.150	−0.074	0.000	100

注:思政为思政内容供给,教会为教会育人途径,勤练为勤练育人途径,常赛为常赛育人途径,育人为育人目标达成,拖延为拖延行为。

6.4 讨论

6.4.1 体育课程影响大学生拖延行为作用机制结构模型的评价

总体上说,一个好的模型要既简单又吻合数据,模型的简洁性和描述数据的准确性是一对永恒的矛盾,最简单而又最准确的模型通常是不存在的[298]。从体育课程影响大学生拖延行为的作用机制结构模型与数据拟合的总体情况来看,理论结构模型得到了实证数据的支持,在表 6-16 中,M2 模型的 RMSEA 为 0.100,与表示可接受拟合的 0.100 水平相等,反映了结构模型与完美拟合的饱和模型的差距程度较小;NFI 为 0.920,CFI 为 0.923,非常接近非常好的拟合标准 0.950,反映了结构模型和虚无模型之间的相对差异非常大;GFI 为 0.908,AGFI 为 0.910,反映了模型绝对适合度也达到了一般认定的 0.90 标准,修改后的模型中没有不显著的路径,这些指标说明体育课程影响大学生拖延行为的作用机制结构模型能较好地描述和反映实证数据的特征和关系。从体育课程影响大学生拖延行为的作用机制结构模型的简洁性来看,结构模型的节约拟合度 PNFI 为 0.764,PGFI 为 0.641,远高于 0.500 的水平,反映出结构模型的简洁性。模型在简洁性和描述数据准确性两方面取得了一个较好的平衡。

拟合指数主要用于对模型做整体评价,结构模型是否是一个好的模型还要看其局部参数的显著性,评价参数的意义和合理性,以及局部的结构方程对数据的解释能力。在这次实证分析中,初始的体育课程影响大学生拖延行为的作用机制结构模型 M1 设定了 14 条潜变量之间的路径,有 10 条路径表现出显著性,占 71%。不显著的路径主要集中在对拖延行为的影响中，这可能与拖延行为是一个复杂的行为特征，对其进行影响需要很多中介因素介入，直接效应不够明显有关。对不显著的路径进行删除，将模型进行修订，修订后的结构模型 M2 中假设的中介效应路径全部表现出显著性，能够更好地反映体育课程影响大学生拖延行为的作用机制，说明这些要素在模型中的意义和必要性。各潜变量之间的路径解释作用都较大，甚至有的标准化解释力(标准化系数)高达 0.718，足以说明模型方程对数据的解释能力比较强。

总的来说，体育课程影响大学生拖延行为的作用机制结构模型在与数据拟合的整体评价、模型的简洁性、局部参数的显著性和方程对数据的解释能力等方面均获得了比较满意的结果，实证检验支持了体育课程影响大学生拖延行为的作用机制结构模型。

6.4.2 体育课程思政对拖延行为的作用及其内部机制

体育课程思政建设是将思政教育内容融入体育课程教学中，让体育教学与思政教学同向同行，帮助体育教学达到更好的育人效果，培养学生良好的健康行为。前几章证明了思政内容供给、基本育人途径与拖延行为之间有关系，但具体是什么关系还没有检验；结合前期的研究和相关文献，本书提出育人目标达成这个变量，并将其作为中介变量，探讨是否促进体育教学对拖延行为的作用。对于以上种种问题，本章通过相关关系和结构模型对前几章未解决的假设进行了检验，以“思政内容供给促进了体育教学基本育人途径，以期达到更好的育人效果，进而改善拖延行为”为主要假设，探讨中间的作用机制，总结结构模型表达的重要影响途径。

《教育部办公厅关于加强学生心理健康管理工作的通知》中明确指出，充分发挥体育、美育、劳动教育以及校园文化的重要作用，全方位促进学生心理健康发展。有研究指出体育锻炼对改善拖延行为等心理行为问题具有积极的作用[299]，但现实中却发现当前大学生拖延行为的情况还较为严峻，可能是因为在体育课程中部分老师更倾向于传授技术，对学生进行思想政治教育较少，不能从根本上影响学生的拖延行为，或者是因为部分老师虽然没有忽视思想品质的教育，但是并没有将其进行显性教育，导致部分学生接收不到，从而达不到思政效果。因此，本章通过数据验证来证明，显性的思想道德教育融入体育课程教学中对拖延行为矫正能产生更大的作用。

根据相关分析结果可知，大学公共体育课程思政内容供给对大学生的拖延行为的解释力为 10.5%，虽解释力所占百分比不高，但作用是非常显著的。通过体育课程影响大学生拖延行为的作用机制结构模型 M2 的路径系数可以看出，在这个模型中思政内容供给对拖延行为没有直接影响，主要通过中介变量建立中介路径产生作用。在本章共检验到 8 条重要的中介路径，总中介效应达到－0.113，表明通过中介效应，思政内容供给对拖延行为的作用力有所增加，在体育课程中融入思政内容，有利于拖延行为的矫正。

关于课程思政内容供给对大学生拖延行为的内部影响机制，影响力较大的 2 个途径是：思政内容供给通过提高课程的育人目标达成，进一步改善学生的拖延行为；思政内容供给有利于提升学生勤练育人途径的效果，使学生对教的技能、知识和方法有更好的认识和掌握，帮助学生矫正拖延行为。体育课程中的“教会、勤练、常赛”基本育人途径反映了学生在体育课程中的显性行为，而育人目标达成除了增强体质这一维度体现了学生的外在品质之外，还在享受乐趣、健全人格和锤炼意志这 3 个方面体现了学生的内在品质。因此，可将思政内容供给影响学生的拖延行为分为两类：第一，通过影响学生的外在显性的行为影响学生拖延行为；第二，通过影响学生的内在隐形的品质影响学生的拖延行为。拖延行为是学生的心理行为问题，要想进行影响，不仅要从外在显性的品质进行改善，更重要的是要通过学生的内心活动进行根本上的影响。

综上所述，只有基本育人途径的传统体育课程较难改善学生的认知，而体育课程思政内容供给既能影响学生的外在行为，又能影响学生的内在品质，进而解决学生的心理行为问题。体育课程思政建设解决了传统体育解决不了的另一部分，对改善拖延行为产生了其他积极作用，凸显了其重要性。

6.4.3 课程思政助推体育课更好达成育人目标

2018 年，在全国教育大会上，习近平总书记提出“要树立健康第一的教育理念，开齐开足体育课，帮助学生在体育锻炼中享受乐趣、增强体质、健全人格、锤炼意志”，学界将其视为新时代学校体育改革与发展的“四位一体”的目标。2020 年《关于深化体教融合促进青少年健康发展的意见》再次强调了这十六个字，要求培育德智体美劳全面发展的社会主义建设者和接班人，这足以证明体育与国民身心健康、身心和谐、全面发展和人生幸福相呼应，与社会进步、社会团结、体育强国梦的实现以及体育命运共同体的构建相联系[300]，凸显了“四位一体”目标的重要性。“享受乐趣、增强体质、健全人格、锤炼意志”不仅在“享受乐趣”方面体现了体育的附加功能“育心理”，在“增强体质”方面体现了体育的主要教学目标“育体质”，还在“健全人格”方面体现了体育的特殊功效“育品德”和“育智力”[301]，在“锤炼意志”方面体现了体育的重要作用“育精神”和“育意志”[302]，因此“四位一体”的教学目标还应是体育课程的育人目标，体现“立德树人”的教育内涵。

大学公共体育课程是教育体系中的重要组成部分，是大部分学生需要经历的重要课程，一节体育课成功的关键在于学生可以通过体育教学达成“享受乐趣、增强体质、健全人格、锤炼意志”的育人目标。为了进一步达成育人目标和培养学生全面发展，《高等学校课程思政建设指导纲要》提出了课程思政建设，通过在体育教学中融入思政教育，帮助学生以体育智、以体育心和以体育人[303]，进一步帮助学生达成育人目标。本研究通过相关分析和结构方程模型检验了在体育锻炼中融入课程思政对达成“享受乐趣、增强体质、健全人格、锤炼意志”育人目标具有较显著的积极作用，表明了体育课程思政建设是体育课程中不可缺少的一部分，凸显了思政内容供给在体育教学中的重要性。

从收集到的问卷数据可以看出，大学公共体育课程通过体育教学所达成的育人目标效果较好，4 个方面的得分相差不大。享受乐趣在 4 个方面排首位，彰显了体育课程“以学生为主体”的中心思想，注重学生精神上的乐趣享受，提高学生的心理品质[304]。有专家指出：“我们建立了很合理的、很有逻辑的教学过程，但其给予的积极情感的粮食很少，因而引起了很多学生的苦恼、恐惧和别的消极感受，阻止他们全力以赴地去学习。”[305] 因此，引导学生享受运动乐趣是前提，俗语说“兴趣是最好的老师”，有了兴趣才能坚持学习，只有让学生从心理上认可体育，才能形成健康的生活方式[306]。体育课程思政建设为引导学生体验体育乐趣提供了较好的平台，例如：在体育课程中融合包含艺术元素的教学素材，让学生在音乐中运动，能进一步提高学生对体育的喜爱，在运动中享受乐趣；或者在体育课程中引导学生互帮互助、团结合作，能帮助学生在集体中享受朋友之间的友爱互动，进一步提高学生的乐趣。

习近平总书记指出："体育强国的基础在于群众体育。"学生是群众体育的重要组成部分，要想达到体育强国目标，学校体育是重中之重。自从学校体育课程实施以来，学校体育始终将传授体育知识、掌握运动技能和增强学生体质视为体育课程的教学目标，并且也从未忽视增强学生体质健康的政策指引，这足以说明增强体质的重要性。体育教师安排学生进行体育练习或体育比赛，促使学生锻炼身体、强健体魄，达到增强体质的效果。课外体育锻炼也是学校体育的重要组成部分，是实现学校体育目标、完成学校体育任务的重要手段之一[307]。仅仅在体育课程上进行练习和比赛是欠缺的，要鼓励学生在课外进行体育锻炼，形成"终身体育"观念。因此，在课程上进行思政教育是必要的，体育课程本身具有德育功能，融入显性的思政教育能充分挖掘体育课程中的育人潜力，在课程中学思结合、知行合一，从思想上帮助学生树立增强体质的正确观念，才能达到无论课内还是课外学生均能积极参加体育锻炼、增强自身体质健康水平的目的。例如：在课程中进行政治认同和家国情怀的思想教育，可以增强学生对国家和民族的认同感，激发起其保家卫国的决心，使其在体育锻炼中更加勤奋；或是站在疫情防控的角度，告知学生通过体育锻炼能增强体质、预防疾病，学生也会加强锻炼、强身健体。

健全人格的培养可以促进大学生良好价值观的形成，为健康生活方式的形成提供明确的导向，是新时代体育教学改革的重要内容，有利于落实"立德树人"的教育根本任务[308]。蔡元培先生认为完全人格应包含四育——体育、智育、德育和美育，并提出"完全人格，首在体育"的教育真谛[309]。体育教学能促进学生人格的健全，进而有利于智育、德育和美育的提升，并且与心理健康也有一定的联系。另外，关于健全人格的范畴还应包括道德水准的提升、智力水平的增进、情绪状态的改善和自尊自强等自我效能感的提高等。体育课程思政就是提倡体育教育和思政教育同向同行，提高学生的体质健康和思想道德。传统的体育课程中本身就具有健全人格的功能，显性思政教育的融入，加强了体育课程健全人格的效果。但健全人格的得分在 4 个方面中是最低的，尤其是在男生班级，其分数远低于其他方面，这可能与男生班级大多为对抗类项目，并且男生对美育敏感程度较低有关[310]。因此，教师应在体育课程中融入显性思政教学内容和多种形式的教学组织形式，全方位帮助学生健全其人格。

在体育课程中融入身体素质训练，不仅能培养学生勇敢顽强、坚忍不拔的精神风貌，也能锤炼学生不怕吃苦、刻苦训练的意志品质[311]；在体育课程中加入体育竞赛，不仅能引导学生领悟"友谊第一、比赛第二"的体育精神，也能在潜移默化中培养学生顽强拼搏的意志力。由此可以看出，体育课程对学生"享受乐趣、增强体质、健全人格、锤炼意志"本身就具有显著的优势，落实"教会、勤练、常赛"基本育人途径对达成育人目标具有积极的作用。体育课程思政建设的提出，为育人目标的达成发挥了助推作用。体育课程思政建设正是基于体育运动，使学生在超越自我的过程中形成自信坚强、英勇无畏、百折不挠的意志力，发挥其在人才培养的天然优势，进一步助力学生的全面发展[312]。课程思政协助体育教学更好地实现育人目标，产生“1+1>2”的效果。毛泽东提出的“文明其精神，野蛮其体魄”的现实寓意与习近平提出的“享受乐趣、增强体质、健全人格、锤炼意志”的精神内涵是相统一的，学校体育始终是增强学生幸福感和满足感的主要途径，因此要将体育教学的育人目标贯彻到底，超额完成“人人参与、人人健身、人人快乐、人人健康、人人幸福”的现实目标[313]。

6.4.4 落实“教会、勤练、常赛”一体化的积极作用

在第4章探讨了“教会、勤练、常赛”3个基本育人途径的教学现状及作用，阐述了三者之间有密切的关系，体现了一体化的体育课程教学模式。本章通过确定体育课程影响大学生拖延行为的作用机制的理论框架，构建结构方程模型，在促进体育课程更好达成“四位一体”育人目标的基础上，对三者在体育教学中的先后顺序提出假设，进一步分析了“教会”“勤练”“常赛”三者之间的关系。“教会、勤练、常赛”是体育课程上重要的育人途径，部分学者认为只有“教会”才能“勤练”和“常赛”。然而，本研究认为三者在体育课程中的关系并非如此，只有不断地练习和比赛才能使“教”变为“教会”，本研究提出“在体育课程中‘勤练’和‘常赛’是达到‘教会’的必经之路”的观点。

“勤练”要让学生不断练习在课堂上学到的健康知识，掌握基本运动技能和专项运动技能[314]。夸美纽斯在《大教学论》里将练习纳入教学过程中，视练习为巩固知识的重要途径[315]，赫尔巴特在《普通教育学·教育学讲授纲要》中提出方法-行动阶段理论，教师指导学生通过练习等方式，巩固教学内容[316]。国外教育学家将练习作为教学工作中一个必不可少的基本环节，且对知识的巩固和掌握有重要作用。我国古代教育家孔子认为把已有的知识和技能，付诸习行，能进一步巩固它。对于体育课程而言，“多习行”是实现育人目标达成的重要途径。学生不但要通过感知、思维与记忆获得和巩固体育知识并形成技能，还必须反复地温习、练习、实操，更要趁热打铁，及时、时时地进行复习和操练，以便把知识、动作和技能巩固下来，避免遗忘和漏失[317]。学者裴学萍也认为，及时复习巩固体育课程中所学的体育知识和技能，从而达到不会因为艾宾浩斯遗忘规律忘记体育知识及技术细节的目的，以便及时形成动作定型，熟练掌握体育课堂所学的健康知识、基本运动技能与专项运动技能，通过“勤练”达到更深入的“教会”[318]。因此，本研究将勤练育人途径作为教会育人途径的一个前因变量，建立体育课程影响大学生拖延行为的作用机制结构方程模型，解释力达到0.718，验证了“学练结合，以练促学”的效果。

“常赛”是让学生通过比赛、展示、游戏等活动巩固课堂上所学到的专项运动技术、健康理论知识和身体素质锻炼方法。在体育课程中学生虽经过了学习和练习，掌握了部分运动要领，但对于体育课程来说还是远远不够的，学生还需大量的体育实践将运动技能等知识进行消化和吸收[319]。体育比赛是体育实践的一种方式，且体育比赛不能仅限于对抗性比赛之中，在某些项目的体育课堂上需通过展示、游戏等来代替对抗性比赛，关注学生的参与性和体验性[320]。例如：在艺术体操等项目中，教师可以挑选部分学生进行技

术的成果展示,并就学生在展示中出现的共性问题再进行指导、示范和讲解,帮助学生对知识进行内化,有效地吸收和巩固新技能[321];在课堂上举行的班级或队内比赛,以"为学而赛"的模式,不仅可以激发学生学习运动技能的兴趣,还有利于巩固所学的体育技能[322],通过"常赛"达到进一步的"教会"。因此,本研究建立体育课程影响大学生拖延行为的作用机制结构方程模型,将常赛育人途径作为教会育人途径的一个前因变量,其解释力达 0.178,验证了"以赛促学、以赛促教"的效果。因此,从理论检验和数据支持均验证了勤练育人途径和常赛育人途径是教会育人途径的前因变量,二者的完善有利于教会育人途径的巩固和提升,验证了"在体育课程中'勤练'和'常赛'是达到'教会'的必经之路"的观点。

有研究指出,高校公共体育课程思政改革与学校体育教学改革提出的"教会、勤练、常赛"可以同向同行,同频共振[275]。本研究构建的结构模型通过数据验证了前人的观点,发现体育课程思政对三条基本育人途径的积极作用。在直接效应和中介效应中可知,思政内容供给对勤练育人途径、常赛育人途径和教会育人途径均有较显著的积极作用,因此,在体育课程中融入思政教育有利于落实"教会、勤练、常赛"一体化。体育课程思政建设是"教会、勤练、常赛"目标的具体体现,回答了"培养什么人"的教育问题[323]。在"教会、勤练、常赛"中能有效搭建课程思政培育平台,例如:在"教会"过程中融入思政教育,有利于学生培养团队合作、胜不骄败不馁的体育精神;在课内外的"勤练"中塑造持之以恒的意志品质;在"常赛"中传递遵守规则、尊重对手的体育道德精神。另外,思政教育可以鼓励学生将课程中培养的精神映射到社会的生活、工作中,达到全方位的育人效果,培养全面发展的人。

此外,本研究构建的结构方程模型还验证出"教会、勤练、常赛"基本育人途径在思政内容供给对育人目标达成方面的中介作用。有研究指出,让"教会、勤练、常赛"成为课堂教学常态,能进一步帮助学生在体育锻炼中享受乐趣、增强体质、健全人格和锤炼意志,培养德智体美劳全面发展的社会主义建设者和接班人[184]。基本育人途径作为传统体育教学的内容,对体育课程的育人目标达成有积极的作用是毋庸置疑的,课程思政的提出,又助力推动体育教学内容达成体育课程的育人目标。因此体育课程应从思政、教会、勤练、常赛这 4 个方面培养学生,这对"如何培养人"做出了较为明确的回答。

6.4.5 体育教学影响大学生拖延行为的策略

通过问题诊断发现当前大学生拖延行为问题非常严重,在本章验证了体育教学在多条路径上对改善拖延行为有显著的正向作用,提出了思政内容供给融入体育教学课程中的重要性,此外还发现若脱离传统体育教学,仅进行思想政治教学,学生将无法正确理解思政教育的内在意义,会对偏向理论性的学习感到枯燥,无法理论联系实际,也不能完成"享受乐趣、增强体质、健全人格、锤炼意志"的育人目标。因此,应加强不同基本育人途径与思政内容供给要素的结合,提高体育教学的质量,为改善拖延行为的实施效果提供策略导向。教师和学生作为体育教学的主体,分别承担着不同的任务,以期达到改善拖延行为的作用。基于此,本书提出了体育教学对大学生拖延行为的影响机理(图 6-5)。

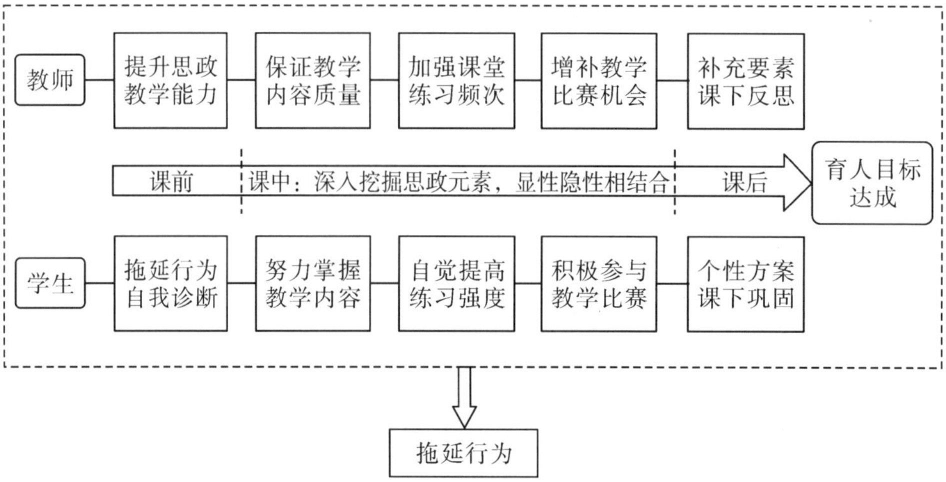

图 6-5 体育教学对大学生拖延行为的影响机理

在第 5 章思政内容供给的研究中发现，当前体育课程的思政内容供给落实欠佳，可能是由于大多数体育任课教师未经系统、科学的马克思主义理论教育，在理论知识贮备和理论驾驭能力等方面存在明显劣势[254]，在教学过程中不能很好地呈现思政内容。因此，体育教师首先应在课余时间丰富思政教学要素，努力提升思政教学能力，在体育课程应用中游刃有余。其次，体育教师在体育课程中应保证思政内容供给与“教会、勤练、常赛”有效衔接，防止思政教育和体育课程“两张皮”现象。例如，在教授运动技术时，可以借助多样化的教学方式进行教学，配合丰富的图画、视频资源，甚至是 VR（虚拟现实）等科学技术，来展示体育运动的独特魅力[324]，相比于传统形式的教学，该形式不仅使学生对运动技术形成独特而深刻的全方位认识，而且还有利于学生的文化素养等思政内容的提升。在勤练方面，练习次数越多越有利于学生运动技术的掌握[99]。但在调查数据中发现部分学生没有在练习中获得高质量的提升，尤其是非对抗项目的体育课程练习密度相对较小。教师应保证学生在课堂中的练习次数，若重复性的固定练习较为枯燥，可进行变换练习的方式。例如乒乓球课程中，可以从无球动作练习、有球个人练习到有球对打练习和比赛等，将难度慢慢增加，有利于学生增强动作与结果的精细化感知，巩固学生动作技能[325]，且在过程中能培养与同学之间互帮互助的道德修养。调查数据显示教学比赛得分偏低，是由于教师在个人项目或非对抗项目的体育课程中安排的比赛较少，尤其是艺术体操、健美操、体育舞蹈等操类课程比赛形式少之又少，产生这类现象的根本原因是教师未打破传统的竞技比赛的模式，仅将“赛”理解为比赛，应根据课程和学生的具体情况设计一些简化的游戏或展示[326]，培养学生的竞赛规则等法治意识。最后，教师课后的反思能力很重要，这是教师对课程实施的全过程及课程实施的各个影响因素加以系统、全面、深刻的审视、解释、分析和重建的能力[327]。反思不仅要检查基本育人途径的落实情况，还要考虑思政内容供给是否贯穿到全课程中，发挥其思想政治教育作用，若效果欠佳，应在教学设计中补充和完善思政元素，以期达到更好的效果。

作为学生，在课前、课中和课后也要对自己严格要求，有利于育人目标达成，进而改善拖延行为的形成。首先，在选课或课程之前，学生应对自己的拖延行为进行诊断，辨别自己是否是拖延学生。由于对抗项目和集体项目的基本育人途径和思政内容供给落实较好，对拖延行为影响较大，因此推荐拖延学生选择对抗项目和集体项目，通过体育教学更有利于阻止不良行为问题的形成。其次，在体育课程中，要认真完成教师布置的任务，提升“教会、勤练、常赛”教学效果。例如：在教会方面，努力掌握教学内容，保证自己在课程中学有所获；在勤练方面，根据教师要求达到应有的练习强度，在有余力的情况下可以提升负荷，确保课堂练习质量；在常赛方面，积极参与教学比赛，不当“透明人”，多与其他同学互动。再次，对教师在课程中补充的思政知识，要认真思考和积极互动，并将体育课堂中所学的思政和体育知识迁移到日常生活中，让课堂学到的知识学有所用。最后，根据自身拖延情况，选择体育社团、体育兴趣班等活动巩固自身技能和增加与他人互动，或为自己制订个性化方案，进而改善拖延行为。

体育教师与学生齐心协力，高标准要求自己，则能帮助学生在课程中达到“享受乐趣、增强体质、健全人格、锤炼意志”育人目标，杜绝拖延行为的形成。但这都离不开学校的支持，基于此，在体育教学对大学生拖延行为的影响机理的基础上，加入学校方面因素，形成学校体育对大学生拖延行为的影响机理（见图 6－6）。

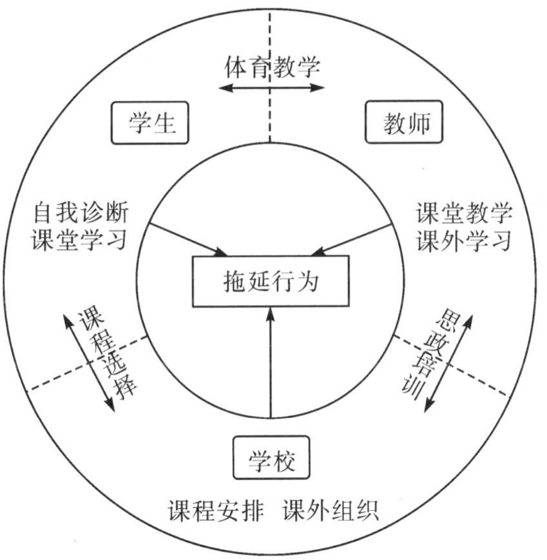

图 6－6　学校体育对大学生拖延行为的影响机理

体育课堂是学生接受体育知识、学习体育技能的主要阵地，也是学生进行课外锻炼和竞赛的基础环节，若是课程学时和质量难以保证，那么学校体育提出的“教会、勤练、常赛”一体化推进目标则是无从谈起[328]，更无法完成体育课程的思政教育。因此，学校要保证体育课程能有序进行，并且应严格控制班级人数，保证教师的精力可以高效完成教学。此外，应定期安排督查组对课堂教学进行检查，杜绝敷衍教学的情况出现。在课堂安排上，为学生提供多样化体育课程。当前大学生拖延行为较为严重，可以根据拖延行为的特点，多提供对抗项目和集体项目的课程，保证可供学生选择的课程数量充足。在课外组织上，第一，要为学生提供不同类型、不同形式的体育活动，例如体育社团、兴趣班，并定时组织校级比赛，可以采用奖励机制鼓励学生参加，丰富学生的体育活动；第二，要创建教师理论培训平台，针对体育教师思政理论和实践结合能力不足的问题，可以邀请马克思主义学院的相关老师为体育老师做培训和讲座，提高体育教师的思政修养。在学校、教师和学生的共同努力下，帮助学生树立正确的世界观、人生观和价值观，培养学生对体育的兴趣，形成终身体育观念，这样才能将“享受乐趣、增强体质、健全人格、锤炼意志”映射到生活的方方面面。

6.5 小结

本章内容主要包括以下 5 个方面。

①依据习近平总书记提出的“享受乐趣、增强体质、健全人格、锤炼意志”的四位一体目标，整理收集相关文献作为理论基础，设计了大学公共体育课程育人目标达成调查问卷，通过问卷调查了 2676 名非体育专业大四本科生，并收集了配套的数据，其中包括了 74 名学生的重复测量数据，验证问卷的重测效度很好；通过调查问卷中包含的体育锻炼行为的测试数据，检验问卷的效标效度，结果表明，最终问卷具有良好的信度和效度，符合测量学要求，可作为体育课程育人目标定量研究的测量工具，也可作为大学体育课程四位一体目标达成的评价工具。

②对收集到的 2676 份数据进行了描述性统计，分析了不同性别班级、不同体育项目分类体育课程育人目标达成的差异，结果表明当前大学公共体育课程能基本达成“享受乐趣、增强体质、健全人格、锤炼意志”的育人目标，其中，增强体质和锤炼意志两方面的得分相对理想，男生班级的体育课程育人目标达成效果相对较差，尤其是在健全人格方面；集体项目与个人项目、对抗项目与非对抗项目的体育课程育人目标达成情况基本相同。

③本章以 2676 名大四本科生为样本，采用 AMOS 结构方程建模软件，对体育课程影响大学生拖延行为的作用机制结构模型进行了实证检验。实证结果表明，体育课程影响大学生拖延行为的作用机制结构模型 M2 在与数据拟合的整体评价、模型的简洁性、局部参数的显著性和对数据的解释能力等方面均获得了比较满意的结果，实证检验支持了体育课程影响大学生拖延行为的作用机制结构模型。

④根据解释结构模型表达的体育课程与拖延行为以及体育课程要素之间的关系，体育课程影响大学生拖延行为的作用机制中需要检验的关系假设总共有 14 个。在实证检验中有 10 条路径表现出显著性，占 71%。并且检验出教会育人途径和育人目标达成对拖延行为的直接影响力为 0.091 和 0.081，体育课程思政、勤练育人途径、常赛育人途径和教会育人途径对拖延行为的间接影响力为 0.113、0.080、0.019 和 0.013(具体数据表格略)。同时，验证了关于“在体育课程中‘勤练’和‘常赛’是达到‘教会’的必经之路”的观点，其中教会育人途径对拖延行为的解释力最大，其次是勤练育人途径，最后是常赛育

人途径。

⑤验证了体育课程思政影响大学生拖延行为的作用机制，结构模型包括了4个层次，通过前几章的理论分析和本章的实证研究，可以清楚地得到这样一个总的层次路径：体育课程思政→基本育人途径→育人目标达成→拖延行为。其中影响力最大的路径为：体育课程思政→育人目标达成→拖延行为。实证检验了课程思政协助体育教学更好地实现育人目标，产生“1+1>2”的效果。体育课程思政对育人目标达成产生了行为和认知的促进作用，实现了基本育人途径较难达成的育人目标，论证了体育课程思政的重要性。

7 结论与建议

7.1 结论

①大学生拖延行为问题严重，对锻炼行为和体质健康造成不良影响。约有五分之三的大学生具有拖延行为倾向，其中男生和非独生子女是大学生容易产生拖延行为的人群，拖延学生在困难面前“不思进取”，影响学生健康行为的培养；学生的拖延行为对自身的锻炼行为和体质健康产生严重的后果，拖延学生容易产生行为的随意性，并且缺乏足够的意志力和坚持性；锻炼行为在拖延行为影响体质健康的机制中起到中介效应，矫正拖延行为有利于提高学生的锻炼行为，进而促进自身的体质健康水平。

②大学公共体育课程基本育人途径落实较好，对帮助学生矫正拖延行为起到关键作用。基于“教会、勤练、常赛”基本育人途径相关文献，本研究设计并检验了大学公共体育课程基本育人途径调查问卷，可作为大学公共体育课程基本育人途径定量研究的测量工具，也可作为大学公共体育课程落实“教会、勤练、常赛”教学理念的评价工具；大学公共体育课程落实“教会、勤练、常赛”的基本育人途径较好，其中常赛育人途径成为体育课程基本育人途径的薄弱点、难点和重点，这与体育项目不同有很大的联系；女生班级的基本育人途径落实程度不如男生班级，尤其是在比赛展示环节；个人项目体育课程的基本育人途径落实较好，主要体现在教会专项、教会知识和教会方法上；对抗项目体育课程的基本育人途径落实程度优于非对抗项目，主要体现在常赛机会和常赛参与方面。体育课程中落实“教会、勤练、常赛”基本育人途径不仅能提升学生身体素质，还有利于培养学生的积极心理品质，具体表现为学生锻炼行为的养成、体质健康的增强和拖延行为的矫正这3个方面。

③大学公共体育课程思政内容供给有待提升，对帮助学生改善拖延行为起到重要作用。根据《高等学校课程思政建设指导纲要》政策文件的指导，基于“政治认同、家国情怀、文化素养、法治意识、道德修养”思政内容供给相关文献的基础，本研究设计并检验了大学公共体育课程思政内容供给学生评价量表，可作为体育课程思政定量研究的测量工

具，也可作为大学公共体育课程思政教学效果的评价工具；大学公共体育课程思政内容供给有所欠缺，其中政治认同、家国情怀这两方面成为体育课程思政内容供给的薄弱点、难点和重点，这与教师思政素养和学生接收能力都有一定联系；男生班级的体育课程思政内容供给相对较少，尤其是在政治认同和家国情怀这两方面；个人项目体育课程的思政内容供给落实较好，主要体现在大一的 2 个学期；非对抗项目体育课程的思政内容供给落实程度优于对抗项目，但在大二上学期二者落实程度基本相同。体育课程中融入思想政治教育不仅能促进身体健康，还有利于心理健康，具体表现为学生锻炼行为的养成、思想道德的提升和拖延行为等不良行为的矫正这 3 个方面。

④大学公共体育课程育人目标达成较好，对帮助学生矫正拖延行为起到积极作用。依据习近平总书记提出的"享受乐趣、增强体质、健全人格、锤炼意志"的四位一体目标，整理收集相关文献作为理论基础，本研究设计并检验了大学公共体育课程育人目标达成调查问卷，可作为体育课程育人目标定量研究的测量工具，也可作为大学体育课程四位一体目标达成的评价工具；大学公共体育课程中育人目标达成效果较好，其中增强体质和锤炼意志效果较好；男生班级的体育课程育人目标达成效果相对较差，尤其是在健全人格方面；集体项目与个人项目、对抗项目与非对抗项目的体育课程育人目标达成情况基本相同。

⑤体育教学影响拖延行为的作用机理。思政教育融入大学公共体育课程中，对帮助学生改善拖延行为起到"1＋1＞2"的决定性效果。体育教学通过以育人目标达成为核心中介变量的 8 条路径对拖延行为产生了积极的影响。其中在体育课程中融入课程思政教学内容能提高课程育人目标达成效果，能更大程度地改善学生的拖延行为；体育课程思政内容供给既能影响学生的外在行为，又能影响学生的内在品质，推动着体育课程基本育人途径发挥出更大的育人作用。此外，本研究还验证了"在体育课程中'勤练'和'常赛'是达到'教会'的必经之路"的观点成立。

7.2 建议

①对学生的建议：首先，思想上重视。部分大学生存在或轻或重的拖延行为时不加以重视，认为拖延行为只是自己的一个小毛病，是在自己的控制范围内的。其实这种观念是错误的，应加强思想上对拖延行为的重视，正确认识拖延行为。若出现拖延行为应及时加以改正，或寻求老师和同学的帮助，避免危害身心健康。其次，态度上认真。大学生进行体育课程学习要保持积极主动的学习态度，在学习过程中认真听讲，注重理论与实践的结合，尤其是教师对拖延行为进行针对训练时，应积极参与到活动中，及时与老师互动，反馈自己的真实想法。最后，行动上积极。学生应及时根据问卷对自身进行调查，结合自身需求选择适合自己的体育课程，在课后制订个性化学习方案，全面补充自身思政教育，有效改善拖延行为。

②对教师的建议：首先，因材施教。教师可以根据调查问卷对学生进行拖延行为的问题诊断，帮助学生对拖延行为进行正确的认知，为学生安排有针对性的训练和思政教

育，潜移默化地改善学生的拖延行为。其次，丰富知识。思政教育无法融入体育课程中是教师授课技能的短处，在课余时间多补充马克思主义理论等有利于培养思政教育，并将理论知识积极用于实践中，补足自己的短处，不断提升自己。最后，积极反馈。教师可根据整节课的课程安排，通过问卷的反馈，更新教学模式，改变传统教学中教学内容不变的现象。将思政元素融入教学内容、教学方法、组织形式中，从而加强影响学生拖延行为的效果。

③对学校的建议：首先，提供针对性的体育课程。设计有效改善学生拖延行为的课程内容，坚持“以学生为中心”的教育理念，补充育人途径和思政元素等课程内容，从而设计出更适合学生的学校体育课程。其次，创建教师理论培训平台。针对体育教师思政理论和实践结合能力不足的问题，学校应提供相应的培训平台，可以邀请马克思主义学院的相关老师为体育老师进行培训和讲座，提高体育教师的思政修养。最后，组织丰富的课外体育活动。不同的体育项目的思政元素、组织形式和教学方式是不同的，学校应尽可能地提供不同项目、不同方式的体育活动，供学生选择。

7.3 创新点

①定量分析大学生拖延行为的现状、特点和危害。在拖延行为的现有研究文献中，缺乏关于拖延行为对锻炼行为和体质健康的危害的相关研究，本书的研究对大学生拖延行为进行了定量诊断，分析了整体现状、特殊群体的特征和存在的问题，以及拖延行为对大学生锻炼行为、体质健康的危害，为有针对性地干预大学生不良行为提供了依据。

②编制大学体育课程思政内容供给、体育课程基本育人途径、体育课程育人目标达成的测量工具。这3个方面的研究文献主要是定性研究，其主要原因是缺乏标准化的定量研究工具。本研究从实证研究的角度，依据国家政策文件、现有理论和访谈质性研究，编制了3个学生评价量表。实证分析表明3个量表具有较好的信度和效度，一方面有利于推动体育课程思政和相关体育课程理论研究由思辨阶段向定量分析发展，另一方面为体育课程教学评价和教学实践提供了测评工具。

③比较系统全面地定量分析了大学体育课程思政内容供给、体育课程基本育人途径、体育课程育人目标达成的现状及其存在的问题，并从男女班级、不同项目课程分析了不同体育课程的教学特点。研究的内容探讨了当前学校体育教学的不足，为有的放矢地干预大学生拖延行为提供了参考，有利于推动体育教学改革，促进体育教学高质量发展。

④定量分析大学体育课程的育人作用。突破大学体育课程思政和体育课程基本育人途径的思辨研究瓶颈，从锻炼行为的养成、体质健康的增强、思想道德的提升和拖延行为的矫正4个方面，实证检验了体育课程基本育人途径和体育课程思政的全面育人作用。

⑤构建并验证体育教学改善拖延行为的作用机理模型。现有文献对学生拖延行为的影响条件大多数是从自我效能感、时间管理能力等认知角度出发，缺少体育教学改善拖延行为的理论解释。本研究针对拖延行为的特点和体育教学的作用，构建了体育教学

改善拖延行为的作用机理模型。实证研究表明理论模型能够很好地解释体育教学改善拖延行为的影响路径。实证检验了课程思政协助体育教学更好地实现了育人目标，产生了“1+1>2”的效果。体育课程思政对育人目标的达成产生了行为和认知的促进作用，实现了基本育人途径较难达成的育人目标，论证了体育课程思政的重要性。

7.4 不足与展望

本书基于课程思政的研究视域，调查并测量大学公共体育课程、大学生拖延行为的现状及特征，在此基础上研究大学公共体育课程基本育人途径、大学公共体育课程思政内容供给对大学生拖延行为的影响机制，并构建了体育课程影响大学生拖延行为的作用机制结构模型，证实了“基本育人途径和思政内容供给较为完善的大学公共体育课程有利于帮助大学生改善拖延行为”的观点，最终提出了有利于改善大学生拖延行为的大学公共体育课程教学的实践路径。由于笔者的文字功底和研究能力有限，本书的研究仍有不足之处：

①本书提出的大学公共体育课程基本育人途径和大学公共体育课程思政的理论模型是在国家政策文件的指导下完成的，且在研究过程中，该领域研究还处于起步阶段，定量研究较少。在后续研究中需要通过不同的样本和方法对其进行检验和补充，进一步完善和细化这 2 个理论模型。

②由于新冠疫情的影响，本书调查对象的部分公共体育课程实行了线上教学，且当时体育线上教学刚开始，在部分方面有所欠缺。本书采用的研究设计方法为事件回溯研究，本书的研究对象仅选用了西安某大学大四本科生群体，研究范围较为局限，并且无法检验不同年龄学生拖延行为和不同年级大学公共体育课程的差异。未来的研究可以扩大调查范围，使研究结果与结论更具有普适性。

③对于“教会、勤练、常赛”三者之间的关系，本书提出了新的观点——在体育课程中“勤练”和“常赛”是达到“教会”的必经之路。本书仅在体育课程影响大学生拖延行为的作用机制结构模型中进行了实证检验。接下来的研究可以运用其他研究模型或研究方法验证该观点，使研究结果和结论更具有科学性。

④本书根据研究结果并经讨论提出的教学策略未进行实践的检验，包括建议部分的深度需要进一步提升，未来可以利用本研究提出的教学策略进行学生拖延行为的干预研究，不断提高大学公共体育课程教学的实用性和多元性。

附　录

附录A　体育课程思政内容专家访谈

尊敬的老师：

您好！首先感谢您在百忙之中抽出时间来进行此次访谈。2020年《高等学校课程思政建设指导纲要》提出，课程思政建设内容要围绕政治认同、家国情怀、文化素养、宪法法治意识、道德修养等重点优化课程思政内容供给。此访谈是想从以上五方面内容了解体育课应该给学生提供什么样的教学内容。访谈结果仅供学术研究之用，所以对于您个人提供的宝贵意见绝对保密，请您放心作答，谢谢！

1．政治认同是拥护中国共产党、拥护社会主义制度、对党和制度的真挚情感和理性认同，对社会主义理想信念和弘扬社会主义核心价值观的深刻认同。

您认为在体育教学中还有哪些内容能培养学生“政治认同”？

答：______________________________。

2．家国情怀是一个人对自己的国家、民族和人民所表现出来的深情大爱，是对国家富强、民族繁荣和人民幸福所展现出来的理想追求，是对自己国家一种高度认同感和归属感、责任感和使命感的体现。

您认为在体育教学中还有哪些内容能培养学生“家国情怀”？

答：______________________________。

3．文化素养是指人们在文化方面所具有的较为稳定的、内在的基本品质，表明人们在这些知识及与之相适应的能力行为、情感等综合发展的质量、水平和个性特点。

您认为在体育教学中还有哪些内容能培养学生“文化素养”？

答：______________________________。

4．法治意识是指作为独立主体的社会成员在实践中所形成的关于法治的心态、观念、知识和思想体系的总称，是符合法治社会建设要求的法律意识，是人们对法律和法律现象的看法和对法律规范的认同的自觉程度最高的一种意识。

您认为在体育教学中还有哪些内容能培养学生“法治意识”？

答：____。

5. 道德修养，就是指社会成员在道德认知、道德感情、道德意志和道德行为等方面，自觉按照一定社会或阶级的道德要求所进行的自我锻炼、自我改造和自我提高的实践活动，以及经过这种努力所形成的道德情操和道德境界。

您认为在体育教学中还有哪些内容能培养学生“道德修养”？

答：____。

您的回答提供了优秀案例，对我们体育课程思政内容的帮助很大，再次感谢您的协助与支持，谢谢！

附录B 课程思政视域下体育教学对拖延行为的影响使用的量表和问卷

课程思政视域下体育教学对拖延行为的影响使用的量表

（书籍在研究中最终采用的变量及对应题目）

变量	项目数	题项编号	题项来源(作者)
基本信息	8	A1,A2,A3,A4,A5,A6,A7,A8	
一般拖延行为	9	L1,L2,L3(R),L4,L5(R),L6(R),L7,L8,L9	张亚利[32]
课程思政内容供给简表	5	C1,C7,C13,C19,C24	自编
课程思政内容供给详表			
政治认同	5	C2,C3,C4,C5,C6	
家国情怀	5	C8,C9,C10,C11,C12	
文化素养	5	C14,C15,C16,C17,C18	
法治意识	4	C20,C21,C22,C23	
道德修养	4	C25,C26,C27,C28	
体育育人目标达成	4	D1(享受乐趣),D2(增强体质),D3(健全人格),D4(锤炼意志)	自编
体育必修课程学习			自编
运动项目	4	E1,F1,G1,H1	
教会			
专项技术	4	E2,F2,G2,H2	
理论知识	4	E3,F3,G3,H3	
锻炼方法	4	E4,F4,G4,H4	
勤练			
练习密度	4	E5,F5,G5,H5	
练习强度	4	E6,F6,G6,H6	
常赛			
比赛机会	4	E7,F7,G7,H7	
比赛参与	4	E8,F8,G8,H8	
课外体育锻炼行为			陈善平[329]（在此基础上修订）
运动项目	2	J1,K1	
锻炼方式	2	J2,K2	

续表

变量	项目数	题项编号	题项来源(作者)
锻炼时间	2	J3,K3	仇军[330]
锻炼频率	2	J4(R),K4(R)	
锻炼强度	2	J5,K5	
锻炼坚持	2	J6,K6	卡迪纳尔[331]

注:A表示问卷的第一大题,L表示问卷的第十二大题,C表示问卷的第三大题,D表示问卷的第四大题,E表示问卷的第五大题,F表示问卷的第六大题,G表示问卷的第七大题,H表示问卷的第八大题,J表示问卷的第十大题,K表示问卷的第十一大题;其中带"R"的表示反向计分的项目。

大学生体育课程学习和课外体育锻炼调查问卷

亲爱的同学:

您好!

欢迎您参加本次调查。本次调查旨在了解当代大学生在大学阶段的体育课程学习和日常的体育锻炼情况。您的真实回答将为我们的教学改革提供重要数据,每个答案无对错、好坏之分,也与成绩无关,留下个人信息是为根据问卷向您提供指导与帮助,做好后期回访工作。请您仔细阅读以下的每个题项,根据自己的真实情况,在相应的选项上画"√"。(请注意:凡是未标注多项选择的题目,均为单项选择题)。非常感谢您的支持与合作!

西安××大学体育中心

一、基本信息

1. 您的姓名:
2. 您的学号是:
3. 您的性别:①男;②女。
4. 是否是独生子女:①是; ②否。
5. 家庭居住地属于:①城市;②县城;③乡镇;④农村。
6. 当前的健康状况:①优秀;②良好;③中等;④较差;⑤差。
7. 是否患有慢性疾病:①严重的;②较严重的;③不严重;④轻微的;⑤根本没有。
8. 您对体重的自我感觉是:①肥胖;②较胖;③正常;④偏瘦;⑤很瘦。

二、体育拖延行为(尽量不选折中性答案)

1. 我倾向于把体育锻炼推迟到第二天。

①非常不同意;②不同意;③既不同意也不反对;④同意;⑤非常同意。

2. 当我应该锻炼时,却被其他更有趣的事情分散了注意力。

①非常不同意;②不同意;③既不同意也不反对;④同意;⑤非常同意。

3. 我会推迟锻炼的时间。

①非常不同意;②不同意;③既不同意也不反对;④同意;⑤非常同意。

4. 我发现自己经常落后于我的锻炼计划。

①非常不同意;②不同意;③既不同意也不反对;④同意;⑤非常同意。

5. 我发现自己经常推迟体育锻炼,尽管我知道我不应该这样做。

①非常不同意;②不同意;③既不同意也不反对;④同意;⑤非常同意。

6. 我推迟锻炼,直到完成我的锻炼计划为时已晚。

①非常不同意;②不同意;③既不同意也不反对;④同意;⑤非常同意。

三、大学期间体育课程思政情况(尽量不选折中性答案)

1. 在您的体育课上,老师注重培养学生的政治认同。

①非常不同意;②不同意;③既不同意也不反对;④同意;⑤非常同意。

2. 在您的体育课上,老师宣传了党和国家的政策方针。

①非常不同意;②不同意;③既不同意也不反对;④同意;⑤非常同意。

3. 在您的体育课上,老师介绍了中国共产党领导体育事业的伟大成就。

①非常不同意;②不同意;③既不同意也不反对;④同意;⑤非常同意。

4. 在您的体育课上,老师宣讲了国家领导人的体育思想。

①非常不同意;②不同意;③既不同意也不反对;④同意;⑤非常同意。

5. 在您的体育课上,老师宣讲了中国共产党人的精神谱系(比如女排精神)。

①非常不同意;②不同意;③既不同意也不反对;④同意;⑤非常同意。

6. 在您的体育课上,老师宣讲了社会主义核心价值观。

①非常不同意;②不同意;③既不同意也不反对;④同意;⑤非常同意。

7. 在您的体育课上,老师注重培养学生的家国情怀。

①非常不同意;②不同意;③既不同意也不反对;④同意;⑤非常同意。

8. 在您的体育课上,老师对学生进行了爱国主义教育。

①非常不同意;②不同意;③既不同意也不反对;④同意;⑤非常同意。

9. 在您的体育课上,老师介绍了一些运动健儿为国争光的事例。

①非常不同意;②不同意;③既不同意也不反对;④同意;⑤非常同意。

10. 在您的体育课上,老师介绍了一些体育人物为民族而斗争的事迹。

①非常不同意;②不同意;③既不同意也不反对;④同意;⑤非常同意。

11. 在您的体育课上,老师宣讲了中华民族的优良传统和美德。

①非常不同意;②不同意;③既不同意也不反对;④同意;⑤非常同意。

12. 在您的体育课上,老师强调了学生应该增强体质为国效力。

①非常不同意;②不同意;③既不同意也不反对;④同意;⑤非常同意。

13. 在您的体育课上,老师注重培养学生的文化素养。

①非常不同意;②不同意;③既不同意也不反对;④同意;⑤非常同意。

14. 在您的体育课上,老师讲解了体育文化(例如体育发展史、奥林匹克文化)。

①非常不同意;②不同意;③既不同意也不反对;④同意;⑤非常同意。

15. 在您的体育课上,老师介绍了一些体育科技方面的进展(例如先进的场地器材和训练手段等)。

①非常不同意;②不同意;③既不同意也不反对;④同意;⑤非常同意。

16. 在您的体育课上，老师结合体育讲授其他相关学科理论知识(例如生理、解剖、保健、力学等)。

①非常不同意；②不同意；③既不同意也不反对；④同意；⑤非常同意。

17. 在您的体育课上，老师使用了包含艺术元素的教学素材(例如音乐、美术)。

①非常不同意；②不同意；③既不同意也不反对；④同意；⑤非常同意。

18. 在您的体育课上，老师讲解并应用了体育运动项目中的礼仪(例如师生问好、比赛礼节)。

①非常不同意；②不同意；③既不同意也不反对；④同意；⑤非常同意。

19. 在您的体育课上，老师注重培养学生的法治意识。

①非常不同意；②不同意；③既不同意也不反对；④同意；⑤非常同意。

20. 在您的体育课上，老师严格要求课堂纪律。

①非常不同意；②不同意；③既不同意也不反对；④同意；⑤非常同意。

21. 在您的体育课上，老师强调了要遵守运动项目竞赛规则。

①非常不同意；②不同意；③既不同意也不反对；④同意；⑤非常同意。

22. 在您的体育课上，老师讲解了违规行为的危害(例如假球、兴奋剂等)。

①非常不同意；②不同意；③既不同意也不反对；④同意；⑤非常同意。

23. 在您的体育课上，老师强调了要遵纪守法。

①非常不同意；②不同意；③既不同意也不反对；④同意；⑤非常同意。

24. 在您的体育课上，老师注重培养学生的道德修养。

①非常不同意；②不同意；③既不同意也不反对；④同意；⑤非常同意。

25. 在您的体育课上，老师强调了要遵守体育道德。

①非常不同意；②不同意；③既不同意也不反对；④同意；⑤非常同意。

26. 在您的体育课上，老师强调了要尊重师长、待人友善。

①非常不同意；②不同意；③既不同意也不反对；④同意；⑤非常同意。

27. 在您的体育课上，老师要求在课堂学习中要互帮互助。

①非常不同意；②不同意；③既不同意也不反对；④同意；⑤非常同意。

28. 在您的体育课上，老师强调了要诚实守信。

①非常不同意；②不同意；③既不同意也不反对；④同意；⑤非常同意。

四、大学期间体育课程育人目标达成情况(尽量不选折中性答案)

1. 通过体育课，我享受到了体育的乐趣。

①非常不同意；②不同意；③既不同意也不反对；④同意；⑤非常同意。

2. 通过体育课，我的体质得到了增强。

①非常不同意；②不同意；③既不同意也不反对；④同意；⑤非常同意。

3. 通过体育课，我的人格得到了健全。

①非常不同意；②不同意；③既不同意也不反对；④同意；⑤非常同意。

4. 通过体育课，我的意志得到了锤炼。

①非常不同意；②不同意；③既不同意也不反对；④同意；⑤非常同意。

五、大一上学期体育必修课程情况(尽量不选折中性答案)

1. 大一上学期,您必修的体育课程运动项目是(单选题):

①篮球课;②足球课;③排球课;④乒乓球课;⑤羽毛球课;⑥网球课;
⑦武术套路课;⑧搏击课(拳击散打跆拳道等);⑨游泳课;⑩健身健美课;
⑪田径课;⑫体适能课;⑬体育舞蹈课;⑭健美操课;⑮艺术体操课;⑯瑜伽课;
⑰户外运动;⑱舞龙舞狮龙舟课;⑲飞盘课;⑳其他。

2. 通过大一上学期体育课程学习,您对所学课程的运动项目技术掌握情况:

①没有提升;②提升较小;③有一定提升;④提升较大;⑤提升非常大。

3. 通过大一上学期体育课程学习,您对体育理论知识掌握情况:

①没有提升;②提升较小;③有一定提升;④提升较大;⑤提升非常大。

4. 通过大一上学期体育课程学习,您对身体素质练习方法掌握情况:

①没有提升;②提升较小;③有一定提升;④提升较大;⑤提升非常大。

5. 大一上学期体育课中,老师安排学生练习的情况:

①从不;②偏少;③较多;④多;⑤非常多。

6. 大一上学期,通常情况您上完一节体育课后身体变化是:

①无感觉;②全身微微发热;③微微出汗;④中等出汗;⑤出大汗。

7. 大一上学期体育课中,老师安排学生比赛的情况:

①从不;②偏少;③比较多;④多;⑤非常多。

8. 大一上学期体育课中,您参加课堂比赛的情况:

①从不;②偏少;③比较多;④多;⑤非常多。

六、大一下学期体育必修课程情况(尽量不选折中性答案)

1. 大一下学期,您必修的体育课程运动项目是(单选题):

①篮球课;②足球课;③排球课;④乒乓球课;⑤羽毛球课;⑥网球课;
⑦武术套路课;⑧搏击课(拳击散打跆拳道等);⑨游泳课;⑩健身健美课;
⑪田径课;⑫体适能课;⑬体育舞蹈课;⑭健美操课;⑮艺术体操课;⑯瑜伽课;
⑰户外运动;⑱舞龙舞狮龙舟课;⑲飞盘课;⑳其他。

2. 通过大一下学期体育课程学习,您对所学课程的运动项目技术掌握情况:

①没有提升;②提升较小;③有一定提升;④提升较大;⑤提升非常大。

3. 通过大一下学期体育课程学习,您对体育理论知识掌握情况:

①没有提升;②提升较小;③有一定提升;④提升较大;⑤提升非常大。

4. 通过大一下学期体育课程学习,您对身体素质练习方法掌握情况:

①没有提升;②提升较小;③有一定提升;④提升较大;⑤提升非常大。

5. 大一下学期体育课中,老师安排学生练习的情况:

①从不;②偏少;③较多;④多;⑤非常多。

6. 大一下学期,通常情况您上完一节体育课后身体变化是:

①无感觉;②全身微微发热;③微微出汗;④中等出汗;⑤出大汗。

7. 大一下学期体育课中,老师安排学生比赛的情况:

①从不;②偏少;③比较多;④多;⑤非常多。

8. 大一下学期体育课中，您参加课堂比赛的情况：
①从不；②偏少；③比较多；④多；⑤非常多。

七、大二上学期体育必修课程情况(尽量不选折中性答案)

1. 大二上学期，您必修的体育课程运动项目是(单选题)：
①篮球课；②足球课；③排球课；④乒乓球课；⑤羽毛球课；⑥网球课；
⑦武术套路课；⑧搏击课(拳击散打跆拳道等)；⑨游泳课；⑩健身健美课；
⑪田径课；⑫体适能课；⑬体育舞蹈课；⑭健美操课；⑮艺术体操课；⑯瑜伽课；
⑰户外运动；⑱舞龙舞狮龙舟课；⑲飞盘课；⑳其他。
2. 通过大二上学期体育课程学习，您对所学课程的运动项目技术掌握情况：
①没有提升；②提升较小；③有一定提升；④提升较大；⑤提升非常大。
3. 通过大二上学期体育课程学习，您对体育理论知识掌握情况：
①没有提升；②提升较小；③有一定提升；④提升较大；⑤提升非常大。
4. 通过大二上学期体育课程学习，您对身体素质练习方法掌握情况：
①没有提升；②提升较小；③有一定提升；④提升较大；⑤提升非常大。
5. 大二上学期体育课中，老师安排学生练习的情况：
①从不；②偏少；③较多；④多；⑤非常多。
6. 大二上学期，通常情况您上完一节体育课后身体变化是：
①无感觉；②全身微微发热；③微微出汗；④中等出汗；⑤出大汗。
7. 大二上学期体育课中，老师安排学生比赛的情况：
①从不；②偏少；③比较多；④多；⑤非常多。
8. 大二上学期体育课中，您参加课堂比赛的情况：
①从不；②偏少；③比较多；④多；⑤非常多。

八、大二下学期体育必修课程情况(尽量不选折中性答案)

1. 大二下学期，您必修的体育课程运动项目是(单选题)：
①篮球课；②足球课；③排球课；④乒乓球课；⑤羽毛球课；⑥网球课；
⑦武术套路课；⑧搏击课(拳击散打跆拳道等)；⑨游泳课；⑩健身健美课；
⑪田径课；⑫体适能课；⑬体育舞蹈课；⑭健美操课；⑮艺术体操课；⑯瑜伽课；
⑰户外运动；⑱舞龙舞狮龙舟课；⑲飞盘课；⑳其他。
2. 通过大二下学期体育课程学习，您对所学课程的运动项目技术掌握情况：
①没有提升；②提升较小；③有一定提升；④提升较大；⑤提升非常大。
3. 通过大二下学期体育课程学习，您对体育理论知识掌握情况：
①没有提升；②提升较小；③有一定提升；④提升较大；⑤提升非常大。
4. 通过大二下学期体育课程学习，您对身体素质练习方法掌握情况：
①没有提升；②提升较小；③有一定提升；④提升较大；⑤提升非常大。
5. 大二下学期体育课中，老师安排学生练习的情况：
①从不；②偏少；③较多；④多；⑤非常多。
6. 大二下学期，通常情况您上完一节体育课后身体变化是：
①无感觉；②全身微微发热；③微微出汗；④中等出汗；⑤出大汗。

7. 大二下学期体育课中,老师安排学生比赛的情况:

①从不;②偏少;③比较多;④多;⑤非常多。

8. 大二下学期体育课中,您参加课堂比赛的情况:

①从不;②偏少;③比较多;④多;⑤非常多。

九、大学期间体育选修课程情况(尽量不选折中性答案)

1. 除体育必修课外,您是否选修了体育类选修课程?

①是;②否。

2. 大学期间,您选修的体育课程运动项目有(可多选):

①篮球课;②足球课;③排球课;④乒乓球课;⑤羽毛球课;⑥网球课;⑦武术套路课;⑧搏击课(拳击散打跆拳道等);⑨游泳课;⑩健身健美课;⑪田径课;⑫体适能课;⑬体育舞蹈课;⑭健美操课;⑮艺术体操课;⑯瑜伽课;⑰户外运动;⑱舞龙舞狮龙舟课;⑲飞盘课;⑳其他。

3. 通过选修课程学习,您对所学运动项目技术掌握情况:

①没有提升;②提升较小;③有一定提升;④提升较大;⑤提升非常大。

4. 通过选修课程学习,您对体育理论知识掌握情况:

①没有提升;②提升较小;③有一定提升;④提升较大;⑤提升非常大。

5. 通过选修课程学习,您对身体素质练习方法掌握情况:

①没有提升;②提升较小;③有一定提升;④提升较大;⑤提升非常大。

6. 选修课程中,老师安排学生练习的情况:

①从不;②偏少;③较多;④多;⑤非常多。

7. 选修课程中,通常情况您上完一节体育课后身体变化是:

①无感觉;②全身微微发热;③微微出汗;④中等出汗;⑤出大汗。

8. 选修课程中,老师安排学生比赛的情况:

①从不;②偏少;③较多;④多;⑤非常多。

9. 选修课程中,你参加课堂比赛的情况:

①从不;②偏少;③较多;④多;⑤非常多。

十、大学一二年级课外体育锻炼情况(尽量不选折中性答案)

1. 大学一二年级您课外经常参加的锻炼项目有(可多选):

①散步;②跑步;③健身操;④乒乓球;⑤羽毛球;⑥网球;⑦篮球;⑧足球;⑨排球;⑩游泳;⑪舞蹈;⑫自行车;⑬武术套路课;⑭搏击课(拳击散打跆拳道等);⑮健美;⑯跳绳;⑰其他。

2. 大学一二年级您进行课外体育锻炼的主要形式(可多选)有:

①单独活动;②与同学一起;③体育兴趣小组;④体育社团;⑤其他。

3. 大学一二年级您参加课外体育活动时间每次大约:

①15 分钟内;②15～30 分钟;③0.5～1 小时;④1～1.5 小时;⑤1.5 小时以上。

4. 大学一二年级您每周参加课外体育锻炼的次数是:

①三次以上;②三次;③二次;④一次;⑤不到一次。

5. 大学一二年级您完成一次课外体育锻炼后身体变化是:

①无感觉;②全身微微发热;③微微出汗;④中等出汗;⑤出大汗。

6. 有规律锻炼是指为了促进健康而进行的有计划的身体活动，如散步、慢跑、球类等活动，有效的锻炼应该是坚持每周 3 次以上、每次 20 分钟以上能使您出汗的运动。据此定义，大学一二年级您进行这样有规律锻炼的累计时长约占一二学年的百分比是：

①0%～20%；②21%～40%；③41%～60%；④61%～80%；⑤81%～100%。

十一、大学三四年级课外体育锻炼情况(尽量不选折中性答案)

1. 大学三四年级您经常参加的课外锻炼项目有(可多选)：

①散步；②跑步；③健身操；④乒乓球；⑤羽毛球；⑥网球；⑦篮球；

⑧足球；⑨排球；⑩游泳；⑪舞蹈；⑫自行车；⑬武术套路课；

⑭搏击课(拳击散打跆拳道等)；⑮健美；⑯跳绳；⑰其他。

2. 大学三四年级您进行课外体育锻炼的主要形式有(可多选)：

①单独活动；②与同学一起；③体育兴趣小组；④体育社团；⑤其他。

3. 大学三四年级您参加课外体育活动时间每次大约：

①15 分钟内；②15～30 分钟；③0.5～1 小时；④1～1.5 小时；⑤1.5 小时以上。

4. 大学三四年级您每周参加课外体育锻炼的次数是?

①三次以上；②三次；③二次；④一次；⑤不到一次。

5. 大学三四年级您完成一次课外体育锻炼后身体变化是：

①无感觉；②全身微微发热；③微微出汗；④中等出汗；⑤出大汗。

6. 有规律锻炼是指为了促进健康而进行的有计划的身体活动，如散步、慢跑、球类等活动，有效的锻炼应该是坚持每周 3 次以上、每次 20 分钟以上能使您出汗的运动。据此定义，大学三四年级您进行这样有规律锻炼的累计时长约占三四学年时间的百分比是：

①0%～20%；②21%～40%；③41%～60%；④61%～80%；⑤81%～100%。

十二、一般拖延行为(尽量不选折中性答案)

1. 在完成截止日期临近的任务时，我还经常浪费时间做其他事情。

①非常不同意；②不同意；③既不同意也不反对；④同意；⑤非常同意。

2. 我经常说“明天再做”。

①非常不同意；②不同意；③既不同意也不反对；④同意；⑤非常同意。

3. 我通常会提前完成任务。

①非常不同意；②不同意；③既不同意也不反对；④同意；⑤非常同意。

4. 对于必须要做的事，我也会拖几天再做。

①非常不同意；②不同意；③既不同意也不反对；④同意；⑤非常同意。

5. 我会完成当天打算做的所有事情。

①非常不同意；②不同意；③既不同意也不反对；④同意；⑤非常同意。

6. 我在晚上休息放松之前，通常会处理好当天需要做的一切事情。

①非常不同意；②不同意；③既不同意也不反对；④同意；⑤非常同意。

7. 即使是容易做的简单事情，我也很少会在几天内把它完成。

①非常不同意；②不同意；③既不同意也不反对；④同意；⑤非常同意。

8. 我经常在做几天前就该做的事情。

①非常不同意；②不同意；③既不同意也不反对；④同意；⑤非常同意。

9. 即使是必需品，我通常也会拖到最后一刻才买。

①非常不同意；②不同意；③既不同意也不反对；④同意；⑤非常同意。

十三、根据您过去一年在体育活动中是否有以下想法进行选择（注意不一定有真实行为的发生，仅仅是想法或打算，尽量不选折中性答案）

1. 我曾经想过要严格遵守体育道德。

①非常不同意；②不同意；③既不同意也不反对；④同意；⑤非常同意。

2. 我曾经想过要严格遵守体育课堂纪律。

①非常不同意；②不同意；③既不同意也不反对；④同意；⑤非常同意。

3. 我曾经想过要严格遵守体育竞赛规则。

①非常不同意；②不同意；③既不同意也不反对；④同意；⑤非常同意。

4. 我曾经想过要严格遵守体育场馆管理制度。

①非常不同意；②不同意；③既不同意也不反对；④同意；⑤非常同意。

5. 我曾经想过要严格遵守法律法规。

①非常不同意；②不同意；③既不同意也不反对；④同意；⑤非常同意。

6. 我曾经想过在体育考试中采用不正常手段。

①非常不同意；②不同意；③既不同意也不反对；④同意；⑤非常同意。

7. 我曾经想过在体育比赛中采用不正常手段。

①非常不同意；②不同意；③既不同意也不反对；④同意；⑤非常同意。

8. 我曾经想过在体育活动考勤时采用不正常手段。

①非常不同意；②不同意；③既不同意也不反对；④同意；⑤非常同意。

9. 我曾经想过在体育活动中偷懒或推卸责任。

①非常不同意；②不同意；③既不同意也不反对；④同意；⑤非常同意。

10. 在体育活动中我曾经有过冒犯他人的冲动想法。

①非常不同意；②不同意；③既不同意也不反对；④同意；⑤非常同意。

十四、对学校体育政策的态度（尽量不选折中性答案）

1. 我对学校体育政策的了解程度：

①非常了解；②了解；③较了解；④不太了解；⑤不了解。

2. 学校体育政策的内容：

①非常合理；②合理；③较合理；④不太合理；⑤不合理。

3. 学校体育政策的实施：

①非常规范；②规范；③较规范；④不太规范；⑤不规范。

4. 学校体育政策发挥的作用：

①非常重要；②重要；③较重要；④不太重要；⑤不重要。

5. 总体上我对学校体育政策：

①非常满意；②满意；③较满意；④不太满意；⑤不满意。

6. 我对学校体育政策的遵守：

①非常严格；②严格；③较严格；④不太严格；⑤不严格。

附录C　体育课程思政内容供给专家调查表

尊敬的专家：

您好！

我们为了完成大学体育课程思政的研究和改革，采用理论分析结合访谈的方式设计了大学期间体育课程思政情况、大学期间体育育人目标达成情况、大学期间体育课程学习情况3个方面的调查问卷(见表2至表4)。本次问卷调查特请您结合自身的工作和研究，对我们初步构建的问卷给予评价并提供宝贵意见。非常感谢您在百忙之中为本研究提供支持。

我们向您保证，调查结果仅用于学术研究，不会泄露您的任何个人信息，请您在测试题目合理程度下画“√”，若您认为还有其他合适的测试题目，敬请填入补充测试题目所对应的空白处。谢谢！

联系电话：139××××××××　　　　E-mail：18×××××××@qq. com

西安××大学体育中心

2021年11月

受访专家基本信息表(表1)

姓　名		性　别	
职务/职称		工作年限	
运动项目		运动等级	
联系方式		工作单位	

大学期间体育课程思政情况测量题目合理性评判(表2)

2020年《高等学校课程思政建设指导纲要》提出，课程思政建设内容要围绕政治认同、家国情怀、文化素养、宪法法治意识、道德修养等重点优化课程思政内容供给。在这个理论分类的基础上，我们进行了4轮专家访谈，归纳总结出了体育课程对应以上5个方面应提供的教学内容，并设置了问卷题目。

因素及定义	题目	非常合理	比较合理	一般合理	比较不合理	非常不合理	修改意见
政治认同：拥护中国共产党、拥护社会主义制度、对党和制度的真挚情感和理性认同，对社会主义理想信念和弘扬社会主义核心价值观的深刻认同	1. 在您的体育课上，老师注重培养学生的政治认同。①非常不同意；②不同意；③既不同意也不反对；④同意；⑤非常同意						
	2. 在您的体育课上，老师宣传了党和国家的政策方针。①非常不同意；②不同意；③既不同意也不反对；④同意；⑤非常同意						
	3. 在您的体育课上，老师介绍了中国共产党领导体育事业的伟大成就。①非常不同意；②不同意；③既不同意也不反对；④同意；⑤非常同意						
	4. 在您的体育课上，老师宣讲了国家领导人的体育思想。①非常不同意；②不同意；③既不同意也不反对；④同意；⑤非常同意						
	5. 在您的体育课上，老师宣讲了中国共产党人的精神谱系(比如女排精神)。①非常不同意；②不同意；③既不同意也不反对；④同意；⑤非常同意						
	6. 在您的体育课上，老师宣讲了社会主义核心价值观。①非常不同意；②不同意；③既不同意也不反对；④同意；⑤非常同意						
家国情怀：一个人对自己的国家、民族和人民所表现出来的深情大爱，是对国家富强、民族繁荣和人民幸	1. 在您的体育课上，老师注重培养学生的家国情怀。①非常不同意；②不同意；③既不同意也不反对；④同意；⑤非常同意						
	2. 在您的体育课上，老师对学生进行了爱国主义教育。①非常不同意；②不同意；③既不同意也不反对；④同意；⑤非常同意						
	3. 在您的体育课上，老师介绍了一些运动健儿为国争光的事例。①非常不同意；②不同意；③既不同意也不反对；④同意；⑤非常同意						

续表

因素及定义	题目	非常合理	比较合理	一般合理	比较不合理	非常不合理	修改意见
福所展现出来的理想追求，是对自己国家一种高度认同感和归属感、责任感和使命感的体现	4. 在您的体育课上，老师介绍了一些体育人物为民族而斗争的事迹。①非常不同意；②不同意；③既不同意也不反对；④同意；⑤非常同意 5. 在您的体育课上，老师宣讲了中华民族的优良传统和美德。①非常不同意；②不同意；③既不同意也不反对；④同意；⑤非常同意 6. 在您的体育课上，老师强调了学生应该增强体质为国效力。①非常不同意；②不同意；③既不同意也不反对；④同意；⑤非常同意						
文化素养：指人们在文化方面所具有的较为稳定的、内在的基本品质，表明人们在文化知识及与之相适应的能力行为、情感等综合发展的质量、水平和个性特点	1. 在您的体育课上，老师注重培养学生的文化素养。①非常不同意；②不同意；③既不同意也不反对；④同意；⑤非常同意 2. 在您的体育课上，老师讲解了体育文化(例如体育发展史、奥林匹克文化)。①非常不同意；②不同意；③既不同意也不反对；④同意；⑤非常同意 3. 在您的体育课上，老师介绍了一些体育科技方面的进展(例如先进的场地器材和训练手段等)。①非常不同意；②不同意；③既不同意也不反对；④同意；⑤非常同意 4. 在您的体育课上，老师结合体育讲授了其他相关学科理论知识(例如生理、解剖、保健、力学等)。①非常不同意；②不同意；③既不同意也不反对；④同意；⑤非常同意 5. 在您的体育课上，老师使用了包含艺术元素的教学素材(例如音乐、美术)。①非常不同意；②不同意；③既不同意也不反对；④同意；⑤非常同意 6. 在您的体育课上，老师讲解并应用了体育运动项目中的礼仪(例如师生问好、比赛礼节)。①非常不同意；②不同意；③既不同意也不反对；④同意；⑤非常同意						

续表

因素及定义	题目	非常合理	比较合理	一般合理	比较不合理	非常不合理	修改意见
法治意识：作为独立主体的社会成员在实践中所形成的关于法治的心态、观念、知识和思想体系的总称，是符合法治社会建设要求的法律意识，是人们对法律现象的看法以及对法律规范的认同的自觉程度最高的一种意识	1. 在您的体育课上，老师注重培养学生的法治意识。①非常不同意；②不同意；③既不同意也不反对；④同意；⑤非常同意 2. 在您的体育课上，老师严格要求课堂纪律。①非常不同意；②不同意；③既不同意也不反对；④同意；⑤非常同意 3. 在您的体育课上，老师强调了要遵守运动项目竞赛规则。①非常不同意；②不同意；③既不同意也不反对；④同意；⑤非常同意 4. 在您的体育课上，老师讲解了违规行为的危害(例如假球、兴奋剂等)。①非常不同意；②不同意；③既不同意也不反对；④同意；⑤非常同意 5. 在您的体育课上，老师强调了要遵纪守法。①非常不同意；②不同意；③既不同意也不反对；④同意；⑤非常同意						
道德修养：社会成员在道德认知、道德感情、道德意志和道德行为等方面，自觉按照一定社会或阶级的道德要求所进行的自我锻炼、自我改造和自我提高的实践活动，以及经过这种努力所形成的道德情操和道德境界	1. 在您的体育课上，老师注重培养学生的道德修养。①非常不同意；②不同意；③既不同意也不反对；④同意；⑤非常同意 2. 在您的体育课上，老师强调了要遵守体育道德。①非常不同意；②不同意；③既不同意也不反对；④同意；⑤非常同意 3. 在您的体育课上，老师强调了要尊重师长、待人友善。①非常不同意；②不同意；③既不同意也不反对；④同意；⑤非常同意 4. 在您的体育课上，老师要求在课堂学习中要互帮互助。①非常不同意；②不同意；③既不同意也不反对；④同意；⑤非常同意 5. 在您的体育课上，老师强调了要诚实守信。①非常不同意；②不同意；③既不同意也不反对；④同意；⑤非常同意						

大学期间体育育人目标达成测量题目合理性评判(表3)

大学期间体育育人目标达成情况是依据习近平总书记在全国教育大会上提出的体育课程的“享受乐趣、增强体质、健全人格、锤炼意志”育人目标来设定的，分为4个部分，每个部分依次对应一道题目。

因素	题　目	非常合理	比较合理	一般合理	比较不合理	非常不合理	修改意见
享受乐趣	1. 通过体育课，我享受到了体育的乐趣。①非常不同意；②不同意；③既不同意也不反对；④同意；⑤非常同意						
增强体质	2. 通过体育课，我的体质得到了增强。①非常不同意；②不同意；③既不同意也不反对；④同意；⑤非常同意						
健全人格	3. 通过体育课，我的人格得到了健全。①非常不同意；②不同意；③既不同意也不反对；④同意；⑤非常同意						
锤炼意志	4. 通过体育课，我的意志得到了锤炼。①非常不同意；②不同意；③既不同意也不反对；④同意；⑤非常同意						

大学期间体育课程学习情况测量题目合理性评判(表4)

大学期间体育课程学习情况依据2021年教育部办公厅关于印发《〈体育与健康〉教学改革指导纲要(试行)》中提出的“教会、勤练、常赛”3个维度所设计的题目。

因素	题　目	非常合理	比较合理	一般合理	比较不合理	非常不合理	修改意见
教会	1. 专项技术： 您对所学课程的运动项目技术掌握情况：①没有提升；②提升较小；③有一定提升；④提升较大；⑤提升非常大						
	2. 理论知识： 您对体育理论知识掌握情况：①没有提升；②提升较小；③有一定提升；④提升较大；⑤提升非常大						

续表

因素	题　目	非常合理	比较合理	一般合理	比较不合理	非常不合理	修改意见
教会	3. 锻炼方法： 您对身体素质练习方法掌握情况：①没有提升；②提升较小；③有一定提升；④提升较大；⑤提升非常大						
勤练	1. 练习密度： 老师安排学生练习的情况：①从不；②偏少；③较多；④多；⑤非常多						
	2. 练习强度： 您上完一节体育课后身体变化是：①无感觉；②全身微微发热；③微微出汗；④中等出汗；⑤出大汗						
常赛	1. 比赛机会： 老师安排学生比赛的情况：①从不；②偏少；③比较多；④多；⑤非常多						
	2. 比赛参与： 您参加课堂比赛的情况：①从不；②偏少；③比较多；④多；⑤非常多						

问卷整体结构及内容效度判定(表5)

要素		非常合理	比较合理	一般合理	比较不合理	非常不合理
因素	结构的合理性					
	内容的合理性					
题目	结构的合理性					
	内容的合理性					
问卷整体	结构的合理性					
	内容的合理性					

参考文献

[1] 罗晓路.大学生心理健康教育的现状与对策[J].教育研究,2018,39(1):112－118.

[2] 傅小兰,张侃.心理健康蓝皮书:中国国民心理健康发展报告[M].北京:社会科学文献出版社,2019.

[3] STEEL P. The nature of procrastination: a meta-analytic and theoretical review of quintessential self-regulatory failure[J]. Psychological Bulletin,2007,133(1):65－94.

[4] MILGRAM N N, MEY T G, LEVISON Y. Procrastination, generalized or specific, in college students and their parents[J]. Personality and Individual Differences,1998,25(2):297－316.

[5] 楚翘,肖蓉,林倩.大学生拖延行为状况与特点研究[J].中国健康心理学杂志,2010,18(8):970－972.

[6] GENG J, HAN L, GAO F, et al. Internet addiction and procrastination among Chinese young adults: A moderated mediation model[J]. Computers in Human Behavior,2018,84:320－333.

[7] KAFTAN O J,FREUND A M. A motivational perspective on academic procrastination: goal focus affects how students perceive activities while procrastinating[J]. Motivation Science,2018,5(2):135－156.

[8] 冯廷勇,王雪珂,苏缇.拖延行为的发展认知机制及神经基础[J].心理科学进展,2021,29(4):586－596.

[9] 董杰.时间压力和反馈方式对拖延行为影响的实证研究[D].苏州:苏州大学,2016.

[10] 刘桂荣,滕秀芹,王孟成.大学生完美主义、学业拖延与手机成瘾的关系:有调节的中介模型[J].中国特殊教育,2020,4(9):88－96.

[11] 傅铁鸣,马晓涵,牟丽.睡眠拖延行为背后的心理生理机制解析[J].心理科学,2020,43(5):1190－1196.

[12] 连帅磊,冯全升,闫景蕾,等.手机成瘾、非理性拖延与抑郁、焦虑的关系:正念的保护性作用[J].中国临床心理学杂志,2021,29(1):51－55＋18.

[13] 林琳.拖延行为的干预:计划行为理论和实施意向的影响[J].心理学报,2017,49(7):953－965.

[14] 李静,李卓翰.大学生体育锻炼拖延状况及影响因素分析[J].辽宁师范大学学报(自然科学版),2021,44(2):283－288.

[15] 郑治国,刘建平,董圣鸿,等.小学高年级学生父母教养方式与学业拖延的关系:时间管理倾向的中介作用[J].心理与行为研究,2018,16(6):786－792.

[16] 罗杰，陈维，杨桂芳，等. 大学生主动性人格对其拖延行为的影响：核心自我评价的中介作用[J]. 心理与行为研究，2019，17(5)：692－698.

[17] 王中杰，高柳萍，黄文栋，等. 大学生自欺与拖延行为：自尊的中介作用[J]. 现代预防医学，2018，45(4)：670－673.

[18] 李英琦，张持晨，乔姗姗，等. 学业拖延与时间管理倾向关系的 Meta 分析[J]. 中国学校卫生，2018，39(10)：1502－1504＋1508.

[19] KRAUSE K, FREUND A M. Delay or procrastination：A comparison of self-report and behavioral measures of procrastination and their impact on affective well-being [J]. Personality and Individual Differences，2014，63(1)：75－80.

[20] 耿靖宇，侯晓，杨华勇，等. 特质焦虑与大学生拖延行为的关系：有调节的中介模型[J]. 心理与行为研究，2019，17(3)：402－407.

[21] ESCHENBECK H, LEHNER L, HOFMAMN H, et al. School-based mental health promotion in children and adolescents with StresSOS using online or face-to-face interventions：study protocol for a randomized controlled trial within the ProHEAD Consortium[J]. Trials，2019，20(1)：64.

[22] 教育部办公厅. 关于加强学生心理健康管理工作的通知[EB/OL].(2021－07－12)[2023－05－26]. http://www.moe.gov.cn/srcsite/A12/moe_1407/s3020/202107/t20210720_545789.html.

[23] 马帅帅，宋杨肖，孙莹. 以学校为基础的儿童青少年心理健康促进干预研究进展[J]. 中国学校卫生，2022，43(5)：685－689.

[24] CARTER T, MORRES I D, MEADE O, et al. The effect of exercise on depressive symptoms in adolescents：a systematic review and Meta-analysis[J]. Journal of the American Academy of Child & Adolescent Psychiatry，2016，55(7)：580－590.

[25] 舒宗礼，王华倬. 生命教育视阈中我国体育教学现状的思考[J]. 天津体育学院学报，2014，29(3)：237－240.

[26] 郭可雷，王晓晨. 论体育之"育"[J]. 西安体育学院学报，2018，35(1)：74－81.

[27] 杨祥全. 铸魂育人：体育课程思政建设的紧迫性与自身优势探究[J]. 天津体育学院学报，2020，35(1)：13－16.

[28] 丁省伟，储志东. 体育课程思政研究的生成逻辑、影响因素与实施策略[J]. 天津体育学院学报，2023(2)：143－149.

[29] 张力为. 体育科学研究方法[M]. 北京：高等教育出版社，2002：166－169.

[30] LAY C H. At last, my research article on procrastination[J]. Journal of Research in Personality，1986，20(4)：474－495.

[31] SIROIS F M, YANG S, EERDE W V. Development and validation of the General Procrastination Scale (GPS－9)：A short and reliable measure of trait procrastination [J]. Personality and Individual Differences，2019，146：26－33.

[32] 张亚利,李森,俞国良.简版一般拖延量表在中国大学生群体中的信效度检验[J].中国临床心理学杂志,2020,28(3):483-486.

[33] 陈善平,张平,潘秀刚,等.体育锻炼研究的测量工具及应用[M].西安:西安交通大学出版社,2010:131-137.

[34] 周浩,龙立荣.共同方法偏差的统计检验与控制方法[J].心理科学进展,2004(6):942-950.

[35] 汤丹丹,温忠麟.共同方法偏差检验:问题与建议[J].心理科学,2020,43(1):215-223.

[36] SILVER L B. Learning disabilities introduction[J]. Child Adolese Psychiat,1981:283.

[37] LAY C H, BROKENSHIRE R. Conscientiousness, procrastination, and person-task characteristics in job searching by unemployed adults [J]. Current Psychology,1997,16,83-96.

[38] 杨澍.拖,不是办法:专访芝加哥德波尔大学心理学教授约瑟夫·费拉里(Joseph R, Ferrari)[J].商学院,2010,(Z1):28-30.

[39] SOLOMON L J, ROTHBLUM E D. Academic Procrastination: Frequency and Cognitive-Behavioral Correlates[J]. Journal of Counseling Psychology, 1984, 31(4):503-509.

[40] 王武.神经质和责任心对拖延的影响:自我效能感和成就动机的中介作用[D].吉林长春:吉林大学,2017.

[41] LAY C H. At last,my research article on procrastination [J].Journal of Research in Personality,1986,20:474-495.

[42] MILGRAM N A, SROLOFF B, ROSENBAUM M. The Procrastination of everyday life[J].Journal of Research in Personality,1998,22:197-212.

[43] 李洋.大学生学习拖延及干预研究[D].天津:天津大学,2010.

[44] STEEL P. Arousal, avoidant and decisional procrastinators Do they exist[J]. Personality and Individual Differences,2010, 48, 926-934.

[45] FERRARI J R. Psychometric validation of two Procrastination inventories for adults: Arousal and avoidance measures[J]. Journal of Psychopathology and Behavioral Assessment, 1992, 14(2):97-110.

[46] FERRARI J R. Procrastination as self-regulation failure of performance: Effects of cognitive load, self-awareness, and time limits on "working best under pressure"[J]. European Journal of Personality,2001,15(5):391-406.

[47] ELLIOT A J, THRASH T M. Approach-avoidance motivation in personality: approach and avoidance temperaments and goals[J]. Journal of personality and social psychology, 2002,82(5):804.

[48] MCCOWN W, JOHNSON J. Personality and chronic procrastination by

university students during an academic examination period[J]. Personality and Individual Differences, 1991, 12(5):413 - 415.

[49] EERDE W V. Procrastination: Self-regulation in initiating aversive goals[J]. Applied Psychology:An International Review,2000,3:372 - 390.

[50] AITKEN M E. A Personality profile of the college student procrastinator[D]. Unpublished doctoral dissertation. Pittsburgh, PA: University of Pittsburgh,1982.

[51] JOHNSON J, FERRARI J, MCCOWN W. Procrastination and task avoidance: Theory, research, and treatment[M]. New York, USA: Plenum Publishing Corporation, 1995:52 - 53.

[52] 刘明珠,陆桂芝. Aitken 拖延问卷在中学生中的信效度[J]. 中国心理卫生杂志, 2011,25(5):380 - 384.

[53] KELLY S M, WALTON H R. "I'll work out tomorrow": the procrastination in exercise scale[J]. Journal of health psychology, 2020, 00(0): 1 - 13.

[54] 李静,王赫. 目标设置对大学生锻炼拖延的影响[J]. 沈阳体育学院学报,2023,42(1):44 - 49.

[55] KROESE F M, DE RIDDER D T, EVERS C, et al. Bedtime procrastination: Introducing a new area of procrastination[J]. Frontiers in Psychology,2014(5): 611 - 618.

[56] 张陆,黄雪芳,游志麒. 就寝拖延量表测评大学生的效度和信度[J]. 中国心理卫生杂志,2021,35(12):1049 - 1053.

[57] SVARTDAL F, KLINGSIECK K B, STEEL P, et al. Measuring implemental delay in procrastination: Separating onset and sustained goal striving. Personality and Individual Differences,2020,156:209762.

[58] 蒲少华,陈芷菁,刘玎,等. 行动阶段拖延量表中文版在中学生中的信效度检验[J]. 中国临床心理学杂志,2023,31(1):132 - 135.

[59] REBETEZ M M L, ROCHAT L, VANDER L M. Cognitive, emotional, and motivational factors related to procrastination: A cluster analytic approach[J]. Personality and Individual Differences,2015,76:1 - 6.

[60] 张沙,唐磊. 体育专业大学生拖延行为与学习投入的关系研究[J]. 楚雄师范学院学报,2020,35(6):143 - 149.

[61] 唐凯晴,邓小琼,范方,等. 父母教养方式与学业拖延:学业自我效能感的中介作用[J]. 中国临床心理学杂志,2014,22(5):889 - 892.

[62] ÖZER B U, DEMIR A, FERRARI J R. Exploring academic procrastination among Turkish students: Possible gender differences in prevalence and reasons [J]. Journal of Social Psychology,2009,149(2):241 - 257.

[63] 李红霞,张佳佳,赵霞,等. 大学生认识论信念、自我调节学习与学业拖延的联系:有调节的中介模型[J]. 心理发展与教育,2019,35(5):557 - 565.

[64] 王莉华,高源月.研究型大学研究生成就目标定向与学业拖延:学业自我效能感的中介效应[J].研究生教育研究,2021(3):26-34.

[65] 陈陈,燕婷,林崇德.大学生完美主义、自尊与学业拖延的关系[J].心理发展与教育,2013,29(4):368-377.

[66] 田宏杰.完美主义高标准对大学生拖延行为的影响:链式中介效应分析[J].心理与行为研究,2019,17(5):668-674.

[67] 李尚儒,李洁,刘晓芹.大学生成就动机、焦虑感与拖延行为的关系[J].中国健康心理学杂志,2016,24(2):252-255.

[68] 彭芳,张静平,杨冰香,等.医学研究生拖延行为与焦虑抑郁情绪的相关分析[J].中华行为医学与脑科学杂志,2010(2):171-173.

[69] 安蓉,朱荣.化学类硕士研究生学业拖延影响因素的质性研究[J].化学教育(中英文),2021,42(12):98-104.

[70] PYCHYL T A, COPLAN R J, REID P A M. Parenting and procrastination: gender differences in the relations between procrastination, parenting style and self-worth in early adolescence[J]. Personality and Individual Differences,2002,33(2):271-285.

[71] 马欣仪,凌辉,张建人,等.大学生拖延行为与父母教养方式的关系研究[J].中国临床心理学杂志,2011,19(5):675-676+680.

[72] 宇露.状态焦虑对小学生拖延行为的影响研究[D].南昌:江西师范大学,2017.

[73] 张洪潭.体育教学概念考释[J].上海体育学院学报,1994(4):1-5.

[74] 李秉德.教学论[M].北京:人民教育出版社,1991.

[75] 杨文轩,杨霆.体育概论[M].北京:高等教育出版社,2005:07.

[76] 赵艳华.宣化科技职业学院公共体育课程设置的实证研究[D].石家庄:河北师范大学,2017.

[77] 王学俭,石岩.新时代课程思政的内涵、特点、难点及应对策略[J].新疆师范大学学报(哲学社会科学版),2020,41(2):50-58.

[78] 刘纯献,刘盼盼.体育课程思政的内容、特点、难点与价值引领[J].体育学刊,2021,28(1):1-6.

[79] 赵富学,陈蔚,王杰,等."立德树人"视域下体育课程思政建设的五重维度及实践路向研究[J].武汉体育学院学报,2020,54(4):80-86.

[80] 李在军,刘美,赵野田.课程育人:高校体育类专业课程思政特征、难点及应对策略[J].沈阳体育学院学报,2021,40(3):18-24+32.

[81] 万美容,吴倩.新时代思想政治教育内容有效供给论析[J].马克思主义理论学科研究,2020,6(1):118-125.

[82] 时龙.教育的经济功能及其实现途径[J].北京师范大学学报(社会科学版),1993(4):96-100.

[83] 李敏.高校后勤育人的途径研究[D].北京:北京化工大学,2014.

[84] 陆晨程. 基于学校文化的小学校本化课程体系研究[D]. 浙江金华：浙江师范大学，2020.
[85] 任颖. 大学生思想政治教育接受环节研究[D]. 云南大理：大理大学，2022.
[86] 金向红. 新时代上好体育课的生命立场与价值实现[J]. 教学与管理，2021(12)：94－97.
[87] 贺新家. 基于学科核心素养的大学体育课程设计研究[D]. 武汉体育学院，2022.
[88] 陈长洲，王红英，项贤林，等. 改革开放 40 年我国青少年体质健康政策的回顾、反思与展望[J]. 体育科学，2019，39(3)：38－47＋97.
[89] 季浏，马德浩. 新时代我国学校体育改革与发展[J]. 体育科学，2019，39(3)：3－12.
[90] 钟秉枢. 问题与展望：体教融合促进青少年健康发展[J]. 上海体育学院学报，2020，44(10)：5－12.
[91] 王立伟，曹卫东，朱英，等. 中国青少年体育发展报告(2018)[M]. 北京：社会科学文献出版社，2020：122－123.
[92] 季永武. 青少年体质健康发展实现路径研究[D]. 天津：天津体育学院，2022.
[93] 万义. 中国青少年体质健康发展的社会治理研究[D]. 武汉：华中师范大学，2016.
[94] 许弘. 以全国教育大会精神推进新时代学校体育的改革与发展[J]. 首都体育学院学报，2019，31(2)：99－102.
[95] 毛泽东. 体育之研究[J]. 新青年，1917.
[96] 刘净敏.《国家学校体育卫生条件试行基本标准》中体育场地内容修订的准备性研究[D]. 北京：首都体育学院，2022.
[97] 朱伟强，张旭琳，杜鹃. 让“教会、勤练、常赛”成为体育课程常态：《义务教育体育与健康课程标准(2022 年版)》解读[J]. 全球教育展望，2022，51(6)：118－128.
[98] 刘俊凯，赵超君. 找准“教会、勤练、常赛”的着力点[J]. 体育教学，2021，41(1)：11－12.
[99] 尚力沛. 学校体育教学改革“教会、勤练、常赛”一体化推进探析[J]. 体育文化导刊，2022(5)：96－103.
[100] 何玉海. 关于“课程思政”的本质内涵与实现路径的探索[J]. 思想理论教育导刊，2019(10)：130－134.
[101] 巩茹敏，林铁松. 课程思政：隐性思想政治教育的新形态[J]. 教学与研究，2019(6)：45－51.
[102] 李在军，刘美，赵野田. 课程育人：高校体育类专业课程思政特征、难点及应对策略[J]. 沈阳体育学院学报，2021，40(3)：18－24＋32.
[103] 赵继伟.“课程思政”：涵义、理念、问题与对策[J]. 湖北经济学院学报，2019，17(2)：114－119.
[104] 钱俊伟，钱永健. 立德树人视域下红色体育课程思政建设的实践路径[J]. 北京体育大学学报，2021，44(6)：159－166.
[105] 韩改玲，朱春山，孙有平，等. 运动训练学课程思政元素及其融入课堂教学的实践探

索[J]. 体育学刊,2022,29(1):111－117.
[106] 胡德平. 体育课程思政的理论内涵、内容体系与建设路径[J]. 武汉体育学院学报,2022,56(5):13－21.
[107] 徐焕喆,赵勇军. 新时代我国高校体育教学改革任务及措施[J]. 体育文化导刊,2022(2);98－103.
[108] 董翠香,樊三明,朱春山,等. 从认识到实践高校体育教师课程思政教学问题聚焦与消解策略[J]. 武汉体育学院学报,2022,56(5):5－12＋38.
[109] 谢伟,张矛矛,曹洪军. 基于项群理论的高校体育课程思政探索[J]. 体育学刊,2021,28(4):86－93.
[110]王涛,李斌,卜淑敏. 体育课程思政价值体系的生成路径与育人机制的三维构建[J]. 中国体育科技,2022,58(12):43－50.
[111] 杨建营,冯香红,徐亚奎,等. 体育教育专业武术课程思政元素及教学案例解析[J]. 西安体育学院学报,2022,39(1):122－128.
[112] 蒋碧艳,祝蓓里. 上海市大中学生的心理健康及其与体育锻炼的关系[J]. 心理科学,1997(3):235－238＋287.
[113] 比德尔. 心理学在锻炼及与健康相关的身体活动中的应用[J]. 体育科学,2000(4):71－74.
[114] 宋子良. 不同频度的体育活动与大学生心理健康状况关系的研究[J]. 北京体育大学学报,2008(7):948－950.
[115] 孙崇勇,杨忠君. 中学生体育锻炼与心理资本的关系[J]. 中国学校卫生,2015,36(11):1672－1675.
[116] 赵鑫,李冲. 短时有氧运动对抑制控制功能的影响:效果、机制及展望[J]. 中国体育科技,2017,53(2):125－133＋138.
[117] STANLEY C T, BOHNERT A M. The moderating effects of organized activities on the relations between body mass and social adjustment in adolescents[J]. North American Journal of Psychology,2011,13(2):201－218.
[118] 曹美,张国礼,孙志军. 体育活动对高年级小学生外显问题行为的影响及自我控制的中介效应[J]. 中国运动医学杂志,2018,37(6):503－509.
[119] 钟俊,褚跃德. 大学生拖延与体育活动的关系[J]. 北京体育大学学报,2013,36(8):113－116＋133.
[120] 王霞. 体育锻炼对大学生拖延行为的有效干预:多重中介效应的实验研究[J]. 当代体育科技,2019,9(36):134－135.
[121] 陈强强. 大学生体育活动对学习拖延的影响研究[D]. 济南:山东师范大学,2017.
[122] 焦阳,刘洲,张晓丹. 大学生日常体力活动与睡眠质量的关系[J]. 中国学校卫生,2021,42(7):1047－1051.
[123] TROST S G, OWEN N, BAUMAN A E, et al. Correlates of adults' participation in physical activity: Review and update[J]. Medicine and Science in

Sports and Exercise, 2002, 34: 1996 - 2001.
[124] 纪红艳. 中小学生学业拖延的现状与对策[J]. 辽宁教育行政学院学报,2016,33(2):31 - 34.
[125] 刘历红. 运用体育游戏预防和治疗小学生心理障碍的实验研究[D]. 长春:东北师范大学,2006.
[126] 张沙,唐磊. 体育专业大学生拖延行为与学习投入的关系研究[J]. 楚雄师范学院学报,2020,35(6):143 - 149.
[127] 季浏,马德浩. 新时代我国学校体育改革与发展[J]. 体育科学,2019,39(3):3 - 12.
[128] 夏贵霞,舒宗礼. 课程思政视角下高校体育课程育人质量提升体系的构建:以华中师范大学为例[J]. 体育学刊,2020,27(4):7 - 13.
[129] 姜卫芬,刘文烁. 新时代推进体育课程思政改革的理论认知与实践路径[J]. 天津体育学院学报,2021,36(4):435 - 441.
[130] 姚建军. 体育活动对幼儿自我控制能力促进的探讨[J]. 当代体育科技,2013,3(16):95 - 96.
[131] 宗熙熙. 大学生体育锻炼对学习拖延的影响研究[D]. 河南开封:河南大学,2020.
[132] 吴嘉玲,平越.《国家学生体质健康标准》的结构指标解析:对《国家学生体质健康标准》的解读之二[J]. 教学与管理,2009(03):65 - 67.
[133] 陈贵,蔡太生,胡凤姣,等. 中学生的拖延状况及相关因素研究[J]. 中国临床心理学杂志,2012,20(4):571 - 573.
[134] 林悦,刘勤学,余思,等. 忽视与青少年网络游戏成瘾的关系:希望的中介作用和性别的调节作用[J]. 心理发展与教育,2021,37(1):109 - 119.
[135] 白荣,闫嵘,王千,等. 学前儿童执行功能与问题行为的关系:情境和性别的特异性[J]. 心理发展与教育,2022,38(1):35 - 44.
[136] 梁德清. 高校学生应激水平及其与体育锻炼的关系[J]. 中国心理卫生杂志,1994,8(1):5 - 6.
[137] 李先雄,阳慧敏,杨芳. 校园环境对在校大学生身体活动参与度的影响研究[J]. 武汉体育学院学报,2018,52(1):74 - 81.
[138] 李森,张彦峰,盛蕾. 身体机能指标对体质的影响及地理分布规律研究[J]. 体育与科学,2016,37(6):102 - 109.
[139] 高翔. 广东省 7—18 岁儿童青少年移动速度发展规律的研究[D]. 广州:广州体育学院,2017.
[140] 陈洪波,于少勇,白光斌,等. 2006—2016 年西安电子科技大学大一学生体质健康变化趋势的横断历史研究[J]. 体育学刊,2019,26(4):116 - 122.
[141] 杨慧君,黄茜,李盛. 2014 年湖北省 20～39 岁成年组腰臀比与身体素质的相关性研究[J]. 湖北体育科技,2018,37(2):131 - 134.
[142] 黄茜."健康中国＋大数据"背景下的高职院校学生体质健康水平现状与发展对策:以广西建设职业技术学院为例[J]. 体育科技,2020,41(4):71 - 73.

[143] 聂涛,李秋良.高校新生体质健康现状调查分析与发展对策[J].广州体育学院学报,2016,36(5):5－9＋17.

[144] 程天佑,潘言,周景怡,等.对《国家学生体质健康标准》测试项目的调整建议[J].体育教学,2018,38(11):40－42.

[145] LAY C, KOVACS A, DANTO D. The relation of trait procrastination to the big-five factor conscientiousness:an assessment with primary-junior school children based on self-report scales[J]. Personality and Individual Differences,1998,25(2):187－193.

[146] 王磊.大学生锻炼坚持行为影响因素及促进策略研究[D].济南:山东大学,2021.

[147] 张芙蓉.高年级小学生体育锻炼、体质健康和身体自尊的相关性研究[D].北京:北京体育大学,2019.

[148] 温忠麟,叶宝娟.中介效应分析:方法和模型发展[J].心理科学进展,2014,22(5):731－745.

[149] 卢谢峰,韩立敏.中介变量、调节变量与协变量:概念、统计检验及其比较[J].心理科学,2007(4):934－936.

[150] 温忠麟,张雷,侯杰泰,等.中介效应检验程序及其应用[J].心理学报,2004(5):614－620.

[151] PREACHER K J, HAYES A F. SPSS and SAS procedures for estimating indirect effects in simple mediation models[J]. Behavior Research Methods, Instruments&Computers, 2004,36(4):717－731.

[152] CHEN Z Y, LIU P, ZHANG C, et al. Brain morphological dynamics of procrastination: The crucial role of the self-control, emotional, and episodic prospection network[J]. Cerebral cortex,2020,30(5):2834－2853.

[153] CHEN Z Y, ZHANG R, XU T, et al. Emotional attitudes towards procrastination in people: A large-scale sentiment-focused crawling analysis[J]. Computers in Human Behavior,2020,110106931.

[154] ANGELICA G U, JESUS D L F, JORGE A, et al. A linear empirical model of self-regulation on flourishing, health, procrastination, and achievement, among university students[J]. Frontiers in Psychology,2018,536(9):1－12.

[155] MAGALHAES P, PEREIRA B, OLIVEIRA A, et al. The mediator role of routines on the relationship between general procrastination, academic procrastination and perceived importance of sleep and bedtime procrastination[J]. Int. J. Environ. Res. Public Health,2021,18:7796.

[156] 李红霞,张佳佳,赵霞,等.大学生认识论信念、自我调节学习与学业拖延的联系:有调节的中介模型[J].心理发展与教育,2019,35(5):557－565.

[157] 朱静敏,李亚伟.正念团体训练对初中生拖延行为自尊及自我效能感的影响[J].中国学校卫生,2022,43(1):72－76.

[158] 朱晓斌,朱金晶,张莉渺.初中生学习拖延与学习适应性学业成绩的关系[J].中国学

校卫生,2011,32(10):1196－1197＋1200.
[159] 柏杨.孤独感、手机成瘾、睡眠障碍对大学生体育锻炼的影响:一个有调节的链式中介模型[J].天津体育学院学报，2022,37(4):467－474.
[160] O'NEIL J M, HELMS B, GABLE R, et al. Gender role conflict scale:College men's fear of femininity[J]. Sex Roles,1986,14(5):335－350.
[161] 徐陆璐,董宝林.同伴关系、主观锻炼体验与青少年余暇锻炼习惯的关系:一项交叉滞后分析[J].天津体育学院学报,2020,35(06):697－702.
[162] 范存仁,万传文,林国彬,等.西安市小学生中独生与非独生子女个性品质的比较研究[J].心理科学,1994(2):70－74＋127.
[163] 乔昆,高亚,程诚,等.医学生拖延行为与16PF的相关研究[J].中国高等医学教育,2018(3):33－34＋61.
[164] 郝克明,汪明.独生子女群体与教育改革:我国独生子女状况研究报告[J].教育研究,2009,30(2):42－51.
[165] 孙科,刘铁军,马艳红,等.中国特色体教融合发展思考:对《关于深化体教融合 促进青少年健康发展意见》的诠释[J].成都体育学院学报,2021,47(1):13－20.
[166] 孔琳. 中国儿童青少年身体活动促进模式构建的理论与实证研究[D].上海:华东师范大学,2021.
[167] World Health Organization. Global recommendations on physical activity for health [M]. Geneva, Switzerland: WHO Press, 2010.
[168] 朱秀清.拖延与大学生锻炼行为动机的中介效应[J].广州体育学院学报,2019,39(4):81－85＋120.
[169] 叶心明,肖巧俐.我国学龄城市儿童、流动儿童、留守儿童体质健康比较研究[J].武汉体育学院学报,2017,51(4):82－91.
[170] 王成,孙蔚,陈善平.大学生身体素质发展趋势研究[J].北京体育大学学报,2005(10):1378－1379＋1389.
[171] STEAD R, SHANAHAN M J, NEUFELD R W J. "I'll go to therapy, eventually": Procrastination, stress and mental health [J]. Personality and Individual Differences, 2010,49(3):175－180.
[172] 肖丽娟.我国青少年耐力跑训练的科学化探索[J].青少年体育,2021(4):71－72.
[173] 张德利,尹维增.安徽省普通高校大学生体质健康水平提升路径[J].阴山学刊(自然科学版),2018,32(4):45－48＋65.
[174] FLOOR M K, DENISE T D. Health behaviour procrastination: a novel reasoned route towards self-regulatory failure[J]. Health Psychology Review,2016,10(3):313－325.
[175] 李红娟,张柳.儿童青少年身体活动与体质健康的关系及促进建议[J].人民教育,2020(10):36－41.
[176] 徐划萍,邱慧.大学生生活方式与体质健康的相关性研究[J].中国医药导报,2017,14(36):60－63.

［177］韩义昆，谌晓安，吕文璇.湘西地区大学生课外体育锻炼行为阶段的体质状况研究［J］.体育科技，2018，39(4)：75－78.

［178］程枫，许政红.锻炼动机、自我效能与大学生体质健康的关系［J］.南京体育学院学报(自然科学版)，2016，15(3)：57－61.

［179］CLEMENT S，SCHAUMAN O，GRAHAM T，et al. What is the impact of mental health-related stigma on help-seeking? A systematic review of quantitative and qualitative studies［J］. Psychological Medicine，2015，45：11－27.

［180］KROESE F M，EVERS C，ADRIAANSE M A，et al. Bedtime procrastination：A self-regulation perspective on sleep insufficiency in the general population［J］. Journal of Health Psychology，2016，21(5)：853－862.

［181］于晓琳，杜婷淑.生命意义感对青少年学业拖延的影响：自我控制和时间管理倾向的链式中介作用［J］.中国健康心理学杂志，2023，31(1)：135－141.

［182］侯杰泰，温忠麟，成子娟.结构方程模型及其应用［M］.北京：教育科学出版社，2005：155－165.

［183］段瑞莉.改进体育课堂教学 落实“教会、勤练、常赛”［J］.体育教学，2021，41(2)：18－19.

［184］王宗平，丁铁建，赵鸣明.让“教会、勤练、常赛”成为课堂教学常态［J］.中国学校体育，2021，40(8)：38－39.

［185］季浏.突破关键，推进新时代学校体育高质量发展［J］.天津体育学院学报，2022，37(3)：249－256＋263.

［186］潘绍伟.我国义务教育体育与健康课程培养核心素养的理念阐释［J］.首都体育学院学报，2022，34(3)：234－240.

［187］李军，刘世磊.“教会、勤练、常赛”的生成背景、基本内涵与实践审思［J］.体育学刊，2022，29(6)：134－139.

［188］彭庆文，于天然.《〈体育与健康〉教学改革指导纲要(试行)》的时代意义、内容特征和践行路径：兼论新时代学校体育的走向［J］.体育学研究，2021，35(4)：83－91.

［189］于素梅.《义务教育体育与健康课程标准(2022 年版)》的新要求、新挑战、新课堂［J］.教育评论，2022(5)：36－41.

［190］德威利斯.量表编制：理论与应用［M］.席仲恩，杜珏，译.重庆：重庆大学出版社，2016：31－55.

［191］刘可.如何进行内容效度的检验［J］.护士进修杂志，2010，25(1)：37－39.

［192］戴海琦，张锋，陈雪枫.心理与教育测量［M］.修订版.广州：暨南大学出版社，2007：59－65.

［193］LYNN M R. Determination and quantification of content validity.［J］. Nursing research，1986，35(6)：382－385.

［194］史静琤，莫显昆，孙振球.量表编制中内容效度指数的应用［J］.中南大学学报(医学版)，2012，37(2)：49－52.

［195］赵铁牛，王泓午，刘桂芬.验证性因子分析及应用［J］.中国卫生统计，2010，27(6)：

608－609.
[196] 吴明隆.结构方程模型 AMOS 的操作与应用[M].重庆:重庆大学出版社,2010.
[197] 刘军,富萍萍.结构方程模型应用陷阱分析[J].数理统计与管理,2007,(2):268－272.
[198] 鞠玉翠,梁磊.学校道德氛围量表的编制与验证[J].华东师范大学学报(教育科学版),2017,35(3):80－93.
[199] CHIN W, MARCOULIDES G. The partial least squares approach to structural equation modeling[J]. Modern Methods for Business Research,1998,295:295－336.
[200] 胡鹏,路红,马子程.验证性因子分析中允许误差相关的可行性与条件性[J].统计与决策,2018,34(19):37－41.
[201] FORNELL C, LARCKER D F. Evaluating structural equation models with unobservable variables and measurement error[J]. J Mark Res,1981,18(1):39－50.
[202] JOSEPH F H J, BLACK W C, BABIN B J, et al. Multivariate data analysis[M]. Upper Saddle River, NJ, USA: Prentice Hall,2009.
[203] 柯友枝,孙建刚,张业安,等.问卷是否可信:基于体育核心期刊论文(2010—2018年)的系统分析[J].体育科学,2020,40(2):90－97.
[204] 卢洁妤,魏志鹏,周文杰,等.文献证据检索的信度研究:基于循证视角[J].图书与情报,2021(6):60－68.
[205] 吴明隆.问卷统计分析实务 SPSS 操作与应用[M].重庆:重庆大学出版社,2009:207－208.
[206] 卫旭华,张亮花.单题项测量:质疑、回应及建议[J].心理科学进展,2019,27(7):1194－1204.
[207] 乔伟峰,刘威童,李曼丽.学生眼里的在线教学:行为、效果与挑战:基于新冠疫情期间清华大学学生在线学习行为调查[J].清华大学教育研究,2021,42(1):57－66.
[208] 毛振明,邱丽玲,杜晓红.中国学校体育改革与发展若干重大问题解析:从当下学校体育改革 5 组“热词”说起[J].上海体育学院学报,2021,45(4):1－14.
[209] 毛振明.新中国 70 年的学校体育成就与新时代的发展方向[J].天津体育学院学报,2019,34(6):461－465.
[210] 于素梅.《〈体育与健康〉教学改革指导纲要(试行)》十大政策要点落实策略探析[J].体育学刊,2021,28(5):1－13.
[211] 童海军.“双减”政策背景下学生“健康力”一体化培育的实践探索[J].体育教学,2022,42(5):35－37.
[212] 毛振明.要科学地加强体育课的密度与负荷:评“中国健康体育课程模式”的密度和强度理论[J].教育家,2019(42):40－42.
[213] 夏青.特色体育及阳光体育研究[M].北京:北京体育大学出版社,2012.
[214] 柯奕桢.厦门高校开设龙舟课程的可行性研究:以华侨大学开设为个案[D].厦门:集美大学,2016.

[215] 王文旭，田静.淄博市高校三人制篮球运动开展现状的调查研究[J].体育科技文献通报，2018，26(7)：161－164.

[216] 袁志欢.指向质量提升的课堂教学设计与实施 ：兼论“教会、勤练、常赛”在体育课中的落实[J].中国学校体育，2021，40(6)：40－42.

[217] 毛振明，韩朝松，闫波，等.瞄准首都学校体育现代化的“一校一品”体育教学改革理论(六)：立德与课养[J].体育教学，2020，40(7)：4－9.

[218] 毛振明，马立军，柏杨.义务教育体育新课标的时代背景与重要变化[J].广州体育学院学报，2022，42(4)：1－9.

[219] 毛振明.深化体育教学改革 实现“教会、勤练、常赛”：对《〈体育与健康〉教学改革指导纲要(试行)》的要点归纳与解读[J].中国学校体育，2021，40(8)：35－36.

[220] 张静，董宝林，张欢.道德认同、道德推脱、自我定向对大学生体育学习偏差行为影响的实证研究[J].山东体育学院学报，2020，36(1)：73－81.

[221] 王涛，李卫东.美国体育课程教学模式的历史演进及其实践启示[J].成都体育学院学报，2020，46(6)：34－40.

[222] 王军伟.基于第二课堂成绩单制度的我国高校阳光体育运动治理机制研究[J].体育学刊，2022，29(1)：124－129.

[223] 石岩，张凯.体育教师教学沟通能力的质性研究[J].体育学刊，2016，23(2)：86－92.

[224] 吉波人.增强政治认同“三步曲”[J].思想政治课教学，2020(2)：46－47.

[225] 周显信，袁丽.毛泽东家国情怀的丰富内涵、当代形态与发展逻辑[J].湖南科技大学学报(社会科学版)，2020，23(3)：10－17.

[226] 王颖.中华优秀传统文化融入高职人文素质教育探析[J].包头职业技术学院学报，2021，22(2)：34－39.

[227] 柯卫，朱海波.社会主义法治意识与人的现代化研究[M].北京：法律出版社，2010：84.

[228] 李茂平.现代理想人格塑造与道德修养[J].吉首大学学报(社会科学版)，2013，34(4)：54－57.

[229] 李博，刘阳，陈思同，等.我国学校体育研究中访谈法运用的问题探析[J].上海体育学院学报，2018，42(1)：56－63.

[230] 王雪婷.学生评教(教师)模型的构建与分析[J].湖北社会科学，2019(4)：155－160.

[231] BENTLER P M，CHOU C P. Practical issues in structural equation modeling [J]. Sociological Methods & Research，1987(16)：78－117.

[232] 朱燕波，史会梅.《中医体质“治未病”知信行量表》的编制与信效度评价[J].北京中医药大学学报，2022，45(9)：934－940.

[233] 徐超，俞会新.基于扎根理论和结构方程的残疾大学生心理资本结构研究[J].管理学刊，2020，33(4)：82－91.

[234] 郭仿兰，刘明达.关于大学生综合素质测评引入积分制管理的思考[J].学校党建与思想教育，2019(6)：51－52＋55.

[235] 成邦文,董丽娅,杨峻.研究与开发机构统计数据质量与异常点的对数正态分布检验与识别[J].统计研究,2000(1):42-45.
[236] 陈羿君.高级心理测量学的理论与应用[M].苏州:苏州大学出版社,2016:58.
[237] 赵富学.中国共产党百年红色精神融入高校体育课程思政建设研究[J].武汉体育学院学报,2021,55(7):30-36.
[238] 赵富学,李壮壮.习近平总书记体育重要论述融入体育课程思政建设研究[J].武汉体育学院学报,2021,55(3):12-19.
[239] 赵富学,黄桂昇,李程示英,等."立德树人"视域下体育课程思政建设的学理释析及践行诉求[J].体育学研究,2020,34(5):48-54.
[240] 赵富学,陈慧芳,李攀飞,等.体育教师课程思政建设能力的生成特征、核心构成与培育路径研究[J].沈阳体育学院学报,2020,39(6):27-34.
[241] 董翠香,韩改玲,朱春山,等.师范类专业认证背景下体育教育专业课程思政教学实践探索[J].天津体育学院学报,2022,37(1):32-37.
[242] 董翠香,樊三明,高艳丽.体育教育专业课程思政元素确立的理论依据与结构体系建构[J].体育学刊,2021,28(1):7-13.
[243] 张洋,张泽一,魏军.高校体育课程思政:育人特性、实践样态与行动方略[J].体育文化导刊,2022(3):104-110.
[244] 韩冰,姚小林.体育课程思政助力高校爱国主义精神的教育价值内涵与实践路径[J].哈尔滨体育学院学报,2021,39(4):77-81.
[245] 常益,张姝.健体育魂:大学体育课程的思政教育转向研究[J].体育文化导刊,2018,192(6):136-141.
[246] 许瑞芳.一体化视角下高校课程思政建设的四个维度[J].中国高等教育,2020(8):6-8.
[247] 刘韬光,李守培.武术传播研究的"十三五"进展及"十四五"走向[J].中国体育科技,2021,57(11):79-87.
[248] 杨杜.管理学研究方法[M].沈阳:东北财经大学出版社,2018:186.
[249] 张雯闻."和而不同":论教育实证研究的两类方法[J].当代教育科学,2020(4):85-90.
[250] 陆道坤.新时代课程思政的研究进展、难点焦点及未来走向[J].新疆师范大学学报(哲学社会科学版),2022(3):1-16.
[251] 李晓雪.思想政治课教学中学生政治认同素养的培育研究[D].辽宁锦州:渤海大学,2021.
[252] 王洪琴.关于体育课配合大学生思想政治教育的思考[J].思想理论教育导刊,2015(10):120-122.
[253] 潘凌云,王健.改革开放40年我国学校体育改革与发展的政策审思[J].体育科学,2019,39(5):13-25.
[254] 徐成立,罗秋兰,孙军,等.高校体育课程思政建设现实困境与优化策略[J].体育文化导刊,2021(9):98-104.

[255] 才艳颖. 基于政治认同的思想政治课堂时政资源应用研究[D]. 哈尔滨：哈尔滨师范大学，2019.
[256] 吴舒婷. 思想政治理论课培育大学生家国情怀研究[D]. 重庆：重庆工商大学，2021.
[257] 吴学敏. 开展本科层次职业教育"变"与"不变"的辩证思考[J]. 中国职业技术教育，2020(25)：5－13.
[258] 杨葵，柳礼泉. 家国情怀：高校思想政治理论课教师的德性素养与职业自觉[J]. 思想理论教育导刊，2019(6)：85－90.
[259] 冯建军. "培养什么人、怎样培养人、为谁培养人"的中国答案[J]. 教育研究与实验，2021(4)：1－10.
[260] 张明，袁芳，梁志军. 体教融合背景下高校排球课程思政理论与实践研究：女排精神融入排球普修课程的设计[J]. 北京体育大学学报，2021，44(9)：156－165.
[261] 刘锋. 新时代体育课程思政建设的内涵、难点及应对策略[J]. 天津体育学院学报，2023(2)：136－142.
[262] 周坤，王华倬，高鹏. 中国共产党建党百年来学校体育的发展历程及经验研究[J]. 首都体育学院学报，2021，33(3)：233－240＋247.
[263] 丁省伟，储志东. 中国共产党领导学校体育发展的百年演进与历史经验[J]. 沈阳体育学院学报，2021，40(6)：18－24.
[264] 赵心炜. 立德树人视域下高校体育课程思政建设内涵、价值与实现路径[J]. 体育文化导刊，2021(11)：98－103.
[265] GUTHOLD R，STEVENS G A，RILEY L M，et al. Global trends in insufficient physical activity among adolescents：A pooled analysis of 298 population-based surveys with 1.6 million participants. The Lancet Child Adolescent Health，2020，4(1)：23－35.
[266] 王勇. 思想品德教育在高职院校体育教学中的体现与作用[J]. 教育与职业，2015(12)：58－60.
[267] 张庆丽. 中学武术教学中德育渗透研究[D]. 山东烟台：鲁东大学，2019.
[268] 邵天逸. "立德树人"背景下学校体育的育人价值[J]. 体育学刊，2017，24(4)：63－67.
[269] 王佳玲. 基于思想政治教育视域下的大学生校园不良行为治理研究[D]. 重庆：重庆工商大学，2016.
[270] 刘媛. 高职院校开展"三全育人"思政教育工作的探索[J]. 湖北开放职业学院学报，2020，33(10)：76－78.
[271] 刘经纬，郝佳婧. 高校思想政治教育获得感生成探赜[J]. 思想教育研究，2018(4)：23－27.
[272] 宋梅歌，苏缇，冯廷勇. 拖延行为的时间取向模型[J]. 心理科学进展，2015，23(7)：1216－1225.
[273] 张大良. 课程思政：新时期立德树人的根本遵循[J]. 中国高教研究，2021(1)：5－9.
[274] 蔡金兴. 课程思政背景下上海市普通高中生体育品德研究[D]. 上海：上海体育学

院,2020.
[275] 常益,张守伟.高校公共体育课程思政的价值意蕴、目标指向及实践路径[J].北京体育大学学报,2021,44(9):24-32.
[276] 王飞."立德树人"视域下高校体育课程思政建设研究[J].体育科技,2022,43(1):144-146.
[277] 阎智力.普通高中体育与健康课程目标体系研究[J].体育学刊,2021,28(5):14-22.
[278] 宋正刚.高校体育对大学生心理健康的影响[J].体育科技文献通报,2020,28(2):49-50.
[279] 张欣欣,张凯,范高胜.我国学校体育健康教育模块实施困境与应对策略[J].体育文化导刊,2022(4):103-110.
[280] 石岩,王学俭.新时代课程思政建设的核心问题及实现路径[J].教学与研究,2021(9):91-99.
[281] 赵富学,焦家阳,赵鹏."立德树人"视域下体育课程思政建设的学理要义与践行向度研究[J].北京体育大学学报,2021,44(3):72-81.
[282] 许晓东.初中生常见的不良行为及管理对策研究[D].吉林延吉:延边大学,2017.
[283] 房山海,圆容,陶然,等.论网络成瘾的家庭预防[C]//首届全国网络成瘾学术研讨会论文集.北京:中华预防医学会,2010:119-126.
[284] 汤海波,吕文耀.体育锻炼可以很潮很有趣[N].厦门日报,2020-01-02(A05).
[285] 王美华.给青少年一个强健的体魄[N].人民日报海外版,2021-06-01(09).
[286] 于素梅.从一体化谈新时代深化体育教学改革的着力点[J].体育教学,2020,40(12):10-12.
[287] 李岫儒,柴娇,李响,等.我国冰雪运动融入高校研究[J].体育文化导刊,2020(7):14-20.
[288] 刘晓梅,秦安娜,张诗雨."以赛代练赛练结合":体育教学新思路探析[J].青少年体育,2021(11):79-80.
[289] STEIGER J H. Structural model evaluation and modification: An interval estimation approach[J]. Multivariate Behavioral Research,1990(25):173-180.
[290] BENTLER P M. Comparative fit indexes in structural models[J]. Psychological Bulletin,1990(107):238-246.
[291] JAMES L R, MULAIK S A, BRETT J M. Causal analysis: Assumptions, models, and data[M]. Beverly Hills, CA, USA: Sage, 1982.
[292] 张超,徐燕,陈平雁.探索性因子分析与验证性因子分析在量表研究中的比较与应用[J].南方医科大学学报,2007,(11):1699-1700.
[293] 王丽娜,李莎莎.结构方程模型在修正和中介作用分析中的误区和对策[J].中国卫生统计,2017,34(2):361-363.
[294] 吴艳,温忠麟.结构方程建模中的题目打包策略[J].心理科学进展,2011,19(12):1859-1867.
[295] DEBORAH L B. The effects of item parceling on goodness-of-fit and parameter

estimate bias in structural equation modeling[J]. Structural Equation Modeling: A Multidisciplinary Journal,2002,9(1):78-102.

[296] 焦建鹏,王冬.基于结构方程模型的大学生健康生活方式评价量表的修订[J].中国卫生统计,2013,30(5):654-657.

[297] PREACHER K J, HAYES A F. Asymptotic and resampling strategies for assessing and comparing indirect effects in multiple mediator models [J]. Behavior research methods,2008,40(3):879-91.

[298] 陈善平,闫振龙,王云冰,等.体育消费心理研究:认知决策与体育锻炼[M].西安:西安交通大学出版社,2012.

[299] 程美超,王舜.大学生自我控制在体育锻炼与拖延行为间的中介作用[J].湖北体育科技,2020,39(12):1085-1088.

[300] 王德辉,张德胜.体育社会功效价值内涵及实现路径[J].体育文化导刊,2022(1):33-39.

[301] 唐代兴.体育作为一种身体活动的内生动力与伦理意义[J].上海体育学院学报,2020,44(8):1-10.

[302] 常益,杨瑗宁.健体育魂:新时代学校体育的根本任务及其实现[J].中国学校体育(高等教育),2018,5(11):6-10.

[303] 黄丽群.基于项群理论的高职院校体育课程思政探索与实践:以难美类健美操课程思政为例[J].体育科技文献通报,2022,30(4):154-157.

[304] 徐梓轩,张玉超.新时代习近平关于体育工作重要论述研究[J].南京体育学院学报,2021,20(11):9-15.

[305] 朱慕菊.走进新课程:与课程实施者对话[M].北京:北京师范大学出版社,2002:43-45.

[306] 季浏.增进学生身心健康是我国学校体育发展的根本和方向:学习贯彻习近平总书记在全国教育大会上的重要讲话精神[J].吉首大学学报(社会科学版),2020,41(1):28-37.

[307] 沈泉平,薛庆云.福建省高职院校学生课外体育活动现状及影响因素研究:以《"健康中国2030"规划纲要》为背景[J].福建教育学院学报,2020,21(7):77-80+102.

[308] 白冰,高俊.改革赋义视角下新时代我国高校体育教学发展思路与实践路径[J].黑龙江高教研究,2022,40(6):151-155.

[309] 张千,敬龙军.蔡元培体育教育观的现代教育意义诠释:从"完全人格"到"健全人格"[J].衡阳师范学院学报,2019,40(6):106-112.

[310] 郭冰.高职院校美育教育问题分析及对策[J].潍坊工程职业学院学报,2019,32(5):73-78.

[311] 戴洋洋.中职体育课程思政的建设价值与实现路径研究[J].青少年体育,2021(12):31-32.

[312] 熊双,蒋毅."立德树人"视域下高校体育课程思政建设的价值意蕴与实践路径[J].南京体育学院学报,2021,20(12):48-52.

[313] 胡鞍钢,方旭东. 全民健身国家战略:内涵与发展思路[J]. 体育科学,2016,36(3):3-9.
[314] 张金龙. 构建"教会、勤练、常赛"的立体化学校体育新样态实践研究[J]. 体育教学,2022,42(4):23-25.
[315] 夸美纽斯. 大教学论[M]. 傅任敢,译. 北京:教育科学出版社,1999:218.
[316] 赫尔巴特. 普通教育学·教育学讲授纲要[M]. 李其龙,译. 杭州:浙江教育出版社,2002:283.
[317] 刘柏青. 孔子学习心理思想对体育课程教学的指导作用[J]. 南京体育学院学报(社会科学版),2012,26(6):91-93.
[318] 裴学萍,胡科,谢松林. "双减"背景下课外体育作业的时代意义及实施模式[J]. 体育学刊,2022,29(3):103-112.
[319] 马瑛. 浅谈翻转课堂式教学模式在初中体育教学中的应用[J]. 科学咨询(教育科研),2017(4):57.
[320] 尚力沛,程传银. 论体育教学中预设与生成的关系[J]. 武汉体育学院学报,2019,53(5):76-80+87.
[321] 韩西鹏. 翻转课堂教学模式在初中体育课堂中的应用[J]. 西部素质教育,2020,6(8):125-126.
[322] 赵慧,李强,王亓菁. "学练赛用"大课程理论探索与实验研究[C]//第三届国际体育科学与学校体育学术会议暨第二十四届全国高校田径科研论文报告会论文专辑. 2014:6-10.
[323] 杨品臣,刘江,毛爽. 课程思政视阈下高校体育教学评价体系解析与重构[J]. 体育科技,2022,43(2):131-133.
[324] 田园,白胜超. "具身认知"理论下高校体育课程思政建设研究[J]. 教育理论与实践,2023,43(6):46-49.
[325] 顾楠,黄睿. 变换练习法提高乒乓球运动员击球落点控制力的实验研究[J]. 上海体育学院学报,2017,41(2):91-94.
[326] 裴绍志,杨岚,吕俊杰,等. 体育与健康大单元及课时教学计划设计的思与行:以四年级垫上技巧为例[J]. 中国学校体育,2022,41(7):14-31.
[327] 王春姣,王秀红. 教师课程实施能力的结构模型构建[J]. 社会科学战线,2022(1):269-274.
[328] 孔琳. 中国儿童青少年身体活动促进模式构建的理论与实证研究[D]. 上海:华东师范大学,2021.
[329] 陈善平. 学校体育政策态度理论与测量[M]. 西安:西安交通大学出版社,2017.
[330] 仇军. 中国体育人口判定标准的函数方程推导[J]. 天津体育学院学报,2002(2):67-68.
[331] Cardinal B J. The stages of exercise scale and stages of exercise behavior in female adults[J]. Journal of Sports Medicine and Physical Fitness,1995,35:87-92.